DNA eines Konditoren

Andreas Hein

Copyright © *Andreas Hein,* 2024.

Alle Rechte vorbehalten.

Kein Teil dieses Buches darf in irgendeiner Form oder auf irgendeine Weise reproduziert oder übertragen werden, weder elektronisch oder mechanisch, noch in einem Abrufsystem gespeichert, fotokopiert, aufgenommen, gescannt oder auf andere Weise gespeichert. Jede dieser Handlungen bedarf der ausdrücklichen schriftlichen Genehmigung des Autors.

Meine Rezepte

Die Rezepte in meinem Tagebuch habe ich alle selbst gebacken. Sie wurden entweder an mich weitergegeben oder ich habe sie modernisiert oder neu erfunden. Alle Rezepte sind am Ende dieses Tagebuchs zu finden, aber es gibt auch viele Tipps und Tricks, die das Backen erleichtern können. Manche Rezepte brauchen mehrere Anläufe, deshalb bitte ich um Geduld, denn Übung macht den Meister. Meine persönliche Einstellung zu Rezepten ist, dass man alles mit anderen teilen sollte. Ich hüte keine Geheimnisse oder Familienrezepte, sondern teile meine Rezepte und Erfahrungen gerne mit anderen, um das Bäckerhandwerk am Leben zu erhalten.

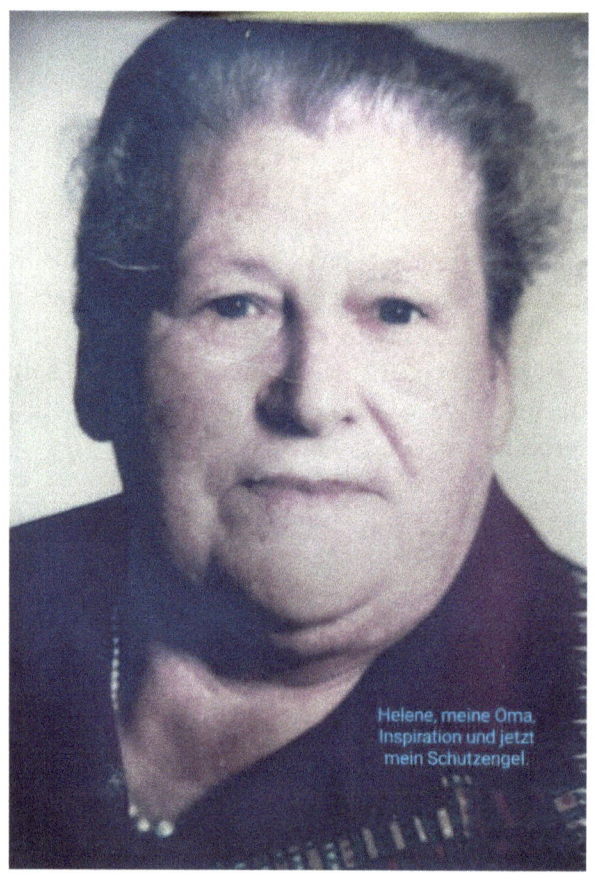

Ich möchte dieses Tagebuch meiner Oma widmen: meiner Mentorin, Inspiration und jetzt auch meinem Schutzengel.

Ich, der seit über 30 Jahren in England lebt, habe dieses Tagebuch zum Großteil selber vom Englischen ins Deutsche übersetzt. Darum bitte ich um Verständnis für mein etwas eingerostetes Deutsch und die manchmal unglückliche Ausdrucksweise.

Ein großes Dankeschön geht aber auch an meine Nichte Annalena, die auch dazu beigetragen hat, mir bei der Übersetzung zu helfen.

Inhalt

Vorwort 1

Kapitel 1: Kindheit, das Erwachsenwerden und mein tägliches Brot 2

Kapitel 2: Lehrzeit, Bundeswehr und Schokolade 6

Kapitel 3: Freiheit, Ausland und die Ungewissheit 12

Kapitel 4: Willkommen in Großbritannien 19

Kapitel 5: Berufsschule und Klassenfahrten 29

Kapitel 6: Umzug und Hochzeitskuchen 39

Kapitel 7: Wettbewerbe, Abenteuer und Technologie 43

Kapitel 8: Gartencafe & Jamaica Story Garden 53

Anerkennung 61

Buchempfehlung 63

„Das Rezeptbuch" 68

Vorwort

Mit der politischen Entscheidung des Brexit wurde schnell klar, dass es die Europäische Union, wie wir sie kannten und für selbstverständlich hielten, so nicht mehr geben wird. Wie viele andere hätte ich nie gedacht, dass es zu dieser Entscheidung kommen würde. Ich hätte mir nie träumen lassen, dass das Fundament, auf dem ich in den letzten 25 Jahren aufgebaut habe, wie ein mit Windbeuteln gefülltes Backblech vor meinen Augen in sich zusammenfällt. Natürlich weiß ich, dass man die Ofentür nicht zu früh öffnen darf, wenn man ein Soufflé backt, weil es sonst im Handumdrehen zusammenfällt - aber mir wurde klar, dass nicht mehr ich für den Ofen verantwortlich war, sondern die britische Regierung. Das britische Volk hat diese Entscheidung getroffen, ohne wirklich zu ahnen, welche Auswirkungen sie auf das Leben vieler Menschen haben würde, mich eingeschlossen. Ich weiß nicht mehr genau, ob es berufliche oder persönliche Gründe waren, die mich 1994 nach Großbritannien geführt haben, aber nach fast drei Jahrzehnten kann ich mich leider nicht mehr an jedes Detail meines Lebens erinnern.

Meine Reise begann im Frühjahr 1970 als eines von drei Kindern liebevoller deutscher Eltern. Heute arbeite ich als Berufsschullehrer für Konditorei und Confiserie an einer Berufsschule in Hampshire und möchte in diesem Tagebuch über mein Berufsleben als Konditor berichten. Außerdem möchte ich meine Erinnerungen und Erlebnisse in Form von fast 100 Rezepten mit Euch teilen. Dabei ist es mir auch wichtig, einige geschichtliche Fakten über die süßen Kreationen mit Euch zu teilen und euch auf diesem Wege hoffentlich einige bekannte Backwaren näher zu bringen. Vor allem möchte ich mich mit diesem Werk bei all den Menschen bedanken, die immer an mich geglaubt und mich unterstützt haben. Das Backen an sich gibt es schon ewig, und so fühle ich mich sehr geehrt, dass mein Leben diesen süßen Weg genommen hat. Mein persönlicher Zuckerweg begann im Jahr 1974. So komm und lass dich in eine Welt voller aromatischer Gewürze, süßer Backwaren und natürlich Zucker verführen.

Kapitel 1
Kindheit, das Erwachsenwerden und mein tägliches Brot

1974-1986

Im Jahr 1974 zogen wir als Familie in ein nagelneues Haus und verließen die enge, zweistöckige Scheune, die ich die ersten vier Jahre meines Lebens mein Zuhause nannte. Ich musste nicht nur einen undichten Heizkessel und luftdurchlässige Fenster und Türen zurücklassen, sondern auch meine Großeltern, die nebenan wohnten. Der süße Duft von frisch gebackenem Kuchen, den meine Oma jede Woche gebacken hatte, war plötzlich verschwunden!

Am 6. Dezember zogen wir um, denn an diesem Tag kam der Weihnachtsmann zu seinem jährlichen Besuch. Er hatte eine lange Liste mit allen guten und schlechten Dingen, die meine Geschwister und ich im vergangenen Jahr getan hatten. Seltsamerweise hatte er eine Tüte mit Keksen dabei, die denen meiner Oma sehr ähnlich sahen. Vielleicht hat sie dem Nikolaus das Rezept für die Plätzchen gegeben? Meine Lieblingskekse in der Tüte waren die sogenannten Zimtsterne, weil sie so schön mit Zuckerguss überzogen waren und einen süßen Duft nach Mandeln, Zucker und Zimt verströmten.

Seit dem 19. Jahrhundert gehören diese hübschen Mandelplätzchen zum deutschen Weihnachtsgebäck, obwohl sie schon viel früher, nämlich um das Jahr 1536, entstanden sind. Der römische Kaiser Karl V. soll bei einem Besuch von Kardinal Lorenzo Campeggio Zimtsterne als Gebäck serviert bekommen haben. Da Gewürze wie Zimt, Zucker und Mandeln im 16. Jahrhundert extrem teuer waren, wurden sie wahrscheinlich nur in den Gerichten der Superreichen oder der Weltherrscher verwendet.

Im Laufe der Jahre habe ich viele Rezepte für Zimtsterne ausprobiert und für meine eigene Version dieser köstlichen Leckerei beschlossen, keinen Weizen zu verwenden, damit sie auch für eine glutenfreie Ernährung geeignet sind.

Zimtsterne-Seite 70

Es war für mich unerträglich, meine Oma nicht mehr jeden Tag sehen zu können. Unser neues Zuhause war zwar nur 45 Minuten entfernt, aber ich fühlte mich als Vierjähriger, als wäre ich auf den Mond gezogen. Von da an nutzte ich jede Gelegenheit, um meine Oma zu besuchen, was meine Leidenschaft für das Backen weckte, ohne dass ich damals ahnen konnte, dass dies mein Leben bis heute prägen würde. Rückblickend ist es vielleicht schwer zu verstehen, warum ich ein Zimmer mit unebenem Boden, ohne Toilette oder Bad und nur mit fließend kaltem Wasser im Haus meiner Großeltern unserem schönen, geräumigen Haus mit allem Komfort vorgezogen habe. Die Wahrheit ist, dass ich an dem kleinen Backhaus neben dem Haus meiner Großeltern hing, weil es für mich ein magischer Ort war. Es fasziniert mich bis heute, wie man aus einfachen Zutaten wie Mehl, Butter, Eiern und Zucker mit den richtigen Handgriffen so viele köstliche Backwaren herstellen kann - vom einfachen Brot bis hin zu den kompliziertesten und aufwendigsten Torten.

Für meine Oma waren Geschmack und Zeit die wichtigsten Faktoren beim Backen. Sie betonte immer, dass alle guten Dinge Zeit und Geduld brauchen, und das sah man ihren Broten an. Ihr Sauerteigbrot zum Beispiel ist eher einfach, hat aber ein rustikales Geschmacksprofil, das durch regelmäßiges Füttern und Pflegen des Vorteigs erreicht wird. Der Vorteig ist eine Mischung aus Mehl und Wasser, die nach einigen Tagen zu gären beginnt und dem fertigen Brot die richtigen Sauerteigaromen verleiht. Meine Oma behandelte ihren Vorteig wie ein Familienmitglied und nannte ihn Helga! In Deutschland heißt er Hermann. Auch heute noch gebe ich meinem Vorteig einen Namen und möchte alle anderen dazu ermutigen, da er die nötige Zuneigung und Liebe beim Brotbacken vermittelt.

Historisch gesehen kann man davon ausgehen, dass der Sauerteig 4000-3000 Jahre v. Chr. zufällig entdeckt wurde, als jemand ein Stück Teig in der feuchtwarmen Nillandschaft vergaß. Als die Person einige Zeit später zurückkehrte, hatte sich der Teig stark ausgedehnt, woraufhin der stark aufgegangene Teig zu einem neuen Brotteig gegeben wurde. Das Ergebnis war ein gut aufgegangener Brotlaib - eine gute Abwechslung zu den damals weit verbreiteten Fladenbroten. Wie bereits erwähnt, handelt es sich bei einem Sauerteig im Wesentlichen um eine natürliche Hefe, die man aus Wasser und Mehl herstellen kann, und nicht um industriell hergestellte Hefe. Wenn man seine eigene Hefe herstellt, ist das Geschmacksprofil viel intensiver, aber der Nachteil ist natürlich, dass die Brotherstellung viel länger dauert.

Im 19. Jahrhundert, als industriell hergestellte Hefe eingeführt wurde, ging die Produktion von Sauerteigprodukten rapide zurück. Ein weiterer Grund für den Rückgang der Sauerteigbrotproduktion war ein 1910 von der britischen Regierung erlassenes Gesetz, das die Nachtarbeit verbot und die Arbeitszeiten begrenzte. Die industriell hergestellte Hefe kam den neuen Arbeitsbedingungen entgegen, da Brot nun schneller und weniger arbeitsintensiv hergestellt werden konnte. Damit kam das Sauerteigbackverfahren aus der Mode. Glücklicherweise wurde Sauerteig in den 1980er Jahren wieder populär und viele Bäcker besinnen sich heute wieder auf das traditionelle Bäckerhandwerk.

Wenn Du jemanden kennst, der seinen Sauerteigvorteig mit Dir teilen möchte, nimm das Angebot dankbar an. Falls nicht, probiere meine Version von Sauerteigbrot!

Sauerteigbrot-Seite 71

Endlich ging es aufwärts, als ich 1976 in die Schule kam. Ich war nicht nur ein guter Bäckergehilfe, sondern konnte auch meine Oma jeden Tag sehen, da die Schule nur fünf Minuten von ihrem Haus entfernt war. Die kleine Backstube war allerdings nur an einem Tag in der Woche in Betrieb, so dass ich meistens am Freitagabend bei meinen Großeltern übernachtete, um am Samstagmorgen mit dem Backen beginnen zu können. Den Brotteig bereiteten wir am Freitagabend vor und ließen ihn über Nacht ruhen. Heute weiß ich, dass die Backwaren dadurch besser schmecken, weil bei längerer Gärung weniger Hefe benötigt wird. Einer meiner Lieblingsteige war der Briocheteig, weil er so reich an Eiern, Butter und Zucker war. Ein guter Briocheteig muss an einem kühlen Ort ruhen, bevor er geformt und gebacken werden kann.

Die Brioche stammt ursprünglich aus der Normandie und leitet sich vom französischen Wort „broyer" ab, was „stampfen" bedeutet und sich auf das lange Kneten des Teigs bezieht. Im 17. Jahrhundert wurde die Brioche in Paris populär, wo sie in ihrer typischen geriffelten Zylinderform gebacken wurde. Als Mischung aus Brot und Kuchen machte dieses wunderbare Gebäck im 18. Jahrhundert während der Aufstände gegen die Brotknappheit in Frankreich von sich reden. Marie Antoinettes berühmte Worte „Qu'ils mangent de la brioche", was soviel bedeutet wie „Lasst sie Kuchen essen", machten die Brioche der Menschheit zugänglich. Diese großzügige Geste war jedoch nicht wirklich großzügig, da die Brioche im 18. Jahrhundert nur geringe Mengen an Butter und Eiern enthielt und sich im Grunde nicht von gewöhnlichem Brot unterschied.

Brioche-Seite 73

Jeden Samstag um 4 Uhr morgens hörte ich meinen Opa aufstehen, um den Ofen zu heizen, was einige Stunden dauerte. Es hat mich immer fasziniert, dass meine Oma immer wusste, welche Temperatur der Ofen hatte, denn ihr einziges Thermometer war ihre Hand, mit der sie in der heißen Ofenkammer herumfuchtelte. Zum Glück haben sich die Öfen weiterentwickelt, so dass diese Prozedur heute nicht mehr nötig ist. Jeder Hitzegrad des Ofens hatte seine Verwendung: von der frühen, glühenden Hitze, die für das Brotbacken notwendig war, bis zur sanften Hitze für Kuchen, Plätzchen und Baisers. Sogar die Restwärme des Ofens wurde genutzt, um die Pantoffeln zu wärmen, die nach einem anstrengenden Backtag während der abendlichen Ruhezeit getragen wurden. Eine köstliche Suppe rundete das Abendessen ab.

Dazu gab es ein wunderbares Vollkorn- und Kümmelbrot, das wir selbst gebacken und mit reichlich Butter bestrichen hatten. Meine Oma nannte es „Pony", wenn sie die Butter vom Messer kratzte. Ich weiß nicht genau, warum, aber wir bekamen immer ein Pony zum Brot und nicht jedes Kind konnte damit prahlen, ein Pony von der Oma zu bekommen.

Weizenmehl als Grundzutat für Brot gibt es schon seit 7.000 v. Chr. Vermutlich wuchs es zunächst wild und wurde mit Roggen vermischt. Im Mehlkörper, dem Kern des Korns, befanden sich die richtigen Proteine, die, mit Wasser vermischt und geknetet, den elastischen Kleber für den Teig bildeten. Nach dem Backen wird aus dem Teig Brot. Die verschiedenen Getreidearten umfassen sowohl ganze Körner wie Reis und Gerste als auch gemahlene Körner wie Maismehl und Backmehl. Vollkorngetreide ist Getreide, das nicht gemahlen wurde. Sie haben in der Regel eine kürzere Haltbarkeit als gemahlenes Getreide. Gemahlene Körner werden poliert, um den Keimling und die Kleie zu entfernen. Sie sind länger haltbar als ganze Körner, aber ein Großteil der Nährwerte geht verloren. Der englische Begriff „Granary" ist ein eingetragener Markenname der Firma Rank Hovis Limited. Es handelt sich um ein Weizenmehl mit ganzen Getreidekörnern, die dem Brot eine charakteristische Textur verleihen. Im 19. Jahrhundert galt Vollkornbrot als minderwertig und wurde nur von den Armen gegessen, während die Oberschicht Weißbrot bevorzugte. Mein klassisches Körnerbrot wird unter Zugabe von Kümmel hergestellt, der nicht nur den Geschmack des Brotes verbessert, sondern auch die Verdauung fördert. Kümmel ist mit Dill, Fenchel und Anis verwandt, stammt aus der Steinzeit und wird seit jeher kulinarisch und medizinisch genutzt. Aus dem deutschen Volksglauben ist bekannt, dass Eltern ihren Kindern eine Schale mit Kümmelsamen unter das Bett stellten, um sie vor Hexen zu schützen. Anderen Erzählungen zufolge wurde Kümmel in Liebestränken verwendet und in das Futter von Hühnern und Brieftauben gemischt, in der Hoffnung, dass die Hühner nicht wegfliegen und die Tauben den Weg nach Hause finden würden. Während der britischen Herrschaft von Königin Victoria (1837-1901) wurde die Verwendung von Kümmel immer populärer, da alles Deutsche in Mode kam.

Kümmelbrot-Seite 73

Die Schule war nie mein Lieblingsort, aber ehrlich gesagt, wie sollte sie auch mit meiner Oma und ihrer Backstube mithalten können? Ich lernte schnell, dass sowohl die Schule als auch die Zeit bei meinen Großeltern ein Ort des Lernens war. Noch heute bin ich ein großer Befürworter des Lernens, das sowohl in der Schule als auch in einem weniger strukturierten Umfeld stattfinden kann. Wenn einem der Alltag zu viel wird, backt man einfach eine kleine Leckerei und genießt die Freude, die das Backen bereiten kann. Eine Leckerei, die wir sehr oft gebacken haben, war eine Art Keks oder Kuchen, der auch als „Nussecke" bekannt ist. Es handelt sich um eine knusprige Süßigkeit aus gerösteten Haselnüssen, die mit goldglänzendem Karamell überzogen und auf einen butterweichen, zartschmelzenden Mürbeteig gebettet sind. Anschließend wird die gebackene Köstlichkeit in Dreiecke geschnitten und jede Ecke mit glänzender Zartbitterschokolade überzogen.

Lebensmittelhistoriker gehen davon aus, dass das erste Rezept für Nussecken um 1700 in Bayern, genauer gesagt in Nürnberg, von einem Bäcker namens Wilhelmus Branntwein kreiert wurde. Es war die Zeit der polnischen Besatzung, als dieser bayerische Bäcker aufgrund der Lebensmittelknappheit eine Süßspeise kreierte, die nur aus Mehl, Nüssen und Wasser bestand. Das Rezept entwickelte sich durch die Zugabe von Zucker, der erstmals 1763 in Bamberg entdeckt wurde. Mit der zunehmenden Verwendung von Schokolade wurden die Nussecken im Laufe der Zeit perfektioniert. Ein Comeback erlebten die Nussecken 1998 mit dem deutschen Beitrag zum Eurovision Song Contest von Guildo Horn, der seine Liebe zu Nussecken in einem Lied zum Ausdruck brachte. In seinen zahlreichen Interviews vor und nach dem Gesangswettbewerb verriet er das Rezept seiner Mutter und seitdem backen alle wieder Nussecken.

Das Rezept, das ich mit Euch teilen möchte, ist ebenfalls eine Kreation meiner Mutter:

Nussecken-Seite 74

Am 30. Dezember 1983 brach meine Welt zusammen, als meine Oma und Muse starb, was eine große Lücke in mir hinterließ. Ich verbrachte gerne Zeit mit ihr und hatte genug Gelegenheit, mich von ihr zu verabschieden, aber ich wusste damals nicht, dass es unsere letzte gemeinsame Zeit sein würde. Die folgenden Jahre waren sehr schwer für mich, die Schule wurde immer schwieriger und das Backen verschwand nach und nach aus meinem Leben. Weitere Familienmitglieder starben, und mit jeder Beerdigung wurde es für mich schwieriger zu verstehen, wie ich das Beste aus meinem Leben machen sollte, wenn geliebte Menschen plötzlich nicht mehr da waren. Nach der Beerdigung gibt es oft einen Beerdigungskaffee, und das Gebäck, das dabei gereicht wird, hat oft eine versteckte Bedeutung und sagt etwas über die Beliebtheit des Verstorbenen aus. Bei einer beliebten und geliebten Person wie meiner Oma gab es Streuselkuchen, der mit Butter und Früchten gefüllt war. Wenn man die Früchte wegließ, war man zwar beliebt, aber vielleicht nicht so sehr geliebt, und wenn man nur Streuselkuchen ohne Butter und ohne Fruchtfüllung servierte, na ja, Du verstehst schon.

Der deutsche Brauch des Trauerkuchens, auch Zuckerkuchen genannt, wird sowohl bei Beerdigungen als auch bei Hochzeiten serviert. Die Idee hinter der Tradition, den gleichen Kuchen sowohl bei freudigen als auch bei traurigen Anlässen zu servieren, ist es, die Verbindung zwischen den beiden Ereignissen und ihre gesunde Beziehung zueinander zu betonen. Ich persönlich bin der Meinung, dass man sich der Trauer aussetzen muss, um die Freude wirklich erleben zu können, und der Zuckerkuchen erinnert uns daran. Der Ursprung des Kuchens ist unklar, aber Mitte des 19.Jahrhunderts war er in und um Bremen, der zweitgrößten Stadt Norddeutschlands, weit verbreitet. Das vielseitige Gebäck, auch „Freud und Leid Kuchen" genannt, besteht aus einem einfachen, süßen Hefeteig, der großzügig mit Butter, Zucker und gehobelten Mandeln bestrichen wird.

Mein Rezept wird mit Früchten und Streuseln zubereitet. Jede Art von Hefeteig kann zeitaufwendig sein, aber im Laufe der Jahre habe ich mich für die meisten meiner Teige für die Vorteigmethode entschieden. Dabei wird die Hefe in lauwarmem Wasser (oder Milch) aufgelöst und mit etwas Mehl vermischt. Diese Mischung lässt man gären, bevor man sie mit den anderen Zutaten vermischt. Dies beschleunigt die Gärung des Hefeteigs, kann aber zu Geschmackseinbußen führen, da eine langsame Gärung einen besseren Geschmack ergibt.

Zuckerkuchen-Seite 75

An den Rest meiner Schulzeit kann ich mich kaum noch erinnern, aber ich weiß noch heute, dass sie nicht nur lang war, sondern dass ich es auch kaum erwarten konnte, von den Fesseln der Schulzeit befreit zu werden. An meinem letzten Schultag sagte uns unser Klassenlehrer, dass wir alle in der Zukunft an einen Punkt kommen würden, an dem wir uns nach der Schulzeit zurücksehnen würden. Bis heute ist dieser Tag für mich noch nicht gekommen und ich glaube auch nicht, dass er jemals kommen wird.

Im Sommer 2023 besuchte ich meine Familie in Deutschland und hatte die Gelegenheit, eine Schulfreundin von damals zu treffen. Es war das erste Mal seit fast dreißig Jahren, dass wir uns gesehen haben und wir hatten die Gelegenheit, die letzten drei Jahrzehnte Revue passieren zu lassen. Es war ein sehr schöner Nachmittag und während unserer gemeinsamen Zeit wurde mir bewusst, dass meine Schulfreundin von damals auch nicht den geringsten Wunsch hatte, ihre Schulzeit noch einmal zu erleben. Vielleicht war ich doch nicht so anders, wie ich immer dachte?

Kapitel 2
Lehrzeit, Bundeswehr und Schokolade

1986-1992

Der Tag der Schulbefreiung war im Juli 1986, und trotz meiner Liebe zum Backen konnte ich mir nicht vorstellen, eine Ausbildung zum Bäcker zu beginnen. Einer der Gründe waren die frühen Arbeitszeiten, und mit 16 Jahren mitten in der Nacht den Arbeitstag zu beginnen, war einfach unvorstellbar. Nach einigen Diskussionen mit meinen Eltern habe ich mich dann für eine Lehre als Koch entschieden, denn ein Koch macht ja auch Süßspeisen. Leider, oder im Nachhinein zum Glück, waren die guten Ausbildungsbetriebe weit weg von zu Hause, so dass ich meine Familie und alles, was ich kannte, zurücklassen musste, um meinen Traum zu verwirklichen. Na ja, eigentlich war es nur ein halber Traum, denn meine Oma gab mir unbewusst mit auf den Weg, dass ich meine Liebe zum Backen nicht aufgeben sollte. Trotzdem begann ich meine Kochlehre und lernte dabei den wunderbarsten Menschen kennen, der mir je in meinem Leben begegnet ist. Bis heute ist dieser Mensch mein bester Freund, meine Inspiration und hat mich in allen Lebenslagen immer unterstützt, beraten und an mich geglaubt. Eine von unseren Gemeinsamkeiten war, dass wir beide gerne Eis mochten, was nach kurzer Zeit zu einem täglichen Ritual wurde, egal zu welcher Tages- oder Jahreszeit.

Es gibt viele historische Fakten über die Entwicklung des Eises, über die ich ein eigenes Buch schreiben könnte. In seiner einfachsten Form wird Eis entweder aus Vanillesauce oder aus Fruchtmark hergestellt. Dabei ist es wichtig, den richtigen Zuckergehalt zu berechnen, denn zu viel Zucker macht das Einfrieren des Eises unmöglich. Als Kind wurde uns immer eingetrichtert, dass die Italiener das beste Eis machen.

Nach dem Zweiten Weltkrieg und dem Wiederaufbau Deutschlands wurde in den 1950er Jahren ein Einwanderungsabkommen geschlossen, das es Menschen aus Italien ermöglichte, nach Deutschland einzuwandern. Die Italiener sollten den Deutschen beim Wiederaufbau helfen und so den Mangel an deutschen Arbeitskräften ausgleichen. Diese Gelegenheit wurde von vielen Italienern genutzt, und einige machten Deutschland zu ihrer Heimat. Andere kamen nur im Frühjahr und blieben bis zum Herbst - wie die Vögel, die sich zu Beginn des Jahres ausbreiten und dann im Winter eine wärmere Umgebung suchen, mit dem Unterschied, dass die Italiener einen mit ihrem fantastischen Eis verführen. Meine Nachforschungen haben ergeben, dass es in China seit über 4000 Jahren eine Form von Eis gibt, aber das, was wir heute unter Eis verstehen, wurde in Europa 356-323 v. Chr. von Alexander dem Großen eingeführt. Da es nur sehr wenige Möglichkeiten gab, Eis kühl zu halten, wurde die Massenproduktion erst im Laufe des 18. Jahrhunderts populär. Mit dem Bau von Eishäusern, in denen das Eis des Winters gelagert werden konnte, entstand die erste Form der Tiefkühltruhe.

Eis-Seite- 78

Insgesamt waren wir vier Personen, die sich im Obergeschoss eines alten Gästehauses vier Zimmer mit wenig Platz und Kochmöglichkeiten teilten. Das hinderte uns aber nicht daran, auf zwei Herdplatten und einem kleinen Tischofen aufwändige 7-Gänge-Menüs zu zaubern. Ich war der einzige Kochlehrling, während meine beste Freundin eine Ausbildung zur Hotelfachfrau absolvierte und ein weiterer Lehrling Restaurantfachmann war. Der Vierte im Bunde war einfach da, wir wussten nicht, wer er war und was er machte, aber er rundete unsere Gruppe ab. Zu all unseren feinen Abendessen wurden die besten 2-Liter-Flaschen Lambrusco-Wein getrunken, denn für bessere Weine reichte unser Budget leider nicht.

In den Sommermonaten machte ich gerne ein Dessert aus Grieß mit Vanille, sizilianischer Zitronenschale, abgerundet mit goldenem Eigelb und Sahne und einem leckeren Himbeertopping. Die Himbeeren haben wir in einer Nacht- und Nebelaktion aus einem Schrebergarten geholt.

Grieß wird aus einem grob gemahlenen Weizenkorn hergestellt und hat in der deutschen Süßspeisenküche eine lange Tradition und ist in Süddeutschland auch als Knödelmehl bekannt. Der weithin bekannte Grießbrei ist für viele Menschen ein Frühstücksprodukt und wird auch von Babys und Menschen ohne Zähne gerne gegessen. Viele ältere Menschen lehnen Grießbrei ab, weil sie ihn mit dem Zweiten Weltkrieg in Verbindung bringen, als Grieß oft eine der wenigen verfügbaren Zutaten war. In den 1980er Jahren wurden Grießgerichte wieder populär, aber trotz meiner Bemühungen, den Grießpudding neu zu erfinden, weigerte sich meine andere Oma, ihn zu probieren.

Grießpudding & Himbeersoße-Seite 79

Eine meiner besten Dessert-Erfindungen war die Granité, ein Eis, das man vor dem Hauptgang serviert, um den Gaumen zu erfrischen. Dieses Eis wird aus Champagner, Zucker und Minze hergestellt, im Gefrierschrank gefroren und dann mit einer Gabel zu Eiskristallen abgeschabt. Das war eigentlich nichts Neues, bis auf meine Erfindung einer Gefriermethode, die darin bestand, die Eismischung auf das schneebedeckte und gefrorene Dach unserer Herberge zu stellen, wo sie in die Granité gefror. Da keiner von uns eine Tiefkühltruhe besaß, fand ich diese Methode genial!

Einige Legenden besagen, dass Sizilien vom 9. bis zum 11. Jahrhundert von Arabern besetzt war, die ihre Tradition des Getränks „Sherbert" mitbrachten. Dieses Getränk wurde aus Fruchtsaft, Rosenwasser und Eis zubereitet. Im Winter wurde das Eis vom Berg Ätna abgebaut und in Höhlen gelagert, um das Getränk herzustellen. Oft wurden nur Früchte oder Blütensirup über das gefrorene Wasser gegossen, aber mit der Zeit entstand durch die Verwendung von Zitronen aus Sizilien das weltberühmte Zitronen-Granité. Eine weitere sehr bekannte Geschmacksrichtung wird durch die Zugabe von Mandeln erzeugt.

Pfefferminz-Granité-Seite 80

Ich absolvierte eine gute Kochlehre und mein Ausbildungsplatz war in einem mittelständischen Familienbetrieb mit zwei Restaurants, einem Saal, einer Bar und einer wunderschönen Terrasse über einem schnell fließenden Bach. Trotz meiner Kochlehre lernte ich auch einige Desserts kennen und besonders in den 1980er Jahren durfte die Bayerische Creme nicht fehlen. Diese Nachspeise besteht aus einer Vanillesahne mit Gelatine, die mit in Schnaps eingeweichtem Pumpernickel vermischt wird.

Das in Deutschland bekannte und beliebte Pumpernickelbrot wird aus grob gemahlenem Roggenmehl hergestellt und hat seinen Ursprung in Nordrhein-Westfalen, in und um Köln und Düsseldorf. Der Name Pumpernickel leitet sich von den Wörtern Pumper und Nickel ab. Einige Forschungen zu diesen beiden Wörtern haben ergeben, dass das Wort „Nickel" eine Abwandlung des Wortes „Nikolaus" ist, was auch „Sieg" bedeuten kann. Nickel ist aber auch ein Ausdruck für „kleiner Teufel" und Hexerei. „Pumper" ist auch ein Ausdruck für Blähungen (übermäßige Darmgase), so dass man sich die eigentliche Bedeutung der Zusammensetzung der beiden Wörter selbst zusammenreimen kann. Im Laufe der Zeit wurde das Pumpernickelbrot als Schwarzbrot bekannt, vor allem wegen seiner extrem dunklen Farbe, die durch 16- bis 20-Stündiges Dämpfen im Backofen erreicht wurde. Schwarzbrot wurde auch an Soldaten ausgegeben, da es wegen seiner langen Haltbarkeit ein ideales Nahrungsmittel war.

Pumpernickel Creme- Seite 80

In den Sommermonaten war besonders viel zu tun, da viele Hotels und Cafés ihre Außenbereiche für die Gäste zur Verfügung stellten. Wir hatten in dieser Hinsicht viel Konkurrenz, aber den Vorteil, dass unsere Hotelterrasse einen schönen Blick auf den Bach hatte. Sobald die Sonne herauskam, war die Terrasse voll mit Gästen, die dieses Ambiente genießen wollten. Im Juli 2021 musste ich leider erfahren, dass die Stadt Gemünd, der Ort meines Ausbildungsbetriebes, sehr stark von Unwettern betroffen war. Zu meinem Entsetzen musste ich feststellen, dass dieses Sommerunwetter eine sehr starke Überschwemmung zur Folge hatte und die schöne Hotelterrasse mit sich riss. Als ich später die Folgen dieser Überschwemmung auf Fotos sah, kam es mir vor, als hätte ich vor Millionen von

Jahren unzählige Apfelkuchen für unsere Gäste gebacken, denn der Ort, wo diese Apfenkuchen verzehrt wurden, war kaum wieder zu erkennen.

Im Juli 2023 hatte ich die Gelegenheit, mit meiner besten Freundin den Ort der Überschwemmung zu besuchen, und obwohl schon zwei Jahre vergangen waren, waren die Narben dieses Unwetters immer noch deutlich zu sehen. Das Hotel stand immer noch leer und die Terrasse war zum größten Teilverschwunden, ein unheimlicher Anblick, der uns beide emotional sehr berührte. Als wir das Hotel näher betrachteten, sahen wir plötzlich ein Schild am Haupteingang: „Wir sind ein Ausbildungsbetrieb für das Gastgewerbe". Komisch, aber wahr: Plötzlich erinnerten wir uns an die schöne Zeit unserer Lehre und waren stolz darauf, dass dieses Hotel und die Menschen dahinter uns damals die Möglichkeit gegeben haben, einen ersten Einblick in die Welt der Gastronomie zu bekommen.

Apfelkuchen-Seite 81

Ein weiteres Dessert, das wir oft angeboten haben, war die rote Grütze. Eine Mischung aus verschiedenen Beerenfrüchten, die mit Stärke angedickt und oft mit Vanillesoße serviert wird.

> Es ist nicht ganz klar, wer die Rote Grütze erfunden hat, da viele behaupten, sie stamme aus Norddeutschland, während andere davon überzeugt sind, dass sie aus Dänemark stammt. In Großbritannien gibt es seit dem 19. Jahrhundert eine ähnliche Version, bei der eine tiefe Schüssel mit Weißbrot ausgelegt und dann mit der Beerenmischung gefüllt wird. Diese Version ist in England unter dem Namen „Summer Pudding" bekannt.

Rote Grütze und Vanillesoße-Seite 82

Meine dreijährige Lehre verging wie im Fluge und obwohl ich eine gute Ausbildung als Koch und einige Kenntnisse in der Herstellung von Desserts hatte, hatte ich diese innere Stimme, meinen Traum vom Konditorhandwerk noch nicht an den Nagel zu hängen. Ich bin mir sicher, dass meine Oma das auch unterstützt hätte. Durch meine Ausbildung zum Koch wurde mir klar, dass eine weitere Ausbildung zum Konditor mich meinem Traum näher bringen könnte, da ein Konditor nicht so früh anfängt wie ein Bäcker.

Durch weitreichende familiäre Verbindungen ergab sich die Möglichkeit, in Bonn, der ehemaligen Hauptstadt Deutschlands, eine Konditorlehre zu beginnen. Die Konditorei lag etwas außerhalb von Bonn, war aber eine der bekanntesten und schönsten Konditoreien der Region. Ich erinnere mich noch gut an mein Vorstellungsgespräch, denn schon von weitem sah man die riesigen, liebevoll dekorierten Schaufenster voller Schokoladenprodukte wie Osterhasen und Ostereier, aber auch viele wunderschön verzierte Torten, Kekse und andere Backwaren. Auch der Verkaufsraum selbst war mit süßen Köstlichkeiten gefüllt, die mit ihrem himmlischen Duft jeden in Versuchung führten. In der Mitte des Verkaufsraumes befand sich eine gläserne Theke, in der 56 Sorten handgemachter Pralinen präsentiert wurden. Die Werbung für diese 56 Pralinensorten war auf jeder Verpackung aufgedruckt, so dass mir die magische Zahl 56 bis heute im Gedächtnis geblieben ist. Schon beim Anblick der Schaufenster verstärkte sich mein Wunsch, hier eine zweijährige Ausbildung zum Konditor zu machen. Mein Vorstellungsgespräch war erfolgreich und meine Ausbildung begann am 1. August 1989. Doch die ersten Tage waren voller Enttäuschung, als ich schon von weitem die relativ leeren Schaufenster sah. Auch im Verkaufsraum war das Schokoladensortiment bis auf vielleicht zehn Sorten verschwunden. Hatte ich von dem riesigen Schokoladenangebot nur geträumt? Ich hatte schon immer viel Fantasie!

Mit der Zeit löste sich das Rätsel um die verschwundene Schokolade - denn Schokolade ist eigentlich ein Saisonprodukt und deshalb gibt es in den Sommermonaten nicht so viel davon. Was mich aber am meisten faszinierte, war die Tatsache, dass Feiertage wie Weihnachten, Valentinstag, Ostern und Muttertag alle in die Monate der Schokoladensaison fallen - und das fand ich sehr clever!

Eine der Pralinen, die wir das ganze Jahr über herstellten, waren die Mandelsplitter, und vielleicht ist dies eine gute Gelegenheit, meine Version dieser Süßigkeit mit Euch zu teilen. Sie bestehen aus gezuckerten und gerösteten Mandelsplittern, die entweder mit weißer, dunkler oder Vollmilchkuvertüre überzogen sind.

Mandelsplitter-Seite 83

Die Temperierung der Kuvertüre ist ein wichtiger Bestandteil für die richtige Verarbeitung von Schokolade. Eine gut temperierte Schokolade hat einen schönen Glanz, eine harte Oberfläche, eine längere Haltbarkeit und einen schönen Bruch beim Brechen. Eine gute Temperierung erreicht man, indem man die Kuvertüre bei einer Temperatur von über 40°C schmilzt, aber darauf achtet, dass eine Temperatur von 50°C nicht überschritten wird. Anschließend werden 2/3 der geschmolzenen Schokolade auf einer kalten Oberfläche auf ca. 25°C abgekühlt und mit dem restlichen 1/3 der warmen Schokolade vermischt. Jede Schokoladensorte hat ihre eigene Endtemperatur, die bei Bitterschokolade zwischen 30°C und 31°C, bei Vollmilchschokolade zwischen 29°C und 30°C und bei weißer Schokolade zwischen 28°C und 29°C liegt. Um das Temperieren richtig zu beherrschen, braucht man Übung und Geduld - lest am besten meine genaue Anleitung und mit der Zeit werden vor euren Augen Schokoladen-Kunstwerke entstehen. An dieser Stelle möchte ich Euch aber noch den Unterschied zwischen Schokolade und Kuvertüre erklären: Schokolade ist ein Produkt aus Kakao, enthält aber einen hohen Zuckeranteil und weniger Kakaobestandteile. Kuvertüre dagegen hat einen geringeren Zuckeranteil und einen höheren Kakaoanteil und ist daher eine viel bessere Zutat für die Herstellung hochwertiger Pralinen.

Schokolade Temperieren Anleitung-Seite 130

Mein Lehrmeister war ein sehr begabter Mann mit viel Konditorenwissen, Geduld und der richtigen Einstellung, sein Wissen an uns weiterzugeben. Von ihm habe ich gelernt, wie man eine Torte backt, die im Geschäft „Breuer Spezial" genannt wurde. Die Torte bestand aus einem nussigen Kuchenteig, der nach dem Backen mit Rum beträufelt und mit einer Schicht Schokoladencreme überzogen wurde. Dann wurden Rillen in die Sahneschicht gezogen, mit Eierlikör gefüllt und nach zwei Stunden Kühlung die ganze Torte mit süßer Sahne überzogen und mit weißer geraspelter Schokolade bestreut. Eine Kalorienbombe hoch zehn, aber einfach himmlisch!

Eierlikör stammt aus Holland und ist eine Mischung aus Weinbrand, Eigelb und viel Zucker. Einige Sorten haben eine würzige Note durch Vanille, Muskatnuss oder Zimt und sind damit auch mit den karibischen Inseln und Südamerika verbunden, wo der Eierlikör erstmals aus Avocados hergestellt wurde.

In Deutschland ist Eierlikör eine beliebte Beigabe zu vielen Süßspeisen, und so hat er auch bei uns einen Platz in der Haustorte gefunden. Diese Torte ist zwar sehr zeitaufwendig, aber wenn sie dann vor einem steht und man den ersten Bissen probiert, merkt man schnell, dass sich die Mühe gelohnt hat.

Haustorte-Seite 83

Da mein Ausbildungsbetrieb in der Nähe der damaligen Bundeshauptstadt Bonn lag und unsere Konditorei zu den besten der Region gehörte, war es selbstverständlich, dass einige unserer Produkte auch ins Bundeshaus geliefert wurden. Damals war mir nicht wirklich bewusst, wer die von mir produzierten Köstlichkeiten verzehrte, so dass es mir im Grunde genommen egal war, ob sie von Frau Schneider aus der Nachbarschaft oder vom Bundeskanzler gegessen wurden. Das wurde mir erst bewusst, als im Herbst 1989 die Berliner Mauer fiel. Das Bewusstsein kam eigentlich nur dadurch, dass mein Arbeitgeber sich nicht über die Wiedervereinigung Deutschlands freuen konnte und wollte. Vielmehr befürchtete er, dass die deutsche Regierung nun nach Berlin umziehen würde und ihm dadurch Einnahmen entgehen würden.

Die kommunistische Regierung der DDR beschloss 1961, zwischen Ost- und West-Berlin einen Stacheldrahtzaun und eine Betonmauer zu errichten, den sogenannten „antifaschistischen Schutzwall". Der Grund dafür war, dass die Nachkriegsordnung der Alliierten Berlin in eine Vier- Sektoren-Stadt aufgeteilt hatte. Die Deutsche Demokratische Republik (DDR) wollte die Faschisten aus dem Westen von Ostdeutschland fernhalten, um die eigene Regierung nicht zu gefährden. Kurze Zeit später wurde die Mauer an der Grenze zwischen Ost- und Westdeutschland erweitert und damit Deutschland und seine Menschen voneinander getrennt. Diese Trennung dauerte fast dreißig Jahre und am 9. November 1989 wurde ich Zeuge der deutschen Geschichte, als die Berliner Mauer fiel.

Politisch hatte ich wenig Ahnung von den Vorgängen, aber im Unterbewusstsein hatte ich ein gutes Gefühl und freute mich über die Wiedervereinigung Deutschlands. Was ich aber schwer verstehen konnte, war, dass mein Arbeitgeber die Freude der Menschen nicht teilen konnte. Das war meine erste Erfahrung im Leben, wo ich auch Geiz und Geldgier erlebte. Als ich 1991 meine Konditorprüfung mit Auszeichnung bestand, stand mein Entschluss fest: Es war an der Zeit, die Arbeit zu wechseln, um von Menschen zu lernen, die mehr Mitgefühl haben.

Ein junger Mann in Deutschland zu sein, war 1991 mit vielen Herausforderungen verbunden, vor allem mit der Verpflichtung, einen 15-monatigen Wehrdienst abzuleisten. Allein der Gedanke an Konflikte, den Gebrauch von Waffen und getrocknetes Essen, das in Wasser eingeweicht wurde, machte mir große Angst. Mein einziger Ausweg war, mich für den Zivildienst zu bewerben, und trotz der dreimonatigen Verlängerung war mir klar, dass dies meine einzige Möglichkeit war, der Bundeswehr zu entkommen. Während dieser Zeit war ich so gestresst, dass mich nur das Backen meiner Prinzregententorte beruhigte und ich schließlich zum Zivildienst zugelassen wurde. Das war einer der schönsten Momente meines Lebens. Die Prinzregententorte war also die perfekte Torte, um dieses freudige Ereignis zu feiern. Ich glaube, das hätte auch meiner Oma gefallen, denn sie hat mir beigebracht, wie man diese Torte macht. Es war zwar das erste Mal, dass ich die Prinzregententorte ohne meine Oma gebacken habe, aber es war trotzdem ein voller Erfolg.

Die Prinzregententorte wurde 1886 am bayerischen Königshof kreiert. Ursprünglich bestand die Torte aus acht Schichten, die jeweils einen Teil der acht bayerischen Regierungsbezirke darstellten. König Ludwig II. wurde aus gesundheitlichen Gründen von seinen Ministern entlassen und sein Onkel Luitpold übernahm seine Amtsgeschäfte. Kurz darauf starb der rechtmäßige König und sein Nachfolger wurde eigentlich sein jüngerer Bruder Otto von Bayern. Da dieser aber ebenfalls als geistesgestört galt, blieb Onkel Luitpold sein Verwalter. Da der eigentliche König Otto noch lebte, erhielt sein Onkel den Titel Prinzregent. Da Otto von Bayern lange lebte, kam es nie dazu, dass Onkel Luitpold den Königstitel erhielt, und so wurde Bayern von 1886 bis 1911 von Prinzregenten regiert. Meine Recherchen zur Prinzregententorte führten mich zu dem Bäckermeister Heinrich George Erbshäuser, der nach der Kreation der Torte die Erlaubnis des Prinzregenten erhielt, die Torte nach seinem Titel zu benennen.

So entstand die Prinzregententorte, die von meiner Oma nur zu ganz besonderen Anlässen wie Kommunion, Hochzeit oder Geburtstag gebacken wurde. Meine Zusage zum Zivildienst sah ich damals als Anlass, mit einer Prinzregententorte gebührend zu feiern, zumal diese Torte das königliche Siegel trägt.

Prinzregententorte-Seite 85

Nach der Zusage zum Zivildienst hatte ich das Glück, meinen Zivildienst in einer Rehabilitationsklinik ableisten zu können. Außerdem hatte ich die Möglichkeit, in der Krankenhausküche als Koch und Konditor zu arbeiten - also eigentlich perfekt! An meinem ersten Arbeitstag wurde ich vom Küchenchef begrüßt, denn für ihn war ich Gold wert. Er sah mich als ausgebildeten Koch und Konditor und erkannte meinen Wert, und das alles für einen relativ geringen Lohn, denn Zivildienstleistende verdienen weniger als andere Köche.

Ich weiß nicht, was über mich kam, aber als ich den Küchenchef mit einer Kochjacke für mich sah, aber ich teilte ihm mit, dass ich es mir anders überlegt hätte und doch lieber meinen Zivildienst als Krankenpfleger machen wollte. Der Küchenchef nahm meine Entscheidung sehr übel und hat seitdem nie wieder mit mir gesprochen.

Meine Zeit als Krankenpfleger war eine Zeit des Lernens und ich verbrachte die nächsten 15 Monate mit kranken Menschen, die entweder einen Schlaganfall hatten oder mit einer Amputation zurechtkommen mussten. Das Essen im Krankenhaus ist nicht das Beste, aber der Reispudding war superlecker und trotz meiner Kriegsfronten mit dem Küchenchef gelang es mir, das Rezept zu bekommen - wenn auch streng genommen mit nicht ganz legalen Mitteln. Mehr möchte ich an dieser Stelle nicht schreiben!

Historisch gesehen ist es sehr schwierig, den Ursprung des Reispuddings zu bestimmen, da es in fast jedem Land eine Version dieser Süßspeise gibt. Die Zutaten für Reispudding sind Reis, Milch und Zucker, geriebene Zitrone und/oder Gewürze wie Zimt oder Muskatnuss. Reispudding kann auf zwei Arten zubereitet werden: Entweder auf dem Herd oder im Backofen. Die Zubereitung auf dem Herd ist zeitaufwendiger, aber die Konsistenz des Puddings ist viel cremiger. Das liegt vor allem daran, dass durch das ständige Rühren des Reises in der Milch auf dem Herd die Reiskörner ineinander stoßen und so ihre natürliche Stärke freisetzen - das Ergebnis ist ein cremiger Reispudding.

Reispudding-Seite 86

Wie ich bereits erwähnt habe, war mein Zivildienst als Krankenpfleger sehr lehrreich, vor allem wegen der fantastischen Menschen, die ich kennengelernt habe, sowohl meine Arbeitskollegen als auch meine Patienten. Einer dieser Patienten ist mir für immer in Erinnerung geblieben und heute ist diese Erinnerung eine lustige Geschichte. Eine meiner Aufgaben als Krankenpfleger war es, die Geschwüre von Patienten zu reinigen, die an offenen Wunden litten, die durch Druckgeschwüre entstanden waren. Um diese Reinigung durchzuführen, benötigt man eine lange Spritze ohne Nadel, die mit einer Reinigungslösung gefüllt wird, bevor diese Mischung in die Wunde des Patienten gespritzt wird. Ich wollte gerade die gefüllte Spritze in die Wunde der Patientin einführen, als sie sich plötzlich umdrehte und mich fragte, wie lange ich schon Krankenpfleger sei. Ohne nachzudenken antwortete ich, dass ich kein Krankenpfleger, sondern Koch sei! Als ich der Patientin diese Information mitteilte, wurde sie ganz blass und mir wurde zum ersten Mal bewusst, wie meine Antwort auf sie gewirkt haben muss. Es gelang mir, sie mit meinem Konditorcharme zu beruhigen, und für den Rest ihres Aufenthaltes sorgte ich dafür, dass sie jedes Mal, wenn es Reispudding gab, eine Extraportion bekam.

Kapitel 3
Freiheit, Ausland und die Ungewissheit

1992-1994

Im Herbst 1992 war es endlich soweit. Nach zwei Lehren und 15 Monaten staatlichem Zivildienst war ich endlich in der glücklichen Lage, ohne den Druck der Verpflichtungen der letzten sieben Jahre den nächsten Schritt in meine Zukunft zu wagen. Als sich die ersten Tage der Freude dem Ende zuneigten, wurde mir plötzlich bewusst, dass es gar nicht so einfach ist, sich für den nächsten Schritt in meinem Berufsleben zu entscheiden. Es gab einfach zu viele Richtungen, die ich einschlagen konnte, wie z.B. Koch, Konditor oder vielleicht doch Krankenpfleger? Nach langen und ausführlichen Gesprächen mit Freunden und Familie entschied ich mich, eine Stelle als Koch in der Schweiz anzunehmen. Das schien mir eine gute Lösung zu sein, da die Stellen in der Schweiz nur saisonal waren und die neue Arbeitsstelle im schlimmsten Fall nur von kurzer Dauer gewesen wäre.

Ich habe mich sehr schnell in mein neues Arbeitsleben in der Schweiz eingelebt und viele nette Leute kennen gelernt, die mir sehr ähnlich waren und vor allem in der gleichen Situation wie ich. Ich genoss meine Freiheit im Ausland und meinen neuen Arbeitsplatz in der Küche, wo ich lernte, wie man Fleisch zerlegt, Fische ausnimmt, Suppen und Soßen zubereitet und was sonst noch alles zur Arbeit eines Kochs gehört. Nebenbei hatte ich auch die Möglichkeit, Skifahren zu lernen und einfach viel Spaß mit meinen neuen Arbeitskollegen zu haben. Meine Zeit als Koch in der Schweizer Küche war allerdings nicht von langer Dauer und ich bin mir sicher, dass meine Oma da auch ihre Finger im Spiel hatte. Nach nur 4 Wochen wurde ich in die Hotelkonditorei versetzt, da sich der Sous-Chef der Konditorei beim Skifahren das Bein gebrochen hatte. Da ich auch gelernter Konditor war, war das für meinen damaligen Küchenchef die perfekte Lösung. Seitdem habe ich nie wieder als Koch in einer Profiküche gearbeitet und so begann meine Zuckerreise offiziell. Ich hatte eine schöne Zeit in der Hotelkonditorei und alles war ganz anders, als ich es von meiner Lehre her kannte. Leider sind meine Erinnerungen an die damals hergestellten Desserts etwas verschwommen, aber ein sehr beliebtes Frühstücksprodukt, an das ich mich erinnere, war der Karottenkuchen.

Es mag seltsam erscheinen, ein Gemüse wie die Möhre als Zutat in einem Kuchen zu verwenden. Der Ursprung dieser Verwendung liegt ganz einfach darin, dass Zucker erst im 16. Jahrhundert in der Küche Einzug hielt und bis dahin die eher süßen Möhren ein perfekter Ersatz waren. Während des Zweiten Weltkrieges empfahl die britische Regierung den Verzehr von Karotten mit der Begründung, dass dies die Sehkraft verbessere und daher bei nächtlichem „Blackout" von Vorteil sei. Diese kleine Lüge trug dazu bei, dass viele Rezepte mit Karotten unter der britischen Bevölkerung kursierten. Später wurde behauptet, die bescheidenen Karotten hätten dazu beigetragen, Deutschland zu besiegen, da die deutsche Luftwaffe aufgrund der Blackout-Strategie nicht in der Lage war, Bomben auf britisches Gebiet abzuwerfen.

Ein weiterer Grund für die Nutzung der Karotte war, dass während des Zweiten Weltkrieges und auch noch einige Zeit danach Zucker stark rationiert war und man die Speisen mit alternativen Süßungsmitteln wie der Karotte versüßte. Tatsächlich hat die süße Karotte einen Vorgänger, und es wird vermutet, dass sie von der Pastinake abstammt. Die Pastinake ist in England weit verbreitet, in Deutschland jedoch weniger beliebt. Seit dem 17. Jahrhundert werden Möhren in Holland angebaut und weltweit als Süßungsmittel verwendet. Der Karottenkuchen selbst ist seit dem 19. Jahrhundert ein wichtiger Bestandteil der Schweizer Küche und auch heute noch der beliebteste Geburtstagskuchen. In vielen Schweizer Karottenkuchen-Rezepten werden Nüsse oder Mandeln verwendet und auch mein Rezept enthält Mandeln, die aber durch Mehl ersetzt werden können, wenn eine nussfreie Variante gewünscht wird.

Karottenkuchen-Seite 88

Nach einer erfolgreichen Wintersaison entschied ich mich für eine weitere Saison in St. Moritz, diesmal im Sommer und als Konditorgeselle in einem 5-Sterne-Hotel. Hier hatte ich die Möglichkeit, von den besten Konditoren zu lernen. Mein Konditormeister war ein sehr talentierter Holländer, der sein Wissen gerne mit uns allen teilte. Es war das erste Mal, dass ich in einem so gehobenen Hotel arbeiten durfte, und zum ersten Mal spürte ich eine soziale Kluft zwischen Gästen und Personal. Sogar das Tafelsilber wurde täglich poliert, gezählt und nachts verschlossen, wie man es sich in einem Königshaus vorstellt. Während meiner Zeit im Suvretta Haus lernte ich die Herstellung der Nationaltorte, auch Engadiner Nusstorte genannt, kennen.

Die Schweiz ist ein Land mit mehreren Kantonen. St. Moritz liegt im Kanton Graubünden, zu dem auch das Engadin gehört. Die Engadiner Nusstorte wurde 1926 von dem Bäckermeister Fausto Pult erfunden. Auf den ersten Blick vielleicht gar nicht so ungewöhnlich, aber das Klima in Graubünden ist viel zu kalt, um Nussbäume anzubauen, und so kam es mir spanisch vor, dass dies die nationale Torte sein sollte? Meine Nachforschungen zu dieser Torte ergaben, dass vor über 300 Jahren, etwa zur Zeit des Mittelalters, viele Schweizer Bäcker nach Venedig auswanderten. Im Jahre 1766 mussten die Schweizer Bäcker Italien wieder verlassen, und eine Legende besagt, dass nach ihrer Rückkehr Nüsse in den Schweizer Backwaren sehr beliebt waren. Um 1960 wurde die Engadiner Nusstorte sehr bekannt und 1992 habe ich meine Version von meinem holländischen Konditormeister gelernt.

Diese Torte besteht aus einem leicht gezuckerten Mürbeteig, der in eine nicht allzu tiefe Form gelegt und mit in Honig karamellisierten und in Sahne eingekochten Walnüssen gefüllt wird. Die Nussmischung wird dann wieder mit Mürbeteig bedeckt und bei mittlerer Hitze goldbraun gebacken. Super süß, aber trotzdem lecker: Kann mit einem etwas bitteren Kaffee oder Espresso serviert werden.

Engadiner Nusstorte-Seite 89

Die Sommersaison dauerte nur drei Monate, aber sie endete für mich ziemlich plötzlich mit einer Knieoperation und einem Gipsbein. Unglücklicherweise war ich mit dem Auto in der Schweiz und saß im Ausland auf einem Berg mit einem Gipsbein fest. Nachdem ich meinen Eltern von diesem Dilemma erzählt hatte, fuhren sie mit dem Zug in die Schweiz, um mich zu retten. Unser Plan war, dass mein Vater uns dann mit meinem Auto zurück nach Deutschland fahren sollte. Da die Zugfahrt aber sehr lang war, lag es an mir, für meine Eltern eine Unterkunft für zwei Tage zu finden, damit sie sich vor der langen Rückfahrt mit dem Auto ausruhen konnten.

St. Moritz ist relativ klein und es ist fast unmöglich, in der Hochsaison eine Unterkunft für zwei Tage zu finden. Meine Bemühungen waren ziemlich erfolgreich, obwohl es damals noch kein Handy oder Google gab. Ich fand eine Herberge für meine Eltern, die sich etwas weiter oben auf dem Berg in einem Kloster befand. Meine Eltern waren froh, dass ich ihnen eine Unterkunft besorgt hatte. Sie wussten nur nicht, dass es ein Kloster war. Aber das würden sie ja spätestens bei ihrer Ankunft sehen, dachte ich mir, und so hielt ich es nicht für nötig, ihnen dieses kleine Detail mitzuteilen. Die Unterkunft bei den Nonnen war bescheiden, aber ausreichend. Das einfache Frühstück, das aus Bircher Müsli bestand, war nach Aussage meiner Mutter eines der besten, das sie je gegessen hatte. Meiner Mutter gelang es sogar, das Rezept von der Mutter Oberin zu bekommen, eine sehr überzeugende Person, meine Mutter!

Das Bircher-Müesli-Rezept von den Schweizer Nonnen verwende ich auch heute noch. Der Ursprung wird jedoch Dr. Maximilian Oskar Bircher Brenner zugeschrieben. Der Arzt war der festen Überzeugung, dass eine gute Ernährung den Heilungsprozess vieler Krankheiten unterstützen und beschleunigen kann. Er war auch der Meinung, dass eine gute Ernährung vielen Krankheiten vorbeugen kann. Nach einer Wanderung in den Schweizer Bergen fand Dr. Bircher Brenner gastfreundliche Einheimische, die ihm eine Mischung aus Haferflocken und Milch servierten, die dem Bircher Müsli sehr ähnlich war. Er war so beeindruckt von diesem einfachen Gericht, dass er es mit einigen kleinen Verfeinerungen an seine Patienten weitergab, um ihnen eine gute und gesunde Grundlage für den Tag zu geben.

Mutter Oberins Bircher Müsli-Seite 90

Während meiner Knieheilung bei meinen Eltern in Deutschland hatte ich die Gelegenheit, viel Zeit mit meiner Mutter zu verbringen, aber diesmal war sie die Bäckerin. Jeden Sonntagnachmittag gab es frisch gebackene Waffeln. Meine ersten Waffeln habe ich 1975 mit meiner Oma gebacken und ich erinnere mich noch heute an ihr Waffelbackgeheimnis. Sie war die älteste von neun Geschwistern und so war es ihre Aufgabe, sonntags die Waffeln zu backen. Sie war der Meinung, dass Waffeln am besten schmecken, wenn sie noch warm sind, aber da sie so viele Waffeln backen musste und diese so lecker waren, wurden sie immer schnell aufgegessen, so dass am Ende keine Waffel mehr für sie selbst übrig war. Das Problem beim Waffelbacken ist, dass sich der Duft frisch gebackener Waffeln kilometerweit ausbreitet. So kam es nicht selten vor, dass man am Sonntagnachmittag den einen oder anderen Nachbarn oder sogar Fremde im Wohnzimmer antraf, weil der süße Waffelduft einfach unwiderstehlich war.

Doch zurück zum Geheimnis der Waffel. Sobald die erste Waffel aus dem Waffeleisen kommt, wird sie sofort gegessen, denn so ist garantiert, dass auch der Waffelbäcker mindestens eine Waffel abbekommt. Sollte man allerdings dabei erwischt werden, wenn man die erste Waffel isst, so behauptet man einfach, dies sei aus Qualitätsgründen notwendig. Ich habe dieses Geheimnis nie vergessen und esse auch heute noch immer die erste Waffel, obwohl immer genug da ist.

Historisch gesehen haben Waffeln eine lange Tradition, und es wird behauptet, dass holländische Schiffsreisende im Jahr 1620 ihre Waffelrezepte und Waffeleisen mit auf die Reise nach Amerika nahmen. 1775 wurde das Wort „Waffel" zum ersten Mal in einem Buch gedruckt. Als Thomas Jefferson 1789 seine Rückreise von Frankreich in die USA antrat, hatte auch er einige Waffelrezepte und das Waffeleisen mit dem langen Stiel im Gepäck. Als er 1801 dritter amerikanischer Präsident wurde, hatte sich die Waffel mit all ihren Variationen bereits weit über Amerika verbreitet. Manche Waffeln wurden mit Zuckersirup oder Ahornsirup verfeinert, aber es gab auch herzhafte Waffeln mit Hühnchen oder Nierenragout. Das erste Patent für die Erfindung des Waffeleisens erhielt der amerikanisch-holländische Erfinder Swarthout of Troy am 24. August 1869, an dem auch heute noch der amerikanische Waffeltag gefeiert wird. Die weltberühmten belgischen Waffeln wurden erst 1964 erfunden und bestehen häufig aus einem dünnen Hefeteig, und die gebackenen Waffeln werden nur mit Puderzucker bestäubt.

Mamas Waffelrezept-Seite 90

Die Heilung meines Knies ging zwar gut voran, aber der damit verbundene Bewegungsmangel und das ständige Backen meiner Mutter führten dazu, dass sich meine Hüften ausweiteten und auch die Waage deutlich anstieg. Trotzdem konnte ich die leckeren Backwaren meiner Mutter nicht ablehnen, ohne sie zu beleidigen. Ich und auch sie wusste, dass sie mich mästete wie ein Ferkel, wie eines, das zum Markt geführt werden sollte. Meine einzige Rettung war schließlich das sich dehnende Gummiband meiner Jogginghose. Das Positive an dieser Genesungszeit war, dass ich viel Zeit hatte, mich mit Rezepten, ihren Hintergründen und Ursprüngen zu beschäftigen, die den Grundstein für dieses Tagebuch legten. Durch die Analyse von Rezepten aus verschiedenen Ländern wurde mir schnell klar, dass Essen und Trinken sehr schnell verschiedene Kulturen zusammenbringen kann.

Ein neuer Tag und meine Mutter backte wieder einen Kuchen. Diesmal gab es Bienenstich! Als ich sie fragte, wo sie gelernt habe, diesen Kuchen zu backen, sagte sie nur, dass ihre Mutter es ihr beigebracht habe. Die Mutter meiner Mutter war meine andere Oma, die sich geweigert hatte, meinen neu erfundenen Grießpudding zu probieren. Tatsächlich war es der Bienenstich meiner Mutter, der mich dazu brachte, nicht nur ihren leckeren Kuchen zu essen, sondern mich auch näher mit diesem in Deutschland und weit darüber hinaus bekannten Kuchen zu beschäftigen. Zum Glück war mir meine Schwester dabei sehr behilflich und besorgte mir viele Bücher und Backzeitschriften aus der Bibliothek. Google gab es damals noch nicht und manchmal wünsche ich mir, dass es das Zeitalter des Internets auch heute noch nicht gäbe.

Meine historische Reise zum Bienenstich führt mich zurück ins 15. Jahrhundert nach Deutschland. Das süße Hefegebäck mit karamellisierten Mandeln und Vanillecremefüllung wurde von den Bäckern in Andernach erfunden. Der Legende nach überfielen 1474 die Bewohner der Nachbarstadt Linz am Rhein die Andernacher. Auslöser war der deutsch-rumänische Herrscher Friedrich III., der den Andernachern Zugang zu einem Teil des Linzer Rheins gewährte. Der Angriff der Linzer wurde von den Andernachern erfolgreich abgewehrt, wobei eine der Kampfmethoden darin bestand, ganze Bienenstöcke auf die Linzer Angreifer zu werfen. Der Sieg der Andernacher führte zu einem eigenen Zugang zu fließendem Rheinwasser und zur Feier dieses Erfolges wurde ein Kuchen gebacken, der Bienenstich genannt wurde.

Im Laufe der Jahre gab es natürlich viele Variationen dieses Kuchens, und früher, als ich noch bei meinen Eltern wohnte, hatte ich meine eigene Geschichte, warum der Kuchen Bienenstich hieß. Wir aßen den Bienenstich meistens im Sommer, wenn die Kaffeetafel im Garten aufgebaut war. Die karamellisierte Mandelhaube des Bienenstichs, die auf dem Gartentisch stand, hatte die perfekte Anziehungskraft auf die Bienen in der Umgebung. Es war fast unmöglich, den Kuchen zu genießen, da mindestens einer von uns von einer Biene gestochen wurde. Für mich war es der Kampf zwischen Mensch und Biene, der in meiner Fantasie dem Bienenstich seinen Namen gab. Streng genommen ist diese Annahme gar nicht so weit von der ursprünglichen Sage entfernt.

Es ist nicht einfach, einen guten Bienenstich zu backen, denn zwei Gegensätze treffen aufeinander. Zum einen der süße Hefeteig mit den in Honig karamellisierten Mandeln, die vor Feuchtigkeit geschützt werden müssen, damit sie nicht klebrig werden. Zum anderen die Vanillecreme oder Vanille-Buttercreme-Füllung, die kühl gehalten werden muss, damit sie nicht schmilzt.

Mangels zuverlässiger Kühlmethoden wurde der Bienenstich, wie wir ihn heute kennen, erst Anfang des 20. Jahrhunderts populär, als immer mehr Menschen Zugang zu Kühlschränken hatten.

Bienenstich-Seite 91

Nachdem ich mich von meiner Knieoperation vollständig erholt hatte und die unendlichen Backkreationen meiner Mutter, aber auch eine gute Portion Dessertforschung hinter mir hatte, ergab sich die Gelegenheit, für drei Wochen nach Föhr zu fahren. Föhr ist die zweitgrößte Insel der Friesischen Inseln in der deutschen Nordsee. Ich nahm einen Ferienjob in einem Fischrestaurant an, aber meine Aufgabe bestand hauptsächlich darin, Desserts herzustellen. Auf der Insel lernte ich, Futjes zu backen - eine Art Berliner, die statt mit Hefe mit Frischkäse und Backpulver in heißem Öl ausgebacken und anschließend in Zimtzucker gewälzt werden. Einfach köstlich!

Manche Geschichten besagen, dass diese kleinen gebackenen Kugeln erstmals im 16. Jahrhundert aus einer Art Sauerteig und Grieß hergestellt wurden. Der Grieß wurde dann später durch gemahlene Mandeln ausgetauscht. Ursprünglich war diese Leckerei ein Weihnachtsgebäck, und durch die Erfindung des Backpulvers im 20. Jahrhundert wurde dieses Traditionsgebäck neu entdeckt und bekam dann einen Teil der Neujahrsfestigkeiten.

Für mich waren die Futjes den Mutzen aus meiner Heimat sehr ähnlich. Die Mutzen sind bei uns ein Symbol für die Karnevalszeit, die traditionell vom 11. November bis sechs Wochen vor Ostern stattfindet.

Futjes-Seite 92

Nach meinem kurzen Aufenthalt auf Föhr ging die Reise weiter nach Dänemark. Meine beste Freundin, ihre Schwester und ich hatten uns ein Ferienhaus am Meer gemietet, um dort den wohlverdienten Urlaub zu verbringen. Für mich war es auch eine Zeit des Nachdenkens, um vielleicht einige Weichen für meinen weiteren beruflichen Weg in der Zuckerwelt zu stellen. Trotz der Selbstversorger-Unterkunft wollten wir einige traditionelle dänische Gerichte ausprobieren, und einige schmeckten besser als andere. Auf jeden Fall war es besser als das, was die Schwester meiner Freundin zubereitete - ihre Spezialität: verbrannter Toast. Verbrannt ist ein hässliches Wort. Wir nannten es liebevoll karamellisiertes Frühstück. Jahre später fragte mich die Schwester, warum ich mich noch so gut daran erinnere, und zu ihrem Leidwesen haben wir fotografische Beweise. In Dänemark gibt es so viel mehr als nur Lego, und vielleicht ist es jetzt an der Zeit, mein Rezept für dänischen Plunderteig mit Euch zu teilen.

Ich werde oft gefragt, was der Unterschied zwischen dänischem Plunderteig und dem Teig für Croissant-Hörnchen ist, da beide Hefeteige Butter enthalten. Meiner Meinung nach sollte ein Croissant-Hörnchen ein knuspriges Geräusch machen, wenn man es auseinanderreißt. Das dänische Plundergebäck dagegen ist weich und leise, wenn man hineinbeißt. Dieser Geräuschunterschied wird durch die Verwendung von Wasser im Croissantteig und Milch im Plunderteig erreicht. Während meiner Zeit in der Schweiz habe ich viel mit einem dänischen Bäcker zusammengearbeitet und er hat mir die Geschichte mit den Plunderteilchen erzählt.

Um 1840 soll der königliche Bäckermeister Ahlbäck in Kopenhagen Teigstücke durch Aufrollen von Butterlagen hergestellt haben. Diese Methode war der des Blätterteigs sehr ähnlich. Später entwickelten österreichische Bäcker diese Methode weiter, indem sie Butter in einen Hefeteig schichteten. Die österreichischen Bäcker wurden dann vom dänischen Königshaus angestellt, als die dänischen Bäcker für bessere Arbeitsbedingungen streikten, und brachten so ihr Handwerk mit. Nach dem Streik wurde das österreichische Plundergebäck von den dänischen Bäckern übernommen und als Wiener Plundergebäck bekannt. Obwohl die eigentliche Erfindung von österreichischen Bäckern gemacht wurde, waren es die dänischen Bäcker, die durch ihre Weltreisen das dänische Plundergebäck bekannt machten.

Bevor Du das Rezept ausprobierst, noch ein kleiner Tipp:

Da Plunder und Croissantteig sehr zeitaufwendige Backwaren sind, schlage ich vor, mein Rezept auf das Doppelte oder sogar auf das Dreifache zu erhöhen. Wenn die Plunder oder Croissants geformt sind, werden sie vor dem letzten Gärschritt eingefroren. Beim nächsten Mal taut man die geformten Stücke über Nacht im Kühlschrank auf. So kann man ohne großen Aufwand frische Teilchen zum Frühstück backen und servieren, ohne eine Nachtschicht einlegen zu müssen.

Plunderteig-Seite 93

Nach dem herrlichen Sommer 1993 stand ich wieder an einem Scheideweg und wusste nicht, wie mein Zuckerweg weitergehen sollte. Nach einigem Suchen fand ich eine Stelle als Konditor im schönen Schwarzwald, einer Region im Südwesten Deutschlands, in einem kleinen Familienbetrieb, die aber mit einem Stern ausgezeichnet war. Es war meine erste Stelle, bei der ich für die gesamte Patisserie verantwortlich war. Der Inhaber des Familienbetriebs war sehr nett, aber als Küchenchef hatte er auch ein sehr lautes Organ, und da kam mir die dicke Wand zwischen der Hauptküche und meiner Küche sehr gelegen, vor allem für meine Ohren. Heute nennt man so jemanden einen „Choleriker", aber damals hielt ich sein Verhalten für normal. Eine unserer Spezialitäten war das Ziegenkäsesoufflé, das wir den Gästen der Sterneküche vor dem Dessert anboten. Der Ziegenkäse stammte natürlich aus der Region und hatte ein wunderbar abgerundetes Aroma und eine seidige Textur. Das luftige Soufflé haben wir mit einem Kompott aus Schwarzwälder Kirschen angerichtet, die mit Zucker karamellisiert und mit Balsamico-Essig beträufelt wie kostbare Juwelen auf dem Teller glänzten.

Ziegenkäse Soufflé-Seite 95

Meine erste Stelle, in der ich die alleinige Verantwortung für die Dessertküche hatte, war ein guter Ort, um meinen eigenen Stil als Konditor in der Restaurantküche zu erforschen. Ich genoss die Freiheit, neue Dessertkreationen zu entwickeln, und lernte viel über die Verwendung lokaler Produkte. Eine dieser Zutaten war die Walnuss, die nur 10 Meter von meinem Arbeitsplatz entfernt im Garten an einem riesigen Baum in Hülle und Fülle wuchs. Während der Walnussernte waren alle Arbeiter beschäftigt, und dieser Prozess setzte sich mit den verschiedenen Verarbeitungsmethoden der Walnuss fort. Vom Schälen über das Einlegen in Essig bis hin zum Trocknen und Lagern, so dass sie im Winter in vielen verschiedenen Gerichten verwendet werden kann. Ich verwende die Walnuss in meinem Walnuss-Eis-Parfait, das aus einer Creme aus Eigelb, Honig, Sahne und karamellisierten Walnüssen besteht, und vor dem Servieren eingefroren wird. Dieses Dessert wird auch „Halbgefrorenes" genannt, da es im Gefrierschrank und nicht in der Eismaschine hergestellt wird. Dazu serviere ich eine schön glänzende Schokoladensoße.

Über den Ursprung der Walnuss wird viel gestritten, und eine meiner Forschungen führte mich nach Zentralasien, wo sie wahrscheinlich zum ersten Mal wild wuchs. Die Walnuss war für die Ureinwohner ein wichtiges Nahrungsmittel, da sie den Körper mit gesunden Fetten, Vitaminen und Mineralien, aber auch mit Ballaststoffen versorgte.

Eigentlich ist die Walnuss eine gesunde Sache, aber in meinem Dessert wird sie mit Zucker karamellisiert, um einen Krokant zu erhalten. Das macht die Walnuss zwar nicht mehr sehr nahrhaft, verleiht dem Halbgefrorenen aber einen knusprigen Geschmack. Die Schokoladensoße dazu kann entweder auf Wasser- oder auf Milchbasis zubereitet werden. Bei der Zubereitung auf Wasserbasis bleibt die Soße auch nach dem Abkühlen flüssig und wird auch im Kühlschrank nicht fest. Wird Schokoladensoße mit Milch zubereitet, wird die Soße fest, da das Fett in der Milch bei Kälte erstarrt. Die mit Milch zubereitete Schokoladensoße wird warm, die mit Wasser zubereitete Soße kalt serviert.

Walnuss-Eis-Parfait & Schokoladensoße-Seite 96

Die Zeit im Schwarzwald war vollgepackt mit neuen Aufgaben und bestand (leider) aus Arbeitstagen von teilweise 14-15 Stunden, was mich schon wieder zweifeln ließ, ob ich meinen Zuckerweg weitergehen sollte. Immerhin gab es an zwei Tagen in der Woche Zeit zum Ausruhen, da das Restaurant sonntags und montags geschlossen war. Der Schwarzwald ist bekannt für seine Thermalbäder und so schloss ich mich der Saunatradition an und verbrachte die freien Tage meist montags im Kurzentrum von Baden-Baden. Ich genoss meine freien Tage sehr, ebenso wie den Besuch eines kleinen Cafés, in dem ich fast wöchentlich sahnige, mit Kirschwasser gefüllte und mit dunklen Schokoladenraspeln bestreute Schokoladenbiskuitböden verspeiste. Die Rede ist natürlich von der Schwarzwälder Kirschtorte!

Es gibt viele, die behaupten, diese traditionelle Schwarzwälder Torte erfunden zu haben, und trotz der vielen Varianten sollte die Schwarzwälder Kirschtorte zumindest immer Kirschen und Kirschwasser enthalten. Einer dieser angeblichen Erfinder war Josef Keller, der die Torte 1915 erstmals im Café Agner angeboten haben soll. Das Café Agner lag aber außerhalb von Bonn, mehr als 500 Kilometer vom Schwarzwald entfernt, und ich frage mich bis heute, warum diese Torte dann nicht Bonner Kirschtorte hieß, denn Kirschen wachsen ja offensichtlich auch in Bonn. 1934 tauchte die Torte in Berlin auf und wurde auch in Österreich und der Schweiz bekannt. 1949 stand die Schwarzwälder Kirschtorte auf Platz 13 der beliebtesten Torten Deutschlands.

Die Geschichte, die ich am glaubwürdigsten finde, ist, dass die Dekoration der Torte, die Sahnetupfer und die glasierten Kirschen den Schwarzwälder Hut darstellen. Dieser Hut ist auch als Bollenhut bekannt und wird von den Frauen der Region als Kopfbedeckung getragen. So wurde der Hut direkt mit der Torte in Verbindung gebracht.

In meiner eigenen Version der Schwarzwälder Kirschtorte verwende ich einen Biskuitboden und keinen Kuchen. Ich werde oft gefragt, was der Unterschied zwischen diesen beiden Gebäcken ist. Hier meine Erklärung: Bei einem Kuchen werden Butter und Zucker schaumig gerührt, dann kommen langsam die Eier dazu und Mehl sowie ein Backtriebmittel wie Backpulver werden untergehoben. Bei einem Biskuit werden Eier und Zucker zu einem festen Schaum geschlagen und dann das fein gesiebte Mehl und die zerlassene Butter vorsichtig untergerührt. Dabei ist darauf zu achten, dass die Luftblasen in der Biskuitmasse erhalten bleiben und kein zusätzliches Treibmittel zugesetzt wird. Dadurch wird der Biskuit wesentlich leichter und wird daher gerne für mehrschichtige Torten verwendet.

Schwarzwälder Kirschtorte-Seite 97

Komisch, aber wahr, mein wöchentlicher Verzehr der Schwarzwälder Kirschtorte hat mir die Augen geöffnet, dass es im Leben zwei Möglichkeiten gibt. Die erste ist, jede Woche ein Stück Torte zu essen und glücklich zu bleiben, und die zweite ist, damit aufzuhören! Die Schwarzwälder Kirschtorte war für mich damals ein Sinnbild für mein Berufsleben, das mich trotz Jobwechsel immer wieder zur Torte zurückführen sollte. Sollte sich mein Leben wirklich nur in der Küche abspielen? Es gab doch sicher noch viel mehr im Leben als nur Backen? Nach einiger Lebensreflexion entschied ich mich, der Gastronomie den Rücken zu kehren und an der Universität Karlsruhe Tourismus zu studieren. Erst als ich einen Studienplatz hatte, merkte ich, dass ein Großteil der Vorlesungen auf Englisch gehalten wurde, eine Sprache, die ich außer ein paar Brocken Schulenglisch nicht wirklich beherrschte.

Obwohl es die Möglichkeit gab, einen Abendkurs in Englisch zu belegen, entschied ich mich, für ein halbes Jahr nach England zu gehen, um dort meine begrenzten Sprachkenntnisse zu verbessern.

Mit Hilfe einer Arbeitsvermittlung in Frankfurt, die sich auf Stellen im Gastgewerbe im Ausland spezialisiert hat, hatte ich innerhalb von zwei Wochen ein Vorstellungsgespräch als Konditorgeselle in England. Man versprach mir auch, dass das Telefongespräch mit der Person im englischen Hotel auf Deutsch geführt werden würde. So weit, so gut! Das einzige Problem war, dass ich das Vorstellungsgespräch vor meinem Arbeitgeber geheim halten wollte, und so gab es nur die Möglichkeit, das Ganze von der einzigen Telefonzelle im Dorf aus zu führen. Handys gab es damals noch nicht! Ich war dann sehr überrascht, dass mich die Agentur in Frankfurt über die Telefonzelle mit dem Hotel in England verbunden hat und die Person am anderen Ende sehr gut deutsch sprach. Kurze Zeit später erhielt ich einen Brief mit meinem Jobangebot in England, wo ich in einem Hotel in der Stadt Marlow, etwa 50 Kilometer von London entfernt, als Sous-Chef-Konditor anfangen konnte. Einen Monat später packte ich mein Leben in zwei Koffer und bestieg am 2. September 1994 ein Flugzeug mit dem Ziel London-Heathrow.

Wenn ich heute darüber nachdenke, ist es schwer zu verstehen, wie ich meinen Messerkoffer als Handgepäck mit ins Flugzeug nehmen konnte, denn heutzutage kann man schon mit einem Kugelschreiber Probleme bekommen. Nach der Ankunft auf dem englischen Flughafen ging es mit dem Bus weiter nach Marlow und ich kann mich kaum erinnern, wie ich mein Ziel erreichte, da ich aufgrund meiner mangelnden Englischkenntnisse die richtige Haltestelle verpasst hatte. Plötzlich befand ich mich in der Grafschaft Buckinghamshire, wo Marlow und das hübsche Hotel, das direkt an der Themse gebaut war - ja, genau der Fluss, den ich noch aus meinem Englischbuch kannte. Endlich in England angekommen!

Kapitel 4
Willkommen in Großbritannien

1994-2002

Ich betrat das Hotel Complet Angler in Marlow durch den Haupteingang, müde von der langen Reise, bereit für ein neues Abenteuer und gleichzeitig verunsichert, dass mich niemand verstehen wird. Als ich dann endlich den Küchenchef sah und er mich auf Deutsch begrüßte, waren alle Ängste schlagartig verflogen. Nach einem fast einstündigen Gespräch gratulierte ich ihm zu seinen guten Deutschkenntnissen, was wiederum sehr peinlich endete, als er sich mir gegenüber tatsächlich als Deutscher ausgab. Zu meiner Verteidigung: Er war seit über 30 Jahren in England, hatte einen britischen Akzent und sah für mich auch typisch britisch aus. Unser Gespräch endete dann mit einem Rundgang durch das Hotel und die Küche, und zum Schluss verkündete er mir, dass ich wohl ab morgen der neue Konditormeister sein würde. Der eigentliche Meister hatte an diesem Tag seinen letzten Arbeitstag in der Küche und ich sollte am nächsten Tag die vierköpfige Konditorenbrigade übernehmen. Mir war das Herz in die Hose gerutscht, die Kehle war wie zugeschnürt und die deutsche Übersetzung des Küchenchefs bestätigte, was ich in Englisch falsch verstanden zu haben glaubte: Wie in aller Welt sollte ich eine Hotelkonditorei leiten, wenn ich kein Englisch konnte und die Mitarbeiter kein Deutsch - ein wahrer Alptraum! Irgendwie klappte es dann mit täglichem Englischunterricht in der Nachmittagspause, vielen Gesten von mir und Grimassen von den anderen. Glücklicherweise fasste ich schnell Fuß und brachte einige neue deutsche Rezepte in das britische Dessertrepertoire ein und lernte zum ersten Mal, wie man die weltberühmten Scones backt.

Scones, eine Mischung aus Brot und Kuchen, sind vermutlich um 1505 in Schottland entstanden. Dieses Schnellbrot aus Hafer bestand aus dünnen Teigplatten, die auf einem heißen Stein gebacken wurden. Viele glauben, dass das Wort Scone mit dem Schicksalsstein zusammenhängt, der ein besonderes Symbol bei der Krönung der schottischen Könige war. Das mittelalterliche Königtum von Dalriada wurde von König Kenneth I. regiert. Er war der sechsunddreißigste König von Dalriada, und als er die Schotten aus dem Westen und die Picts aus dem Osten zusammenführte, verlegte er die damalige Hauptstadt Scone von Westschottland in den Süden von Perthshire nach Scone Palace. Hier, in der neuen Hauptstadt Scone Palace, erhielt Scone seinen offiziellen Namen. Andere behaupten, dass das Wort „Scone" aus dem holländischen Wort „Schoobrot" abgeleitet wurde, was „schönes Brot" bedeutet. Trotz der reichen Geschichte der Scones wurden sie erst zu Beginn des 18. Jahrhunderts so richtig bekannt. Als die Herzogin Anna von Bedford den Wunsch äußerte, ihren Tee am späten Nachmittag zu sich zu nehmen, beauftragte sie ihren Bediensteten, ihr verschiedene Arten von süßem Gebäck zu servieren. Der Scone war eines dieser Gebäcke und eine ihrer Lieblingsleckereien. Innerhalb kürzester Zeit wurde der Scone auch bei anderen wohlhabenden Familien zu einem festen Bestandteil des Nachmittagsrituals und verbreitete sich wie ein Lauffeuer in ganz England.

Auch heute noch gehört der Scone zum traditionellen englischen Afternoon Tea und wird warm mit dicker Sahne - clotted cream - und Marmelade serviert. Im Laufe der Jahre haben sich zahlreiche Varianten entwickelt, die von der Zugabe von Käse über verschiedene Trockenfrüchte bis hin zu Gewürzen und Zitrusfrüchten reichen. Das Originalrezept aus dem Hotel Complet Angler hat sich im Laufe der Jahre leider auch verändert und eine dieser Versionen hat den Weg in dieses Tagebuch gefunden.

Scones-Seite 100

An meinen freien Tagen nutzte ich die Gelegenheit, ins 50 Kilometer entfernte London zu fahren, und schon bald war mir klar, dass ich die letzten zwei Monate meines Englandaufenthaltes in der Hauptstadt verbringen wollte. Gesagt, getan und kurz nach Weihnachten 1994, vier Monate nach meiner Ankunft in Marlow, zog ich nach London. Für mich war es damals die beste Lösung, meine letzten Wochen in der Kulturstadt zu verbringen, um meine Sprachkenntnisse zu verbessern. Ich hatte das Glück, auf meinen früheren Reisen nette Menschen kennengelernt zu haben, die mir eine Unterkunft im Norden Londons anboten. Über eine Hotelarbeitsvermittlung habe ich verschiedene

Jobs in Hotels gefunden, in denen ich meistens abends gearbeitet habe. Tagsüber besuchte ich die englische Sprachschule „Camden School of English", wo ich auch mein erstes offizielles Englischzertifikat erhalten habe. In den letzten zwei Monaten war es mir wichtig, mich von allem Deutschen fernzuhalten - vom Essen über die Leute bis hin zum Deutsch sprechen - damit ich auch die englische Kultur kennenlernen und mich darauf konzentrieren konnte. In meiner Freizeit besuchte ich viele Kaufhäuser, Bäckereien und Konditoreien verschiedener Kulturen, aber auch Museen, Kunstgalerien, Theater, Pubs und Nachtclubs. Schließlich war ich in der Stadt, die niemals schläft, und das tat ich natürlich auch nicht! Die Zeit verging wie im Flug und meine Rückreise nach Deutschland stand vor der Tür. Als Abschiedsgeschenk für meine neuen Freunde in London hatte ich mir vorgenommen, einen Abschiedskuchen zu backen, genauer gesagt einen Schokoladenkuchen, der in England als „Devil's Food Cake" bekannt ist, was man in etwa mit „Teufelskuchen" übersetzen kann.

Dieser reichhaltige Schokoladenkuchen hat seinen jährlichen Feiertag am 19. Mai und ist bei vielen Schokoladenliebhabern sehr beliebt. Manche glauben, dass dieser Devil's Food Cake (Teufelskuchen) als direkter Gegenentwurf zum Angel Food Cake (Engelskuchen) kreiert wurde, da sich beide in Farbe, Struktur und Mundgefühl völlig unterscheiden. Das erste Rezept für einen Devil's Food Cake stammt aus den USA, wurde 1902 in einem Backbuch veröffentlicht und im Laufe der Jahre verändert und weiterentwickelt. Frühere Rezepte enthielten geschmolzene Schokolade, während moderne Rezepte Kakaopulver verwenden. Eines der Backtriebmittel in diesem Kuchen ist Natron, das beim Vermischen mit Schokolade oder Kakaopulver eine chemische Reaktion auslöst, die dem gebackenen Kuchen seine dunkelrote Farbe verleiht. Der Devil's Food Cake wird anschließend mit einer dunklen Schokoladenglasur überzogen. Es ist auch möglich, den Kuchen mit einer Frischkäsecreme zu füllen und zu überziehen, so dass er zum Red Velvet Cake (Roter Samtkuchen) wird.

Das Backtriebmittel Natron ist in seiner einfachsten Form das Salz, das in Verbindung mit Flüssigkeit zum Triebmittel wird und dem Kuchen seine lockere Struktur verleiht. In meinem Rezept verwende ich Natron, weil es den Kuchen mehr in die Breite gehen lässt, während Backpulver eher für die Höhe verwendet wird. Wenn man beide Backtriebmittel im richtigen Verhältnis verwendet, wird der Kuchen sehr locker. Natron hat viele Anwendungsgebiete und wird auch als Reinigungsmittel und in der Medizin verwendet, deshalb hat es sogar seinen jährlichen Feiertag am 30. Dezember. Dieses Datum ist für mich etwas ganz Besonderes, denn es ist der Todestag meiner geliebten Oma. Ich feiere diesen Tag mit dem Teufelskuchen, denn der ist teuflisch gut, so wie meine Oma es war.

Devil's Food Cake-Seite 101

Der Abschiedskuchen war gebacken und dekoriert, meine Koffer gepackt und mein Flug pünktlich. Auf dem Weg zum Flughafen Heathrow überkam mich plötzlich ein Gefühlschaos - eine Mischung aus Traurigkeit und Verwirrung. Mein Herz wollte in England bleiben, aber mein Kopf wollte die Möglichkeit, in Karlsruhe zu studieren, natürlich nicht ausschließen. Hin- und hergerissen zwischen Gut und Böse, wie die Wahl zwischen Teufels- und Engelskuchen: So viele Entscheidungen, so viel Druck, das war alles zu viel für mich...

Eine Verkettung unvorhersehbarer Umstände führte dann dazu, dass ich das Flugzeug nach Deutschland verpasste. Ich bin bis heute davon überzeugt, dass meine Oma von oben ihre Finger im Spiel hatte und damit den Grundstein für mein neues Leben gelegt hat. Meine Freunde in London waren etwas schockiert, als ich vier Stunden später wieder vor ihrer Tür stand. Da ich selbst nicht wusste, was passiert war, antwortete ich nur, dass ich gemerkt hatte, dass der Abschiedskuchen viel zu groß war und ich ihnen beim Essen helfen wollte. Nachdem der letzte Krümel gegessen war, rief ich meine Eltern an und teilte ihnen mit, dass ich noch etwas länger bleiben würde, und nach fast dreißig Jahren bin ich immer noch in England!

Mit der Zeit wurden meine Englischkenntnisse immer besser und ich fand einen Job in einem 5-Sterne-Hotel, wo ich für das Gebäck für den Nachmittagstee verantwortlich war. Einer meiner Beiträge war eine österreichische Schokoladentorte. Die weltberühmte Sachertorte erkennt man sofort an der glänzenden Schokoladenglasur und der Aufschrift „Sacher". Diese Schokoladentorte, die eine etwas festere Struktur hat, ist mit Alkohol getränkt und mit Aprikosenmarmelade gefüllt. In Österreich ist sie die zweitbekannteste Torte, gleich nach dem Apfelstrudel.

Die Sachertorte, die oft mit Schlagsahne serviert wird, soll der Legende nach 1832 von dem jungen Lehrling Franz Sacher erfunden worden sein. Bereits im Alter von 16 Jahren arbeitete er für den Fürsten von Metternich im österreichischen Königshaus und entwickelte dort diese Torte. Eigentlich war es sehr ungewöhnlich, einen Lehrling damit zu beauftragen, etwas Neues für den Fürsten und seine Gäste zu kreieren. Diese Gelegenheit bot sich dem Lehrling, als der Fürst seine Gäste mit einer neuen Süßspeise überraschen wollte, gerade als der Konditormeister erkrankt war. Da der junge Franz eine Vorliebe für Schokolade hatte, wurde diese zur Grundlage seiner eigenen Kreation und es entstand die Sachertorte, die den Fürsten und seine Gäste sehr beeindruckte. Keine leichte Aufgabe für den jungen Lehrling, denn die Zeit war sehr knapp bemessen und der Fürst machte ihm zusätzlich Druck mit den Worten: „Dass er mir aber keine Schand' macht heut' Abend!" Dieser Kommentar des Fürsten machte den jungen Lehrling nervös, aber mit Hilfe seiner Liebe zur Schokolade konnte er alle überzeugen und wie im Märchen lebten alle glücklich bis an ihr Lebensende. 1876 eröffnete Eduard Sacher, der Sohn von Franz Sacher, das Hotel Sacher in Wien. Das Originalrezept der Sachertorte, das sein Vater 1832 erfunden hatte, soll bis heute ein streng gehütetes Geheimnis sein. Die Sachertorte erhielt auch das Gütesiegel des Hotels.

Man hat mir immer gesagt, dass man nicht in Wien gewesen ist, wenn man nicht im Hotel Sacher war und die original Sachertorte probiert hat.

Sachertorte-Seite 102

Ich hatte nur einen Teilzeitjob, da ich weiterhin die englische Sprachschule besuchen wollte. Aber nach einem Jahr harter Arbeit und langem Sparen war es an der Zeit, mir eine eigene Wohnung zu suchen, damit meine Freunde ihre Couch, die seit einem Jahr mein Zuhause war, wieder für sich hatten. Der Plan war, eine Wohnung zu kaufen, anstatt zu mieten, aber dafür brauchte ich eine Hypothek von der Bank. Das war aber nur mit einer Vollzeitstelle möglich. Als ich meinen Küchenchef nach einer Vollzeitstelle fragte, war er begeistert und sagte sofort zu. Er war nicht so begeistert, als ich ihm schließlich meine Bedingungen nannte, die darin bestanden, dass ich nur von Montag bis Freitag von 7.00 bis 15.00 Uhr arbeiten konnte, und dass ich 2000 Pfund mehr wollte, als er mir angeboten hatte. Ich gab ihm Zeit, über mein Angebot nachzudenken, und am nächsten Tag hatte ich einen Vertrag zu meinen Bedingungen, und die Bank war auch happy!

Mein Vollzeitjob im Hotel lief gut und kurz draufhin erfuhren wir, dass ein Sternekoch sein Restaurant in einem Teil des Hotels eröffnen würde. Ich war noch nie von Berühmtheiten beeindruckt, so dass ich dieser Information keine große Bedeutung beimaß. Einige Wochen später stand plötzlich ein Koch ohne Kochmütze und mit zerzausten Haaren vor mir und nahm sich einfach ein Stück Kuchen von einem Tablett, das für den Zimmerservice bestimmt war. Da ich von seiner Aktion nicht begeistert war, sagte ich ihm, er solle die Finger von der Torte lassen und in Zukunft bitte fragen. Der Koch war über meine Reaktion sehr verärgert und fragte mich in einem unfreundlichen Ton, ob ich überhaupt wüsste, wer er sei. Ich wusste es leider nicht, mir war nur aufgefallen, dass diese Person sehr unhöflich war. Einige Zeit später fand ich heraus, dass der Kuchendieb tatsächlich der neue Sternekoch „Marco Pierre White" war.

In der Folgezeit besuchte der Sternekoch sehr oft unsere Hotelkonditorei, war sehr freundlich und fragte nach einem Stück „Fruitcake" und ich begann, unsere Gespräche immer mehr zu genießen.

Der „Fruitcake", eine Art Rodonkuchen mit vielen getrockneten Früchten, war der Lieblingskuchen des Sternekochs. Nach unserer ersten Begegnung hatte ich ihm sogar den Spitznamen „Fruitcake" gegeben, was übersetzt so viel bedeutet wie „nicht alle Tassen im Schrank haben", aber das ist eine andere Geschichte.

Im antiken Rom wurde von 625 v. Chr. bis zum Fall der Stadt 476 n. Chr. eine Mischung aus Gerste, Honig, Wein, Nüssen, Rosinen und Granatapfel zu einer Art „Obstkuchen" gebacken, der „Satura" genannt wurde. Er wurde vor allem für die Soldaten gebacken, um ihre Kräfte zu stärken. Nach dem Untergang des Römischen Reiches im Jahr 476 und dem Beginn der Renaissance im 14. Jahrhundert wurden viele bis dahin einfache Brote mit Gewürzen und Trockenfrüchten verfeinert. So entstanden in vielen europäischen Ländern eigene Varianten des

Dörrobstbrotes. In Italien wurde im 13. Jahrhundert das „Panforte" erfunden und in Deutschland wurde im 14. Jahrhundert in Dresden ein Früchtebrot mit Marzipan entwickelt, das heute als Stollen bekannt ist. Mit der Einführung von Zucker und kandierten Trockenfrüchten aus der Karibik im 16. Jahrhundert wurde das Früchtebrot gesüßt und wandelte sich zum Früchtekuchen. Zucker wurde dann auch häufig als Konservierungsmittel in vielen Produkten verwendet und machte den „Fruitcake" länger haltbar. Im 18. Jahrhundert wurde der „Fruitcake" dann mit Butter verfeinert und ist dem, was wir heute unter einem Kuchen verstehen, sehr ähnlich. Am 10. Februar 1840 machte der „Fruitcake" als Hochzeitstorte der britischen Königin Victoria und des deutschen Prinzen Albert von Sachsen-Coburg und Gotha erneut von sich reden. Viele glauben, dass diese Hochzeit eine der größten Liebesromanzen der britischen Geschichte war. Ihre Hochzeitstorte war mit Zuckerguss überzogen und mit einer Figur von Britannia verziert. Traditionell wurde die Torte den Gästen als Geschenk überreicht. Viele glaubten, wenn man ein Stück Hochzeitstorte unter das Kopfkissen legte, würe man im Traum seine Geliebte sehen.

Eine schöne Idee, aber ich stelle es mir eher unangenehm vor, all die Kuchenkrümel im Bett! Heutzutage wird der Kuchen eher in kleinen Schachteln serviert, so bleibt wenigstens das Bett sauber. Die oberste Torte der Hochzeitstorte wird meist aufbewahrt und, wenn die Störche fleißig waren, als Tauftorte wiederverwendet, ansonsten wird die Torte zum ersten Hochzeitstag serviert.

Der „Fruitcake" ist oft ein wichtiger Bestandteil der englischen Kaffeetafel und auch in der Weihnachtszeit sehr beliebt. Viele Leute lassen die Trockenfrüchte mehrere Tage oder sogar Monate in Alkohol einweichen, aber in meinem Rezept verwende ich die schnelle Methode in diesem Kuchen des verruchten Vergnügens.

Fruitcake-Seite 103

Die Weihnachtszeit ist eine der Hochsaisons in der Konditorei, und wir begannen bereits im August mit dem Einweichen der Trockenfrüchte für den britischen Christmas Pudding, der monatelang mit Rum, Weinbrand, Bier und Sherry getränkt wird. Am Tag der Herstellung, wenn alle Zutaten zusammengemischt wurden, war die Menge so groß, dass es keine Schüssel oder Wanne gab, die die ganze Mischung fassen konnte. Um dieses Problem zu lösen, wurden alle Tische von der Mitte an die Wand gerückt, die Fliesen mit Plastikfolie abgedeckt und dann alles auf dem Boden gemischt. Diese riesige Mischung erforderte den Einsatz aller acht Konditoren, und nach langem Kneten, Pressen und Rühren hatten wir genug für 2.000 Portionen Christmas-Pudding.

In Amerika ist der Christmas Pudding auch als „Plum Pudding" und in Charles Dickens Buch „A Christams Carol" als „Figgy Pudding" bekannt. Der Ursprung des Christmas Pudding ist eine Mischung aus einem Fruchtkuchen und einem Fleischauflauf, der in England als „Haggis" bekannt ist und aus Innereien von Schafen hergestellt wird. Im Mittelalter wurden Fett, Gewürze, Trockenfrüchte, Fleisch, Getreide und Gemüse in die Mägen der Tiere gestopft und gekocht, bis sie fest waren, und dann als Christmas Pudding serviert. Im frühen 15. Jahrhundert wurden mehr Früchte verwendet und man nannte es „Plum Pottage", da das Wort „plum" eine Bezeichnung für gemischte Trockenfrüchte war. Mit der Einführung des Zuckers im 16. Jahrhundert wurden Fleisch und Gemüse mehr und mehr durch Früchte ersetzt, und mit der Zeit wurde der Tiermagen durch ein Leinentuch ersetzt. So blieb der Rindertalk als einziges tierisches Produkt im Weihnachtspudding übrig. Rindertalk ist eine wichtige Zutat, da er Feuchtigkeit speichert und eine lange Haltbarkeit gewährleistet. Seit dem 16. Jahrhundert ist der Christmas Pudding, so wie wir ihn heute kennen, ein traditionelles Weihnachtsgebäck. Leider wurde dieses Weihnachtsgebäck verboten, als Oliver Cromwell 1647 die britische Regierung übernahm. Er verbot alle Traditionen, die mit der römisch-katholischen Kirche und heidnischen Bräuchen in Verbindung standen. Dazu gehörten auch Weihnachtslieder, Krippenspiele und Weihnachtsgebäck. Glücklicherweise kam 1714 der in Deutschland geborene und nun britische König Georg I. an die Macht, der den Christmas Pudding befürwortete und die traditionellen Bräuche wieder einführte. Für sein erstes Weihnachtsfest als König beauftragte er die Konditoren, einen Christmas Pudding zu backen, was ihm den inoffiziellen Titel „Pudding King" einbrachte!

1996 konnte ich nach zwei Jahren endlich meine Familie in Deutschland besuchen. Dieser Besuch fand zu Weihnachten statt und so war der Christmas Pudding das perfekte Geschenk für meine Familie. Alle freuten sich, mich zu sehen, waren aber auch neugierig, warum ich einen „Fruitcake" mitgebracht hatte? Nach einer kurzen Erklärung zwischen Fruitcake und Weihnachtspudding war allen klar, dass der Fruit Cake mit Butter zubereitet und gebacken wird, während der Christmas Pudding mit Rindertalg zubereitet und mit Dampf gegart wird.

Meine Mutter, eine römisch-katholische Praktikantin, probierte den Pudding als Erste und war begeistert, dass er aus 13 Zutaten besteht, die Jesus und seine 12 Apostel darstellen.Beim Anrühren des Puddings wird der Holzlöffel von Ost nach West bewegt, um die Reise der Heiligen Drei Könige zu symbolisieren. Dann wird eine Münze in den Teig getaucht, bevor das Ganze eine ganze Weile gedämpft wird. Meine Schwester fand die Münze in ihrer Portion, und als sie mich fragte, was die Münze im Pudding zu bedeuten habe, tischte ich ihr eine kleine Lügengeschichte auf. Ich erzählte ihr, dass derjenige, der die Münze findet, den Abwasch machen muss - Fun Fact: Sie war von meiner Geschichte nicht sonderlich beeindruckt! Tatsächlich bedeutet die Münze „Glück im neuen Jahr", es sei denn, man verschluckt sie, oder bricht sich einen Zahn daran ab. Als letztes Ritual wird der aufgewärmte Pudding mit Weinbrand flambiert, was für die Passion Christi steht. Ich bin mir nicht sicher, ob meine Familie den Christmas Pudding mochte, aber ich glaube, alle hatten einen im Tee, denn neben dem hohen Alkoholgehalt des Puddings war vielleicht auch die dazu gereichte Weinbrandsoße einfach zu viel des Guten.

Hier ist meine Version des Christmas Pudding (er hat allerdings mehr als 13 Zutaten - bitte nicht meiner Mutter verraten!)

Christmas Pudding-Seite 104

Ein weiterer festlicher Bau war unser riesiges Lebkuchenhaus. Es war so groß, dass die eigentliche Form aus Holz gebaut und am späten Abend im Restaurant zusammengesetzt wurde. Um Mitternacht waren wir Konditoren dann damit beschäftigt, das Holzhaus mit über 2000 Lebkuchenplatten zu bekleben, die alle mit dickem Zuckerguss fixiert und anschließend mit Säcken voller Süßigkeiten verziert und verfeinert wurden. Pünktlich zum Frühstück der Hotelgäste war alles wieder aufgeräumt und das Lebkuchenhaus erstrahlte in seiner ganzen Pracht, ohne jegliche Erinnerung an unsere Nacht- und Nebelaktion.

Leider war das beeindruckende Lebkuchenhaus nur drei Wochen zu bewundern. Zwei Enkelinnen der inzwischen verstorbenen Queen hatten das Haus bei einem Besuch zum „Afternoon Tea" so stark beschädigt, dass es noch am selben Tag abgebaut werden musste. Zum Glück war ich damals nicht als Kellner dabei!

Jedes gute Lebkuchenrezept enthält Ingwer, der ursprünglich aus China stammt, wo die Ingwerwurzel vor allem für medizinische Zwecke verwendet wurde. Im Laufe der Zeit gelangte Ingwer zusammen mit vielen anderen Gewürzen nach Europa, wo er in Griechenland und Ägypten häufig bei festlichen Anlässen verwendet wurde. Die ersten Lebkuchenrezepte tauchten dann im 11. Jahrhundert in Europa auf, nachdem die Kreuzritter die kostbaren Gewürze aus dem Nahen Osten mitbrachten und sie den Köchen der Weltherrscher zur gastronomischen Verwendung zur Verfügung stellten. Viele Lebkuchenrezepte enthielten damals Zutaten wie altes Brot, geriebene Mandeln, süße Gemüsesorten, Rosenwasser und Ingwer. Dieser Teig wurde dann in Holzformen gepresst, um Motive von Königen und Königinnen sowie religiöse Symbole in den Lebkuchen zu drücken. Ein bisschen wie eine essbare Zeitung! Die Wohlhabenden ließen den so bedruckten und gebackenen Lebkuchen noch mit Zuckerguss und Goldfarbe verzieren. Mit der Einführung von Zucker und anderen Gewürzen im 16. Jahrhundert wurde der Lebkuchen eher zu einer süßen Spezialität, und auch das alte Brot wurde durch Mehl ersetzt. Durch die Zugabe von Eiern wurde der Lebkuchenteig sehr beliebt. Königin Elisabeth I., die von 1558 bis 1603 regierte, ließ sich sogar ihr eigenes Abbild aus Holz schnitzen, damit sie ihre Gäste am königlichen Hof mit ihrem eigenen Abbild im Lebkuchen beeindrucken konnte. Bekannt wurde der Lebkuchen auch auf vielen Jahrmärkten, wo er mit bunten Bändern geschmückt und so zum Zeichen der Liebe wurde. Da die Küchen früher nur über wenige Kühlmöglichkeiten verfügten, wurde zerkrümelter Lebkuchen oft zwischen Fleisch und Geflügel gestreut, um den strengen Geruch von verdorbenem Fleisch zu mindern. Lecker! Heute ist der Lebkuchen in vielen Ländern zu Hause, aber in der Stadt Nürnberg in Bayern ist das Lebkuchenbacken eine Kunst, die das ganze Jahr über ausgeübt wird. Noch heute werden in Nürnberg Backpreise für Lebkuchenkunstwerke verliehen, eine Tradition, die bis ins Mittelalter zurückreicht. In Frankreich, Ungarn, Polen und Amerika gehören Lebkuchen eher zur Weihnachtszeit.

Zurück zu unserem riesigen Lebkuchenhaus, das wir Weihnachten 1998 im Hotel gebaut haben. Die Tradition, Lebkuchen in Form von Gebäuden wie Häusern oder Kirchen zu bauen, ist seit dem 16. Jahrhundert bekannt. Richtig populär wurde das Lebkuchenhaus aber erst, nachdem die Gebrüder Grimm 1812 das Märchen von Hänsel und Gretel veröffentlicht hatten. Zur gleichen Zeit war es für die deutschen Bauern sehr schwer, Land zu finden, das sie bewirtschaften konnten, so dass viele 1816 beschlossen, ihr Glück in Amerika zu suchen. So kam auch das Lebkuchenhaus nach Amerika.

Lebkuchenteig-Seite 105

Meine Vollzeitstelle im Hotel ermöglichte es mir, eine Hypothek bei der Bank aufzunehmen und mir eine schöne Wohnung im Süden Londons zu kaufen. Das Ziel war erreicht, und so entschloss ich mich, meinen Job im Hotel aufzugeben und die Leitung der Dessertabteilung in einem Restaurant im Londoner Theaterviertel Soho zu übernehmen. Der Verkauf von Desserts war dort sehr gering und die Konditorei bestand eigentlich nur aus einem Tisch unter der Treppe mit einem Ofen und mir. Mit der Zeit lernte ich, dass man Zeit und Geduld braucht, um Erfolg zu haben, und nach zwei Jahren hatte ich mich unbemerkt auf 20% der gesamten Küche ausgebreitet. Wir waren nun drei Konditoren, da fast alle Gäste auch Nachtisch bestellten. Neben der Herstellung von Süßspeisen führte ich das Brotbacken ein, und einer meiner ersten Erfolge war das italienische Focaccia-Brot, das vor dem Backen mit Olivenöl, grobem Salz und Kräutern verfeinert wird.

Der Name Focaccia leitet sich vom lateinischen Wort „Fokus" oder „Herz" ab. Mit Herz ist die Mitte der Feuerstelle gemeint, wo die Fladenbrote auf heißen Steinen oder flachen Tonschalen gebacken wurden. Die Oberfläche des Brotes wurde so eingestochen, dass Vertiefungen entstanden, damit das Brot nicht zu weit aufging und sich das eingefüllte Öl gleichmäßig verteilen konnte. Manche bezeichnen dieses Brot auch als Pizzabrot, obwohl die Focaccia 2000 Jahre älter ist. Die beiden Brotteige haben schon Ähnlichkeiten, aber das Focaccia-Brot hat einen viel längeren Gärungsprozess hinter sich als der Pizzateig und bekommt dadurch einen anderen Geschmack und eine andere Struktur.

Ich stelle mein Focaccia-Brot mit Kartoffelpüree her, denn das macht das Brot besonders locker und sorgt für die nötige Feuchtigkeit im Endprodukt. Einfach unwiderstehlich lecker!

Focacciabrot-Seite 106

Ich habe meine Zeit in dem mediterranen Restaurant sehr genossen, vor allem wegen der vielen verschiedenen Kulturen und der Freiheit, die mir gegeben wurde, meine Kenntnisse zu vertiefen und weiterzuentwickeln. Es war sehr ungewöhnlich, in einem Restaurant Brot zu backen, aber nach meinem Erfolg mit dem Focaccia-Brot entwickelte ich ein Weißbrot. Schock und Horror zugleich, ein Weißbrot, aber in meiner Version entschied ich mich, dem einfachen Brotteig einen Brandteig hinzuzufügen. Unser Weißbrot wurde normalerweise für Bruschetta verwendet. Durch den Brandteig bleibt das Brot auch nach dem Toasten weich und angenehm im Mund.

Weißbrot mit Brandteig-Seite 107

Mein Erfolg in diesem Restaurant wurde in der Restaurantkette schnell bekannt und geschätzt. Nach einigen Gesprächen mit den Geschäftsführern der Kette begann ich, die anderen Köche der insgesamt 25 Restaurants in der Kunst der Dessertküche zu unterrichten. Nebenbei richtete ich einen Telefonservice ein, über den mich die Köche der anderen Restaurants erreichen konnten, wenn sie Probleme mit den Dessertrezepten hatten oder mir andere Fragen zu Desserts und Brot stellen wollten. Auch in diesem Fall konnte ich meinen Chef überzeugen, meine Bedingungen zu akzeptieren. Ich reduzierte meine Arbeitszeit, also meinen eigentlich recht guten Arbeitsvertrag (Montag bis Freitag von 7.00 bis 17.00 Uhr) auf eine Vier-Tage-Woche ohne Abend- und Wochenendarbeit und verlangte gleichzeitig eine Lohnerhöhung. Wie gesagt, es war ein toller Job im Restaurant in Soho, aber nach fast vier Jahren war es an der

Zeit, einen neuen Weg einzuschlagen. Aber vorher möchte ich noch zwei meiner Lieblingsrezepte mit Dir teilen: die „Creme Catalan" und meine Zitronentarte „Lemontart".

Die Creme Catalan soll eine der ältesten Süßspeisen Europas sein. Im 14. Jahrhundert wurde sie im Nordosten Spaniens in der Region Katalonien hergestellt und wird oft auch der jüdischen Küche zugeschrieben. Traditionell wird die Süßspeise in Spanien am 19. März, dem Namenstag des Heiligen „Sant Josep", zubereitet. In Deutschland könnte man ihn auch mit dem Vatertag vergleichen. Für den dickflüssigen Pudding benötigt man Milch, Eigelb, Zucker und zur Abrundung des Geschmacks Orangen- und Zitronenschale sowie Zimtstangen. Sie ähnelt möglicherweise der französischen „Crème Brûlée", die allerdings erst 1691 erstmals in einem Kochbuch erwähnt wurde. Eine Creme Brûlée wird aus Sahne, ganzen Eiern, Zucker und Vanille hergestellt und anschließend mit noch mehr Zucker karamellisiert. Leider ist die französische Creme weltweit bekannter als die spanische, obwohl sie eine viel längere Tradition hat.

Mein Rezept für die Creme Catalan ist eine Mischung aus französischen und spanischen Rezepten und ich finde sie sehr lecker!

Creme Catalan-Seite 108

Ein anderes Rezept aus meiner Zeit in Soho ist eher der französischen Küche zuzuordnen. Die Rede ist von „Tart au Citron", einem Mürbeteigboden mit gebackener Zitronenfüllung.

Um mit Zitronen etwas zu machen, braucht man, ja, wer hätte das gedacht, Zitronen, die ihren Ursprung in Assam im Norden Indiens haben. Genauer gesagt ist die Zitrone aus einer Kreuzung von bitteren und sauren Orangen entstanden und wurde in der römischen Antike auch „Median Apple" genannt, nach der gleichnamigen nordwestlichen Region im heutigen Iran. Als diese „Median Apple" ihren Weg in den Nahen Osten und bis nach Nordafrika und in die Mittelmeerländer fand, erhielt die Frucht den persischen Namen „Limu", der vom arabischen Wort „Laymun" abstammen soll. In England tauchte die erste Zitrone (aus Spanien) 1289 auf, als Königin Eleonore von Kastilien, die erste Gemahlin von König Edward I., Zitronen als Geschenk erhielt. Und so fanden sie schnell ihren Weg in die Küche. 1493 brachte Christoph Kolumbus Zitronensamen in die Neue Welt, und seit Anfang des 15. Jahrhunderts wachsen Zitronenbäume in South Carolina, USA. Die „Tart au Citron" ist eine Mischung aus Zitrone, Eiern und Sahne, die in einem vorgebackenen Mürbeteig bei niedriger Temperatur im Ofen gebacken wird. Es gibt Beispiele für ein ähnliches Rezept aus dem 12. Jahrhundert, und im 18. Jahrhundert war es auch ein Gericht der protestantischen Quäker. Eine Weiterentwicklung erfuhr der Kuchen durch das Aufsetzen einer Baiserhaube, deren Erfindung der amerikanischen Köchin und Kochbuchautorin Mrs. Goodwell aus Philadelphia zugeschrieben wird. Die Köchin, die neben ihrer Konditorei auch das Backen unterrichtete, verwandelte das reichlich übrig gebliebene Eiweiß durch Zugabe von Zucker und langes Aufschlagen in einen Eischaum, der dann auf die gebackene Zitronentarte gestrichen und bei starker Hitze kurz angebacken wurde. Nach anderen Überlieferungen wurde die Zitronen- und Baisertorte Anfang des 18. Jahrhunderts von dem Schweizer Bäcker Alexander Frehse erfunden. Die heute weltberühmte französische „Tarte au Citron" wurde im 19. Jahrhundert nach der Französischen Revolution populär, und mein Rezept fand seinen Weg auf meine Dessertkarte in Soho, Frith Street, London, im September 1997.

Zitronentarte-Seite 108

Im Mai 2001 führte mich mein Weg zurück in ein 5-Sterne-Hotel, diesmal in das Churchill Intercontinental, nur fünf Minuten von der berühmten Oxford Street in London entfernt. Dort war ich als Chefpatissier tätig, wo ich mit meinem Team alle Desserts für das Hotelrestaurant, den Zimmerservice, den Afternoon Tea und für Veranstaltungen herstellte. Ich erinnere mich besonders an die vielen Schokoladen- und Trüffeltorten, deren Rezept ich noch heute für meine Hochzeitstorten verwende.

Schokoladentrüffel sind ursprünglich eine Art Praline, die aus Schokolade und heißer Sahne hergestellt wird. Nach dem Erstarren der Masse werden kleine Kugeln geformt und mit Kakaopulver bestreut. Eine meiner Lieblingsgeschichten über den Ursprung der Schokoladenkugel ist, dass ein Konditorlehrling des berühmten Sternekochs August Escoffier um 1920 versehentlich heiße Sahne über die Schokolade gegossen haben soll, die ursprünglich für eine Eiermischung gedacht war. Nach dem Abkühlen erstarrte die Sahne-Schokolade-Mischung und wurde zu Kugeln gerollt.

Mein Rezept für die Trüffeltorte besteht ebenfalls aus Schokolade und Sahne, aber für die Torte wird die Sahne geschlagen, bevor sie unter die Schokolade gehoben wird. Diese Füllung kommt dann auf einen glutenfreien Schokoladenboden und zum Schluss wird die gut gekühlte Torte noch mit Kakaopulver bestäubt.

Schokoladen Trüffel Torte-Seite 109

Insgesamt hat mir die Zeit im Inter-Continental gut gefallen. Alle waren super nett, die Arbeit machte Spaß, aber irgendetwas fehlte! Aufgrund meiner impulsiven Art entschied ich mich nach nur wenigen Monaten kurzerhand zu kündigen. Der Zeitpunkt der Kündigung hätte allerdings nicht ungünstiger sein können: Am 10. September 2001 reichte ich meine Kündigung beim Personalchef ein und trotz des Angebots einer Gehaltserhöhung beschloss ich, in vier Wochen aufzuhören. Am nächsten Tag änderte sich die Stimmung schlagartig, als wir alle Zeugen der Anschläge vom 11. September in Amerika wurden. Der brutale Angriff, den wir live im Fernsehen miterlebten und mit Entsetzen verfolgten, und das Chaos, das danach auf der ganzen Welt herrschte und uns alle belastete. Über Nacht hatte dieser Anschlag unvorstellbare Auswirkungen auf viele Wirtschaftszweige, und auch der Tourismus war extrem betroffen. Mit dieser Tragödie ging die Nachfrage nach Jobs im Hotel- und Gaststättengewerbe stark zurück und die erste Einsparung im Hotelbereich war die Entlassung des Konditormeisters. Ich hatte meine Kündigung schon eingereicht, aber mir war klar, dass es nicht einfach sein würde, eine neue Stelle zu finden. Mein Vertrag wurde zwar noch bis Weihnachten verlängert, aber ab diesem Zeitpunkt bestand meine Hauptaufgabe darin, Kartons mit Fertigdesserts zu öffnen, da unsere Brigade von acht Konditoren nur noch aus drei bestand. Meine Stelle wurde von einem Konditorgesellen übernommen – für die Hälfte meines Gehalts.

Trotz dieser traurigen Zeit gab es einen Lichtblick für das Churchill Intercontinental. Eines der Hotelrestaurants, das „Clementine", sollte von dem italienischen Sternekoch Giorgio Locatelli übernommen werden. Die Eröffnung war für das Frühjahr 2002 geplant, aber zur Feier der Übernahme wurde bereits im Oktober 2001 ein Festessen veranstaltet. Dabei hatte ich die Gelegenheit, das berühmte Tiramisu-Dessert nach den strengen Rezeptvorgaben des Sternekochs herzustellen. Ich erinnere mich an Giorgio als einen sehr engagierten Koch voller Energie und Liebe zum Kochen. Es war mir eine Ehre, sein Dessert herstellen zu dürfen.

Der Name Tiramisu bedeutet übersetzt „zieh mich hoch" und ist seit den 1960er Jahren auf vielen Dessertkarten zu finden. Der Ursprung dieser klassischen Spezialität führte meine Recherchen nach Italien in die Region Treviso, unweit von Venedig. Dort soll um 1800 eine Dame der Nacht dieses Dessert angeboten haben. Ihr Hintergedanke war, dass dieses Aphrodisiakum ihren Freiern noch einmal einen Energieschub geben sollte, bevor sie zu ihren Frauen nach Hause gingen. Mit anderen Worten: Sie verabreichte ihren Kunden ein natürliches Viagra. Das Dessert bestand aus vielen nahrhaften und revitalisierenden Zutaten wie Zucker, Eiern, Mascarpone, Löffelbiskuit und natürlich Kaffee und Kakaopulver. Alkohol wurde damals noch nicht hinzugefügt, und auch heute noch gehen die Meinungen darüber auseinander, welcher Alkohol am besten passt. Am häufigsten werden jedoch Marsala, Wein, Rum oder Amaretto verwendet.

Ich habe im Laufe der Jahre viele Tiramisu-Rezepte ausprobiert und das Rezept von Giorgio Locatelli ist (auch) im Internet zu finden. Das Rezept in meinem Tagebuch basiert auf dem Rezept für eine Tiramisu-Torte.

Tiramisutorte-Seite 110

Die Zeit nach Weihnachten 2001 habe ich genutzt, um etwas Kraft zu tanken, aber jetzt bin ich wieder an einem Scheideweg auf meinem Zuckerweg angelangt. Seit dem Angriff auf Amerika hat sich in der Gastronomie viel verändert, besonders für die Konditoren: Fertigprodukte für Kuchen, Gebäck und Desserts wurden immer besser, und so war es nicht leicht, eine Stelle als Konditormeister zu bekommen. Ich wollte nicht mehr diese langen Arbeitstage haben, den Mangel an sozialem Leben und den Stress, den diese Art von Arbeit auf das Privatleben ausübt. Im Februar 2002 fand ich eine neue Stelle als Konditormeister im 5-Sterne-Hotel Sheraton Park Lane, nicht weit vom Hyde Park und Piccadilly Circus entfernt. Ich übernahm die Leitung einer sehr großen Abteilung mit vielen Konditoren und viel Verantwortung. Eigentlich war es das genaue Gegenteil von dem, was ich mir vorgestellt hatte, aber da es immer noch nicht leicht war, einen gut bezahlten Job zu finden, ließ ich meinen Kopf und nicht mein Herz entscheiden.

Eine unserer Spezialitäten war die Herstellung von Soufflé. Dieses einfache, aber doch komplizierte Dessert wurde für bis zu 700 Gäste zubereitet und konnte nur gelingen, wenn man den Back- und Serviervorgang genau plante und austüftelte. Ziemlich beeindruckend, wenn ich so darüber nachdenke!

Das französische Souffle, in Deutschland als „Aufgeblasenes" bezeichnet, wird oft dem berühmten französischen Koch Vincent de la Chapelle zugeschrieben. Seine Kochkünste wurden an vielen europäischen Königshöfen und von führenden Persönlichkeiten der Welt geschätzt, so auch von der Mätresse Ludwigs XIV, Madame de Pompadour. Im Jahr 1814 wurde die genaue Zubereitung eines perfekten Soufflés in dem Buch „Die Kunst des Kochens" beschrieben. Das in dem Buch beschriebene Rezept stammt von dem französischen Koch Antoine Beauvilliers, der Küchenchef des Grand Hotel Paris war. Wie viele andere Süßspeisen hat auch das Soufflé zahlreiche Rezeptänderungen erfahren, aber heute unterscheidet man zwei eher warme Varianten. Das „heiße Soufflé" wird auf der Basis von Vanillepudding zubereitet und mit aufgeschlagenem Eiweiß untergehoben. Die andere Variante, das „Pudding Soufflé", wird aus Milch hergestellt, die mit einer Mehlschwitze angedickt wird, bevor die aufgeschlagene Baisermasse untergehoben wird. Für beide Varianten gilt jedoch die Regel, die schon der französische Koch August Escoffier vertrat: „Könige warten auf Soufflés, aber das Soufflé wartet nicht auf den König"! Mit anderen Worten: Selbst wenn man die besten Regeln befolgt, bleibt nur wenig Zeit, um das Soufflé nach dem Backen in perfektem Zustand zu genießen, wenn man das ultimative Soufflé-Erlebnis erleben möchte.

Zimt Souffle-Seite 111

Das Hotel hatte viele Veranstaltungsräume, einer der größten war der Ballsaal, der sehr oft für jüdische Hochzeitsfeiern genutzt wurde. Wir hatten sogar eine separate koschere Küche, die während der Zubereitung der Speisen von einem meist eingeschlafenen Rabbiner beaufsichtigt wurde. Es gab strenge Regeln, nur Küchengeräte und Utensilien zu benutzen, die ausdrücklich für die Zubereitung jüdischer Speisen bestimmt waren. Ich lernte aber auch, dass Fleisch- und Milchprodukte nicht miteinander kombiniert oder gar zusammen serviert werden dürfen. Zwischen der Zubereitung von Fleisch- und Milchprodukten muss eine Pause von drei bis sechs Stunden eingehalten werden. Da aber bei einer Hochzeitsfeier Fleisch zum Hochzeitsessen gehört und die Pause aus Zeitgründen nicht eingehalten werden kann, werden bei der Zubereitung der Desserts keine Milchprodukte verwendet. Ich hatte schon immer den Wunsch, Koch- und Backrezepte aus anderen Kulturen kennen zu lernen. Die Möglichkeit, jüdische Bräuche kennen zu lernen, kam mir sehr gelegen. Einer der süßen Kuchen, die wir oft backten, war „Lekach", eine Art Honigkuchen, der in Nordengland auch „Parkin" genannt wird. Einige Lekach-Rezepte werden mit Wasser oder Tee zubereitet, und die Juden in Österreich verwenden Kaffee. Alle Rezepte enthalten jedoch Honig, denn die Juden glauben, dass Honig die süße Zeit symbolisiert, die das neue Jahr mit sich bringt.

DNA eines Konditoren   Andreas Hein

Lekach Rezept-Seite 112

Eine meiner letzten Erinnerungen an das Sheraton Park Lane ist eine Veranstaltung für britische Sterneköche. Diese Veranstaltung erforderte natürlich viele Überlegungen und Planungen, die sich über Monate hinzogen. Für das Hotel war es eine Ehre, die Sterneköche zu bewirten, und wir in der Konditorei wollten sie nicht enttäuschen. Schließlich entschieden wir uns, unsere Pralinen auf 40 Zuckerskulpturen zu präsentieren. Diese wurden aus Gelatinezucker hergestellt, einer Mischung aus Puderzucker, Maismehl und Gelatine. Zuerst ist die Masse weich, man kann sie ausrollen und formen, bevor man sie trocknen lässt. Nach dem Trocknen ist sie hart wie Porzellan und kann mit Zuckerguss verziert werden. Wir haben 3 Monate an den 40 Pagoden gearbeitet, die dann im fertigen Zustand unsere Pralinen wunderschön zur Geltung brachten.

Diese Form der Zuckerdekoration existiert seit dem 17. Jahrhundert, wurde aber erst im 18. Jahrhundert bekannt, als die Reichen der damaligen Zeit ihre Tafeln damit schmücken ließen, um zu zeigen, wer die besten Konditoren beschäftigte.

Zurück zu unserem Sternekoch-Event. Am Ende des Essens wurde das Hotelpersonal in den Ballsaal gerufen, wo wir alle viel Applaus und Anerkennung für unsere Leistung an diesem Abend bekamen. Wir freuten uns, dass die Planung und Durchführung ohne große Probleme geklappt hatte. Nach dem Essen blieben unsere Zuckerkunstwerke auf dem Tisch, um ihn weiterhin mit unserer Arbeit zu schmücken. 2002 war es noch üblich, in Hotels und Restaurants zu rauchen. Als es dann auf Mitternacht zuging und der Alkohol bei den Sterneköchen wie Wasser getrunken wurde, dienten unsere Zuckerkunstwerke auch als Aschenbecher bei den bekannten Herrschaften. Als die Zuckerkunstwerke wieder in die Küche kamen, waren viele zerbrochen und mit Nikotin und Zigarettenkippen verunreinigt. An dieser Stelle noch einmal ein herzliches Dankeschön an euch Sterneköche. Diese unschöne Geschichte sollte euch aber nicht davon abhalten, selbst ein Zuckerkunstwerk zu kreieren. Deshalb möchte ich mein Rezept mit euch teilen, aber ihr braucht eure eigene Fantasie, um ein individuelles Kunstwerk zu erschaffen.

Gelatinezucker-Seite 112

Das wenige an Leben, das ich damals noch hatte, war fast aufgebraucht. Der frühe Arbeitsbeginn und der sehr späte Feierabend machten mich körperlich, aber auch seelisch völlig fertig, und mit der Zeit konnte ich dieses Gefühl nicht mehr unterdrücken. Eines Abends im Juni 2002 kam mein Chef in die Konditorei und fragte mich: „Andreas, warum machst du ein Gesicht wie ein geklatschter Arsch?" Ich glaube, er wollte eigentlich nur wissen, warum ich so unzufrieden aussehe. Meine ungeplante und eher unüberlegte Antwort war dann, dass es wohl an der Zeit sei, dass er sich einen neuen Konditormeister suche. Was ich eigentlich sagen wollte, war, dass ich ausgebrannt und generell sehr unzufrieden mit der Arbeitskultur war. Zu meiner Verteidigung: Ich war in meiner Aussage höflicher als der Küchenchef mir gegenüber. Im August desselben Jahres, nach nur wenigen Monaten, verließ ich meinen Arbeitsplatz - zwar mit großem Bedauern, aber auch mit dem Gefühl, die ganze Last von meinen Schultern nehmen zu können - ein tolles und fast unbeschreibliches Gefühl!

Kapitel 5
Berufsschule und Klassenfahrten

2002-2010

Der Sommer 2002 begann (wieder einmal) mit Arbeitslosigkeit und Verwirrung und wieder einmal stand ich an einem Scheideweg auf meinem Zuckerweg. Ich finde es generell sehr schwer zu verstehen, dass das Backen einem einerseits viel Freude bereiten kann, andererseits aber auch ein steiniger Weg sein kann. Ich war eigentlich davon überzeugt, ein guter Konditor zu sein, und doch schlug mein Herz für diesen Beruf plötzlich immer langsamer. Vielleicht hatte sich meine Oma doch geirrt und der Zuckerweg sollte nicht mein Weg sein?

Plötzlich lichtete sich der Nebel meiner Zweifel! Vielleicht war es mein inneres Bewusstsein, das ich im Laufe der Jahre entwickelt hatte, oder die Erfahrung des Älterwerdens. Oder hatte meine Oma wieder ihre Finger im Spiel? Ich habe immer gedacht, dass das Leben eine Zugfahrt ist, mit vielen Haltestellen, an denen andere Menschen die Möglichkeit haben, ihren Weg mit dir zu teilen, manchmal nur für kurze Zeit, manchmal aber auch länger. Jedes Abteil im Zug ist eine Gelegenheit, etwas Neues zu entdecken, etwas zu lernen, aber auch Zeit zum Nachdenken zu haben. Ich glaube auch, dass all diese Erfahrungen ein wichtiger Teil dessen sind, was uns als Menschen ausmacht. Eigentlich wusste ich das alles, aber meine innere Stimme, meine Oma, kam immer wieder und überzeugte mich, meinen Traum nicht aufzugeben. Es musste eine neue Wendung geben, die meine Leidenschaft für das Backen wieder entfachen und mein Konditorenherz erneut höher schlagen lassen würde. Die Lösung: Ich werde Berufsschullehrer für Konditoren!

Eine Zeitung mit Stellenangeboten im Hotel- und Gaststättengewerbe, gab mir die Möglichkeit, eine Stelle als Lehrer für Konditoren an einer Berufsschule in Farnborough zu finden. Zu dieser Zeit wohnte ich noch in meiner Wohnung im Süden Londons, so dass Farnborough nicht allzu weit entfernt war. Nachdem ich meine Bewerbung abgeschickt hatte, stellte ich fest, dass es die Stadt Farnborough zweimal gab: einmal in Kent, nicht allzu weit von meinem Wohnort entfernt, und noch einmal in Hampshire, was ziemlich weit weg ist. Der Job war, wie könnte es anders sein, in Hampshire! Naja, es war sowieso zu spät, aber ich hatte mir sowieso keine großen Hoffnungen auf ein Vorstellungsgespräch gemacht, da ich ja eigentlich nur Konditor war und keine Lehrerausbildung hatte. Plan B war dann eine Bewerbung als Konditor bei der großen englischen Supermarktkette „Tesco". Zu Beginn des neuen Jahrtausends wurden in englischen Supermärkten Desserts als Frischware angeboten. Ein völlig neues Konzept, denn bis dahin waren Desserts nur als Tiefkühlprodukte erhältlich. Dieser neue Trend öffnete vielen Konditoren die Tür zu neuen Jobs, da neue Desserts entwickelt werden mussten, bevor sie in Fabriken produziert werden konnten. Die Stelle selbst sollte in York in Nordengland sein, aber schließlich bekam ich ein Vorstellungsgespräch in Birmingham, etwa zweieinhalb Stunden von London entfernt, ebenfalls in Nordengland. Für das Vorstellungsgespräch musste ich zu Hause einige Desserts zubereiten, die ich dann dem Vorstand von Tesco präsentierte. Ich packte meine Nachspeisen in eine Kühlbox und fuhr an einem der heißesten Tage des Jahres mit dem Zug nach Birmingham. Dort angekommen, hatte ich 30 Minuten Zeit, um meine Kreationen aufzubauen. Eine davon war ein Champagner-Himbeergelee, das in einem Plastiksektglas auf einer Rosenwasser-Panna Cotta baumelte.

> Die aus Milch, Sahne, Zucker und Gelatine hergestellte süße Panna Cotta stammt ursprünglich aus Italien und bedeutet übersetzt „gekochte Creme". In den 1960er Jahren hatte der italienische Koch Ettore Songia dieses Gericht auf seiner Speisekarte, aber ein ähnliches Dessert findet sich auch in einem Kochbuch aus der norditalienischen Region Piemont, wo es 1879 als „latte inglese", englische Milch, bezeichnet wird. Die Franzosen nennen sie „Blanc Manger" und in Dänemark ist sie als „Moos Hwit" bekannt. Sowohl in der Panna Cotta als auch im Gelee wird Gelatine verwendet. Dieses Geliermittel wurde erstmals vor mehr als 800 Jahren im alten China und Ägypten in der Medizin verwendet. Gelatine ist ein quellfähiges, klebriges Eiweiß aus tierischem Bindegewebe und wird in dünnen Platten, Blättern oder als Pulver angeboten. Gelatine ist ein wichtiger Bestandteil mancher Süßspeisen, um ihnen die nötige Stabilität zu verleihen.

Champagner-Gelee & Panna Cotta-Seite 114

Ich bin mir nicht sicher, ob es mein Gelee oder eines der anderen Desserts war, meine Erfahrung als Konditor oder der Vorstand von Tesco, der mich als Person mochte, aber ich bekam den Job. Ich habe mich sehr darüber gefreut und vor allem über die Möglichkeit, meinen Zuckerweg in einem anderen Bereich fortzusetzen.

Es fiel mir nicht leicht, mich für einen neuen Karriereweg als Konditor zu entscheiden und London zu verlassen, um nach York im Norden Englands zu ziehen, aber schon am nächsten Tag erhielt ich einen Brief mit dem Poststempel „Farnborough College of Technology". Ich dachte, es sei eine Absage, aber zu meiner Überraschung war es eine Einladung zu einem Vorstellungsgespräch als Lehrer für Konditoren. Man teilte mir mit, dass ich einen Vortrag über die Zubereitung von Karamell vorbereiten sollte und ob ich dafür einen Overheadprojektor oder einen Computer für Powerpoint bräuchte. Da ich keine Ahnung hatte, wovon sie sprachen, verneinte ich und bereitete stattdessen die mir bekannten Karteikarten vor.

Karamell richtig herzustellen ist nicht immer einfach und ich unterscheide zwischen nassem und trockenem Karamell. Bei der trockenen Variante erhitzt man einen Topf und gibt nach und nach Zucker hinzu, bis eine goldene Lava entsteht. Vorsicht: Zucker kann schnell verbrennen! Wasser oder andere Flüssigkeiten können dem geschmolzenen Zucker hinzugefügt werden. Auch hier ist Vorsicht geboten, da der Karamell eine Temperatur von ca. 150°C hat und die Flüssigkeit meist weit von dieser Temperatur entfernt ist. Beim Hinzufügen des Wassers ist es hilfreich, etwas zurückzustehen, und ein etwas größerer Topf wäre auch empfehlenswert, um Verbrennungen zu vermeiden.

Bei der Nasskaramellisierung wird Zucker mit Wasser vermischt und so lange gekocht, bis er eine goldbraune Farbe angenommen hat. Unabhängig davon, welche Methode Du anwendest, gibt es einige Grundregeln, die Du beachten solltest. Zum Beispiel sollten alle Küchengeräte und der Zucker selbst sehr sauber sein. Beim Kochen sollte man die Zuckermischung nicht umrühren, sondern die Seiten des Topfes mit einem Pinsel und kaltem Wasser reinigen. Sollte sich an der Oberfläche Schaum bilden, diesen mit einem Löffel abschöpfen.

Wenn die richtige Farbe des Karamells erreicht ist, empfiehlt es sich, den heißen Topf von außen in einem kalten Wasserbad abzuschrecken, damit der Zucker nicht weiter kocht. Wenn der Zucker verbrennt, wird er zu Zuckercouleur und kann zum Färben anderer Desserts verwendet werden.

Karamell-Seite 115

Viele glauben, dass die Araber den Karamell vor 1000 n. Chr. entdeckt haben. In Amerika gibt es ebenfalls seit 1650 eine Art harten Karamell, die „Hard Candies", und in den letzten Jahrhunderten wurde Karamell mit anderen Zutaten wie Milch, Butter und Sahne verfeinert, um verschiedene Härtegrade zu erhalten. Trotz der reichen Geschichte des Karamells entstand 1977 ein neues Karamellgeschmacksprofil, als der französische Konditor Henri Le Roux der heißen Zuckerlava gesalzene Butter hinzufügte 1980 präsentierte ein Patissier aus der Bretagne seine Kreation des gesalzenen Karamells auf der internationalen Konditorenmesse „Paris Salon" und das gesalzene Karamell wurde zum besten Konfekt, das Frankreich zu bieten hatte. In den 1990er Jahren füllte der Konditormeister Pierre Hermé seine Macarons mit gesalzenem Karamell, und nach der Jahrhundertwende wurden Pralinen, Eiscreme und sogar Wodka Opfer des Salzes.

Zurück zu meinem Bewerbungsgespräch: Ich war total nervös und in der Aufregung gerieten alle meine gut vorbereiteten Karteikarten durcheinander. Ich hatte 30 Sekunden Zeit, um die vier Personen des Bewerbungskomitees anzusehen, und da ich davon ausging, dass keiner von ihnen etwas über die Herstellung von Karamell wusste, ging ich das Risiko ein, irgendetwas über den heißen Zuckerbrei zu erzählen. Ich trug meinen ersten Anzug, der vorne und hinten nicht passte, und leider hatte ich seit einer Woche einen so schrecklichen Haarschnitt, dass ich mir alle Haare selbst abrasiert hatte. Ich muss wohl ausgesehen haben, als wäre ich gerade aus dem Knast gekommen, oder als hätte ich Läuse, jedenfalls bekam ich den Job und fing am 5. September 2002 an.

Meine neuen Arbeitskollegen begrüßten mich mit einem Strandtuch, das über meinem Schreibtischstuhl hing, so wie es die Deutschen wohl tun, wenn sie im Urlaub sind. Der Grund dafür war, dass die Deutschen sehr früh aufstehen, um sich mit dem Handtuch den besten Platz am Strand oder am Pool zu reservieren. Leider kannte ich diese Tradition nicht und machte so meinen ersten Eindruck an meine Kollegen: Typisch Deutsch, kein Humor!

Jedes neue Schuljahr beginnt mit einer Einführungszeit, in der die Schüler des ersten Lehrjahres mit großer Aufregung ihre neuen Koch- und Kellneruniformen tragen. Wie dumm von mir, anzunehmen, dass sie ihre neuen Uniformen vielleicht schon zu Hause ausgepackt haben, nachdem die Eltern rund 300 Pfund dafür bezahlt haben. Bei der ersten Modenschau wurde dann schnell klar, dass einige Kleidungsstücke fehlten und andere nicht passten.

Es ist schon komisch, aber nach ein paar Minuten war klar, wer Ärger machen wird, wer sein Wissen weitergeben will und dann gibt es noch die, die noch nie eine Serviette gesehen haben. Der Kurs war eigentlich für Schulabgänger gedacht, die eine Ausbildung zum Koch Kellner machen wollten, obwohl einige die Inspiration für diesen Beruf nur durch das Waffelbacken in der Schule bekamen.

Die Schüler im zweiten und dritten Lehrjahr waren sehr überrascht, einen neuen Lehrer vorzufinden. Aber alle haben mich sehr schnell akzeptiert, und nur eine Woche später fragte mich eine Schülerin, wo sie die Antibabypille bekommen könne. Ich weiß nicht mehr, ob ich rot wurde oder nicht, aber damals wusste ich noch nicht, dass solche Fragen so häufig kommen würden wie die, wie man Karamell macht.

Es war mir schon immer wichtig, mein Wissen über das Konditorhandwerk mit anderen zu teilen, und so begann ich meinen neuen Zuckerweg, natürlich voller Elan! Ich musste einen Lehrplan schreiben, in dem ich den Stoff aufteilte, den ich in einem Jahr vermitteln wollte. Ich bin im Großen und Ganzen ein ziemlich organisierter Mensch, also kam mir diese Arbeitsplanung sehr entgegen.

Erste Unterrichtsstunde: Chelsea Buns und Devonshire Split, zwei sehr typisch englische, süße Hefegebäcke, deren Herstellung ich 18 Schülern in drei Stunden beibringen sollte. Ich glaube, wir waren alle etwas aufgeregt, aber alle kamen pünktlich und mit der richtigen Küchenausrüstung. Ich war beeindruckt, fand aber später auch heraus, dass mein Chef allen gedroht hatte, pünktlich und in voller Montur zu erscheinen, sonst würde der deutsche Lehrer auf die Pauke hauen!

Der Chelsea Bun wird aus einem süßen Hefeteig mit viel Butter, Eiern und Zucker hergestellt und benötigt daher doppelt so viel Hefe wie ein normaler Brotteig. Durch die reichhaltigen Zutaten werden diese Hefeprodukte im Ofen sehr schnell braun, so dass auch die Backtemperatur etwas niedriger sein sollte als bei Brot. Andererseits geben Butter, Eier und Zucker dem Teig mehr Feuchtigkeit und machen ihn dadurch länger haltbar.

Der „Chelsea Bun" ist vom britischen „Cinnamon Bun" abgeleitet, einem Zimtbrötchen, das seit 1700 in einer Bäckerei in Chelsea hergestellt wird. Chelsea ist ein nobler Stadtteil Londons, in dem viele Künstler, Schriftsteller und auch der königliche Hof ihre Backwaren kaufen. Mit der Beliebtheit des Afternoon Tea wurde der Chelsea Bun in vielen anderen Regionen Englands entwickelt, und der aus Devon erhielt den Namen Devonshire Split oder „Chudleigh's Bun", ein süßes, fingerförmiges Gebäck, das mit einer Schlagsahne und Marmelade gefüllt ist.

Chelsea Buns & Devonshire Splits-Seite 116

Zu Beginn einer Unterrichtsstunde ist alles noch ruhig und organisiert. Ich zeige, wie es geht, stelle Fragen und versuche, alle in den Unterricht einzubeziehen. Dann nehmen die Auszubildenden ihren eigenen Arbeitsplatz in der Küche ein und versuchen, das Gesehene nachzumachen. In diesem Moment gleicht die Küche einer Szene aus König der Löwen, wo die Büffel, die Schüler, wild durch die Küche rennen und ich, der Löwe, versuche, nicht überrannt zu werden. Aber nach ein paar Wochen hatte ich die Situation im Griff, wie ein Dirigent ein Orchester. Außerdem merkte ich schnell, dass die Auszubildenden alle unterschiedliche Instrumente spielten und somit in verschiedenen Bereichen Hilfe brauchten. Es ist immer wieder faszinierend zu sehen, wie eine Gruppe von Konditoren, die das gleiche Rezept haben, am Ende des Kurses mit unterschiedlichen Produkten dasteht!

Ziemlich schnell hatte ich meinen Rhythmus gefunden, doch schon kurze Zeit später wurde ich - nach einer eher ruhigen Unterrichtsstunde - mit einer weiteren Herausforderung konfrontiert. Am Ende der Stunde war ich allein mit einer Schülerin und der Küchenhilfe in der Konditorei, als ich bemerkte, dass das Mädchen einen nassen Hintern hatte. Ich wollte keine große Sache daraus machen und bat meine Kollegin, der Schülerin zu helfen. Zu unserer großen Überraschung erfuhren wir am nächsten Tag, dass die Schülerin in der Nacht ein Kind zur Welt gebracht hatte und der nasse Hintern das Ergebnis einer geplatzten Fruchtblase war. Beiden ging es gut und ich war froh, dass ich am Abend zuvor nicht die Hebamme spielen musste. Ich kannte den Ausdruck „einen Braten in der Röhre haben", aber jetzt weiß ich mit Sicherheit, dass es auch andere Röhren gibt.

Mir war nie bewusst, dass Sexualkundeunterricht die Aufgabe eines Konditoreifachlehrers sein sollte, aber ich war so etwas wie ein Vertrauenslehrer! Ich war kein Experte auf diesem Gebiet, aber das sind die Lehrer in den Schulen auch nicht. Unsere Aufgabe war es, Themen anzusprechen, die nichts mit dem Gastgewerbe zu tun hatten, und im Laufe der Jahre haben wir das gut hinbekommen. Zum Beispiel ist eine Banane das perfekte Objekt, um zu üben, wie man ein Kondom überzieht, und man glaubt gar nicht, wofür ein Wackelpudding alles geeignet sein kann.

Bananenkuchen-Seite 117

(Für dieses Rezept wurden keine Bananen verspottet oder für andere Zwecke als Bananenkuchen missbraucht).

Der Vertrauensunterricht findet wöchentlich statt und bietet die Möglichkeit, verschiedene Jahrgangsgruppen zusammenzubringen. Es werden viele Themen wie Gesundheit oder Politik behandelt und es gibt auch einige Sportanimationen. Außerdem wird der Lernprozess jedes einzelnen Schülers besprochen und bei Bedarf zusätzliche Hilfe angeboten. Es gibt auch die Möglichkeit, Einzelgespräche mit den Schülern zu führen, um sie bei privaten Problemen zu unterstützen, von der Gesundheit über die Familie bis hin zu schulischen Herausforderungen. Mit der Zeit fiel mir das leichter, da diese Aufgabe in meinem Vorstellungsgespräch nicht erwähnt wurde.

In einer dieser Sprechstunden beschwerte sich einer meiner Schüler über einen anderen Lehrer. In der Beschwerde ging es darum, dass ein anderer Lehrer dem Schüler eine Lauchstange um die Ohren geschlagen haben soll, und ich glaube nicht, dass es darum ging, den Lauch weich zu machen. Ich brachte die Beschwerde zu dem Lehrer, der auch mein Chef war, und zu meiner Überraschung hatte der Schüler Recht. Die Reaktion des Chefs war, dass der Schüler es verdient hätte. Der Vorfall mit dem Lauch erinnerte mich an die Kartoffel- und Lauchpasteten, die wir regelmäßig in unserem Backshop verkaufen.

Diese Pasteten werden oft mit Cornwall im Südwesten in Verbindung gebracht. Bereits im 13. Jahrhundert wurden hochwertige Fleischsorten von Wild, Rind und Lamm sowie Meeresfrüchte und Früchte in gesalzenem Mürbeteig verpackt, um von den Reichen und Königlichen der Welt verzehrt zu werden. Einer der Hauptgründe für das Einpacken von Fleisch und Fisch in Teig war, dass die Küchen oft weit vom Speisesaal entfernt waren und die Speisen so länger warm blieben. Ab dem 17. Jahrhundert wurde dieses Konzept der Zutaten in einer Pastete auch von den Bauern und Bergarbeitern in Cornwall übernommen. Die Pasteten hielten nicht nur die Füllung warm, sondern auch den Körper, da sie oft unter der Kleidung getragen wurden. Die Teighülle ist sehr stabil, so dass sie auch in den Bergwerken problemlos transportiert werden konnte, ohne zu zerbrechen. Die Füllung bestand zu zwei Dritteln aus Kartoffeln und Fleisch und zu einem Drittel aus Früchten, so dass man nach dem Hauptgang auch noch ein Dessert hatte. Ein weiterer, aber sehr wichtiger Grund war das Falten der Pasteten, das heute als hübsche Dekoration gilt, damals aber ein wichtiger Bestandteil der Mahlzeit war. Die Kruste war der perfekte Griff, um die Pastete während des Essens festzuhalten und sie nicht mit den schmutzigen Händen zu verunreinigen, aber noch wichtiger, um eine Arsenvergiftung durch die Hände am Mund zu vermeiden. Nach dem Verzehr wurde die Kruste einfach weggeworfen und von den Ratten gefressen, die dann an dem arsenvergifteten Teig verendeten. Merkwürdigerweise gab es zu dieser Zeit keine Rattenplage.

DNA eines Konditoren   Andreas Hein

Kartoffel-Lauchpasteten-Seite 118

Gewalt ist keine gute Erziehungsmethode und Schüler müssen auf jeden Fall geschützt und beschützt werden. Leider ist das für die Lehrern nicht der Fall!

Vor einigen Jahren haben wir einen Schüler aufgenommen, damit er bei uns eine Kochlehre machen kann. Ich weiß, es klingt sehr ungewöhnlich, dass eine Berufsschule Lehrlinge aufnimmt, aber das Ungewöhnliche war, dass wir kaum Informationen über den jungen Mann hatten und er trotzdem die Lehrstelle bekam. Am Anfang lief alles gut für den Schüler, aber nach kurzer Zeit warf er das Handtuch und brach die Lehre ab. Erst danach erfuhren wir, dass der junge Mann einige Zeit im Gefängnis gesessen hatte, weil er einen Lehrer mit einem Hammer bedroht hatte. Nach diesem Erlebnis musste ich wieder an den Vorfall mit der Lauchstange denken und wie unwichtig er eigentlich war.

Als Deutscher in England kann es auch zu Verständigungsproblemen kommen, entweder durch Sprachbarrieren oder durch undeutliche Ausdrücke, was beides lustige Folgen haben kann. In einer Klasse, in der die Schüler eine Quiche backen sollten, gab ich die Anweisung, den gebackenen Teig mit einer Eierglasur zu versiegeln, damit die fertige Quiche keinen feuchten Boden bekommt - denn wer will das schon, sicher nicht das Mädchen, dessen Fruchtblase in meiner Klasse geplatzt war. Zurück zur Quiche, gab ich die Anweisung, die Quiche überall mit dem verquirlten Ei zu versiegeln, und die meisten verstanden es. Aber es gab einen, der die Quiche, nachdem er sie von innen versiegelt hatte, aus der Form nahm, umdrehte und die Unterseite mit dem Ei bestreichte. Ich habe ja gesagt, überall bepinseln!

Das Wort „Quiche" bedeutet auf Deutsch „Kuchen" und auf Englisch „cake". Diese Speise hat ihren Ursprung in der mittelalterlichen europäischen Region „Lothringia", die heute zwischen Deutschland, Belgien und Luxemburg aufgeteilt ist. Eier und Sahne waren im 13. Jahrhundert beliebte Zutaten in Italien und wurden im 14. Jahrhundert auch in der englischen Küche sehr geschätzt. Die weltberühmte Quiche, bei der Boden und Rand aus gesalzenem Mürbeteig gebacken werden, war nicht einfach zu beherrschen. Diese mit Eiern und Sahne gefüllte Speise ohne Teigdeckel benötigt eine nicht zu große Hitze, die die offenen Feuerstellen in den damaligen Küchen nicht lieferten. Die Quiche Lorraine ist wohl die bekannteste, und ich habe mich oft gefragt, ob der Erfinder vielleicht „Lorraine" hieß? Nachforschungen haben ergeben, dass die Quiche Lorraine, die mit geräuchertem Speck, Zwiebeln, Gruyère-Käse und Muskatnuss zubereitet wird, aus der Region Elsass und Lothringen im Nordosten Frankreichs stammt. Ursprünglich gehörte diese Region zur römisch-katholischen Kirche und die meisten Einwohner sprachen Deutsch. Karl III. wurde nach dem Tod seines Vaters 1545 im Alter von nur zwei Jahren Herzog und seine Mutter Christa von Dänemark wurde sein Vormund und Regent.1552 fiel Lothringen in die Hände der Franzosen, und der junge Herzog wurde im französischen Königshaus erzogen, sehr zum Vorteil der Franzosen. Als der junge Herzog den offiziellen Titel Herzog von Lothringen erhielt, begann er seine Kindheit in Tagebüchern festzuhalten, in denen er unter anderem über seine Kindheit in Lothringen und seine Liebe zur Quiche Lorraine schrieb. In England erlangte die Quiche im Jahr 2023 erneut Aufmerksamkeit, als sie als eines der offiziellen Gerichte für das Krönungsfest von König Charles III. bestellt wurde.

Quiche-Seite 119

Meine Zeit als Lehrer verging schnell und mit der Lehrerausbildung wurde ich sicherer in meiner Rolle und mit der Zeit merkte ich, dass ich besser eine Erzieherausbildung gemacht hätte. Ich hatte das Gefühl, dass ein Berufsschullehrer mehr Zeit mit Erziehung und Problemlösung verbringt als mit der Vermittlung des eigentlichen Fachwissens. Gerade als ich mich mit dieser Tatsache abgefunden hatte, wurde ich mit einer weiteren, noch schlimmeren Herausforderung konfrontiert. Eine Klasse voller 14-Jähriger, die ein Berufseinstiegsjahr absolvieren sollten. Im Klartext hieß das, schwer erziehbare Kinder zu betreuen, mit denen die Schulen nichts mehr anzufangen wussten. Nichts konnte mich auf diese Gruppe von Lernverweigerern vorbereiten, die wiederum nur am Rauchen interessiert waren, eine Allergie gegen Berufskleidung entwickelten und keine Lust zum Kochen hatten, es sei denn, das Essen konnte mit Ketchup übergossen werden. Nach einigen Wochen, mit viel Geduld und militärischer Planung, kamen wir an einen Punkt, an dem die Jugendlichen es schafften, etwas halbwegs Essbares herzustellen. Einer der Erfolge war der typisch englische „Victoria Sponge", ein leichter Kuchen aus Rührteig, der nach dem Backen mit

Erdbeermarmelade und Schlagsahne gefüllt wird. Fast alle hatten am Ende der Klasse einen gut aussehenden Kuchen gebacken, bis auf eine Ausnahme, aber trotzdem war es ein klarer Sieg!

Viele verbinden den „Victoria Sponge Cake" mit Königin Victoria, die diesen Kuchen gerne am Nachmittag aß. Doch bevor ich den Hintergrund dieses Kuchens näher erläutere, möchte ich die Verwirrung um die Wortwahl „Sponge Cake" aufklären. Meiner Meinung nach ist es entweder ein „Sponge" oder ein „Cake". In Deutschland ist das ungefähr so, als würde man Biskuit-Bodenkuchen sagen. Den Unterschied zwischen Biskuit und Kuchen habe ich ja schon im zweiten Kapitel bei der Beschreibung der Schwarzwälder Kirschtorte erklärt. Also, die offizielle Bezeichnung lautet „Victoria Sandwich"!

Kuchen und Biskuit wurden schon lange vor der Regierung von Königin Victoria hergestellt und es gibt sogar ein Rezept von einer Version des „Victoria Sandwich" aus der spanischen Renaissancezeit im 15. Jahrhundert und auch ein Rezept aus dem 17. Jahrhundert Englands. In diesen frühen Zeiten hatten die Kuchenteige jedoch eine viel festere Struktur, da Hefe als Triebmittel verwendet wurde, und ähnelten daher eher Keksen. Das Victoria Sandwich, wie wir es heute kennen, besteht aus einem leichten, luftigen Kuchenteig mit Backpulver, das 1843 von dem Engländer Alfred Bird erfunden wurde. Seine Frau, Elisabeth Bird, litt an einer Hefeallergie und bat ihren Mann, der Apotheker war, eine Alternative zur Hefe im Brotteig zu finden. Nach einigen Fehlversuchen entstand aus einer Mischung von Weinsäure, Natron und Maisstärke das erste vollwertige Backpulver. Ursprünglich wurde das Backpulver als Hefeersatz im Brotteig verwendet, doch schon bald fand es auch in Kuchenteigen Verwendung und so wurde das Victoria-Sandwich zu dem luftig leichten Kuchen, den wir heute kennen. Die damaligen Bäcker waren sehr beeindruckt von dem neuen Backmittel und auch seine Frau war unendlich dankbar. Elisabeth Bird hatte allerdings eine Unverträglichkeit gegen Eier. So erfand ihr Mann Alfred das Puddingpulver, um seiner Frau zu helfen, aber auch dieses wurde sehr schnell bei Bäckern und Köchen beliebt und ist es bis heute. Die Erfindung des Backpulvers verbreitete sich wie ein Lauffeuer über die ganze Welt, und in den USA entwickelte der Apotheker Eben Horsford durch Zugabe von Monokalziumphosphat das „Self-Rising-Flour". Dieses bereits mit Backpulver versetzte Mehl ist in Deutschland nicht weit verbreitet, in England aber sehr beliebt. Eben Horsford entwickelte eine eigene Version des Backpulvers und nannte es „Rumford Bakingpowder". In Deutschland war das Backpulver sehr beliebt, und so kam 1893 die Version von Dr. Oetker auf den Markt. Die Erfindung des deutschen Apothekers ist auch heute noch ein beliebtes Markenprodukt in vielen Küchen der Welt.

Die Füllung des Victoria Sandwich hat zu einigen Diskussionen geführt und ist für viele Bäcker ein kritischer Punkt. Meistens geht es darum, ob man Sahne oder Buttercreme verwendet und welche Marmelade die beste ist. Mein Rezept ist einfach und es ist mir egal, welche Füllung verwendet wird, aber bitte nenne diesen Kuchen nicht „Victoria Sponge Cake" oder „Biskuitkuchen".

Victoria Sandwich-Seite 119

Der Beruf des Berufsschullehrers ist nicht einfach, da er viele Herausforderungen mit sich bringt, aber es gibt auch schöne Seiten, vor allem die Klassenfahrten. Meine erste Klassenfahrt war mit dem Bus von England nach Brüssel mit den Schülern im zweiten Lehrjahr. Nach einer langen Fahrt mit mehreren Zwischenstopps kamen wir endlich im Hotel an und es dauerte nur drei Stunden, bis die Vorfreude auf diese Exkursion aus unserer Lehrerperspektive schnell verflogen war. Nach unserer Ankunft machten wir Lehrer uns auf die Suche nach einem Restaurant für unser gemeinsames Abendessen. Als wir nach einer Stunde wieder im Hotel ankamen, wurden wir schon am Eingang von dem sehr angespannten Hotelmanager empfangen. Er teilte uns dann sehr irritiert mit, dass sich einige unserer Schüler auf dem Dach des Hotels befänden, und so wurde uns klar, dass sie blau wie Veilchen waren.

In der gleichen Nacht lernte ich von mehreren erfahrenen Lehrern, wie man am Ende des Abends die Zimmer kontrolliert, und das war eigentlich die ganze Nacht notwendig. Obwohl wir die Privatsphäre der Schüler respektieren wollten, war es ratsam, auch die Kleiderschränke zu durchsuchen, da sich dort nicht nur Kleiderbügel befinden können. Bei der ersten Durchsuchung fanden wir Boxershorts in den Schränken der Mädchen. Das ist nicht ungewöhnlich, aber in diesem Fall waren die Boxershorts noch bei dem Jungen im Schrank und das war seine einzige

Kleidung. Der Rest der Nacht war OK, bis auf das Zimmer, wo ein stark alkoholisierter Schüler in seinem benebelten Zustand die Schlafzimmermöbel in Einzelteile zerlegt hatte. Ich war froh, dass ich die Fähigkeiten hatte, die Möbel zu reparieren. Nach einer Stunde und einer großen Tube Sekundenkleber von der Tankstelle nebenan sah es gar nicht mehr so schlimm aus. Seit diesem Erlebnis habe ich den Sekundenkleber immer im Gepäck, egal auf welcher Klassenfahrt!

Alle unsere Klassenfahrten sollen Spaß machen, aber ein bisschen Lernen darf auch nicht fehlen. In Brüssel besuchten wir eine Käse- und Bierfabrik und eine Fischräucherei, in der uns der Besitzer mit viel Enthusiasmus das Räuchern vorführte. Diese sehr detaillierte Demonstration endete jedoch damit, dass die meisten Schüler die Präsentation verließen, da sie den Rauch nicht vertrugen. Am Ende der Vorführung fanden wir die Aussteiger draußen beim Zigarettenrauchen. Man muss sie einfach lieben!

Ein weiterer Ausflug in Belgien führte uns zu einem Schokoladenhersteller, der alle seine Produkte von Hand herstellt. Ich war sehr beeindruckt, wie viele Sorten Schokolade man in einer relativ kleinen Küche herstellen kann, und konnte mir vorstellen, so etwas in Zukunft auch zu Hause zu machen.

Es hat mich schon immer fasziniert, dass einige der besten Pralinen und Trüffel aus belgischer Schokolade hergestellt werden. Wo und wie wachsen Kakaobohnen in Europa? Da ein großer Teil der Kakaobohnen in Belgien verarbeitet wird, haben die Schokoladenprodukte den Ruf, belgische Schokolade zu sein. Ich persönlich fand es sehr traurig, dass es keine Informationen über die Herkunft der Kakaobohnen gab und somit auch keine Anerkennung für die Bauern in den Anbauländern. Deshalb habe ich mir vorgenommen, dies in Zukunft zu ändern.

Zurück zu den Belgiern und ihrer engen Beziehung zur Schokolade, die, wie einige behaupten, auf die spanische Besetzung im Jahr 1635 zurückgeht: Kakaobohnen wurden aus Mittelamerika nach Europa eingeführt und wurden im 18. Jahrhundert ein sehr beliebtes Getränk bei den Gutsituierten und den Reichen. Gegen Ende des 19. Jahrhunderts wurde Schokolade auch für das gemeine Volk erschwinglich, da die Kakaobohnen nun auch aus den afrikanischen Kolonien bezogen wurden und die Transportkosten für den Kakao erheblich sanken. Trotz der starken Verbindung zwischen Europa und dem Kakao aus Afrika wurde der Grundstein für die belgische Schokolade erst in den 1960er Jahren gelegt, und seit 1980 sind die belgischen Schokoladentrüffel weltbekannt. Bekannte Markenschokoladen wie „Côte d'Or", die seit 1911 in ihren Fabriken Schokolade herstellt, und die ebenfalls berühmte Godiva-Schokolade gibt es seit 1926 gibt. Schokolade in fester Form gibt es erst seit Mitte des 19. Jahrhunderts, und gefüllte Pralinen wurden erst Ende dieses Jahrtausends, so um 1900, hergestellt. Die belgischen Trüffel hingegen haben keine eindeutige Ursprungsform, und der Name „Trüffel" stammt vom lateinischen Wort für Knolle, das „Klumpen" bedeutet. Die Form des Schokoladenklumpens wird auch mit der Form eines Waldpilzes in Verbindung gebracht, und der Kakao, der den fertigen Schokoladentrüffel umhüllt, soll die Erde des Waldbodens darstellen.

Der Trüffel selbst ist eine Mischung aus Schokolade und gekochter Sahne, die nach dem Abkühlen fest wird und zu kleinen Kugeln gerollt und mit Kakaopulver bestäubt werden kann. Einige behaupten, dass diese Art von Praline der Konditorei „Siravdin" in Paris im Jahre 1850 zugeschrieben werden kann, während andere davon überzeugt sind, dass es sich um eine Schweizer Erfindung handelt.

Mir persönlich gefällt die Geschichte, die ich bereits in einem der vorhergehenden Kapitel erwähnt habe, als in den 1920er Jahren ein Lehrling des Sternekochs August Escoffier versehentlich heiße Sahne auf Schokolade gegossen haben soll, die eigentlich für eine Zucker-Ei-Masse bestimmt war. Nach dem Abkühlen der Sahneschokolade wurden kleine Kugeln geformt und in Kakaopulver gewälzt.

Heute gibt es viele Variationen von Schokoladentrüffeln, einige werden mit Sahne und Alkohol zubereitet. Ich persönlich verwende frische Sahne und Kuvertüre, die von nachhaltig angebauten Kakaubohnen hergestellt ist. Mit frischer Sahne kann man sehr gute Trüffel herstellen, aber der Nachteil ist, dass sie nicht lange haltbar sind und idealerweise innerhalb von drei Tagen verzehrt werden sollten. Durch die Verwendung von haltbarer Sahne und Alkohol kann die Haltbarkeit auf bis zu drei Wochen verlängert werden.

Schokoladentrüffel-Seite 120

Ich habe mich langsam an das Leben in der Berufsschule gewöhnt, obwohl jeder Tag voller neuer Herausforderungen war und es unzählige Probleme zu lösen gab. Tagsüber hatte ich einen vollen Stundenplan und abends besuchte ich mein Lehramtsstudium, was nach einem langen Arbeitstag und einer eineinhalbstündigen Zugfahrt nach Hause nicht einfach war. Um fünf Uhr morgens war die Nacht vorbei und es ging wieder von vorne los. Aber die neue Arbeit in Farnborough machte Spaß, und ich genoss auch mein Zuhause im Süden Londons. Alle zwei Wochen traf ich mich mit einer Freundin und wir kochten abwechselnd Abendessen. Wenn wir uns heute treffen, reden wir oft über unsere Abendessen, und sie erinnert mich immer an die Schwäne aus Brandmasse, die ich oft aus der Schulbäckerei mitbrachte.

Die Brandteigschwäne, die wir früher in der Berufsschule gebacken haben, wurden, wie der Name schon sagt, aus Brandteig hergestellt. Der gekochte und dann gebackene Brandteig mit seiner knusprigen Außenhülle und dem luftigen Inneren kann mit süßen oder herzhaften Füllungen versehen werden. Der französische Name für die Brandmasse ist „choux", was so viel wie „kleine Kohlköpfe" bedeutet, da die aus dieser Masse hergestellten Windbeutel wie Kohlköpfe aussehen. Wie bereits erwähnt, wird der Brandteig bei der Zubereitung zunächst auf dem Herd gekocht oder gebrannt und anschließend entweder im Ofen gebacken oder in heißem Fett ausgebacken. Die Erfindung dieser Masse stammt aus Frankreich, wird aber dem italienischen Koch Pantanelli zugeschrieben. Pantanelli war der Küchenchef der italienischen Aristokratin Katharina von Medici aus Florenz. Nachdem sie den französischen König Heinrich II. geheiratet hatte und Königin von Frankreich geworden war, zog ihr italienischer Küchenchef mit ihr nach Frankreich, wo die erfundene Brandmasse erstmals als „Pâte à Pantanelli" bekannt wurde. Mit den Jahren wurde die Brandteigmasse weiterentwickelt und im frühen 19. Jahrhundert kreierte der französische Konditor Antoine Careme den Windbeutel, oder auf Englisch Profiterole, für Marie Antoinette am französischen Königshof.

Das luftige Innere und die knusprige Hülle der gebackenen Windbeutel entstehen durch das in der Masse enthaltene Wasser. Während des Backvorgangs wird das Wasser durch die Hitze des Ofens zu Dampf, der die Masse ausdehnt und das Mehl und die Eier stabilisiert. Wird der Backvorgang durch vorzeitiges Öffnen des Ofens zu früh unterbrochen, fallen die Windbeutel zusammen. In der Konditorei halten wir uns an die goldene Regel: Wenn jemand Brandteigprodukte im Ofen sieht, die er nicht selbst in den Ofen geschoben hat, lässt er die Finger von der Ofentür.

Es gibt viele Verwendungsmöglichkeiten für Brandteig, und in Frankreich werden die Windbeutel, die mit Karamell zusammengeklebt werden, zu dem berühmten Hochzeitskuchen „Croquembouche", was so viel wie „knuspriger Mund" bedeutet. Wird die Masse in Form von langen Fingern gebacken, nennt man sie Eclairs oder in Deutschland Liebesknochen.

In Frankreich gibt es seit 1891 ein jährliches Radrennen, das aus einer Rundfahrt zwischen Paris und der Stadt Brest besteht. Um dieses alljährliche Ereignis zu feiern, erfand der Konditormeister Louis Durand aus Maisons-Laffitte im Jahr 1910 den Brandteigring. Der Organisator des Turniers, Pierre Giffard, wünschte sich ein Gebäck in Form eines Fahrradreifens. Nach dem Backen ursprünglich mit Haselnusscreme und frischen Himbeeren gefüllt, ist der Ring heute unter dem Namen „Paris-Brest" bekannt und in zahlreichen Varianten erhältlich.

In den letzten Jahrzehnten wurde der Brandteig durch die Zugabe von „Craquelin" verfeinert, einer Masse, die aus einem gefärbten, mürbeteigähnlichen Teig dünn ausgerollt und auf die ungebackenen Windbeutel gelegt wird: Während des Backens reißt die Craquelin-Masse auf und gibt dem Windbeutel ein neues Aussehen und eine extra Schicht Knusprigkeit. In meinem Brandteigrezept gibt es sowohl eine Anleitung für die Craquelinmasse als auch für die Haselnussfüllung.

Brandteig-Seite 121

Die Jahre in der Berufsschule vergingen wie im Flug und schon war es wieder Zeit für eine Klassenfahrt. Diesmal ging es nach Paris, genauer gesagt ins Disneyland Paris. Eigentlich eine schöne Fahrt, da wir die Schüler nach dem Frühstück am Eingang von Disneyland absetzen konnten und so nicht den ganzen Tag neben uns herlaufen brauchten. So hatten wir Lehrer auch Zeit, Achterbahn zu fahren, Eis zu schlecken und Donuts zu essen. Das Problem waren immer die Abende und Nächte. In einem Jahr waren alle unsere Zimmer im Erdgeschoss. Das gab den Schülern die perfekte Gelegenheit, ihre Zimmer für ihre nächtlichen Aktivitäten durch die Fenster und nicht durch die quietschenden Türen zu verlassen. Wir hatten keine andere Wahl und kletterten auch aus dem Fenster, was gar nicht so einfach war, da unsere Zimmerfenster von dicht bewachsenen Büschen umgeben waren. Nach einigen Versuchen gelang es uns, aus dem Fenster zu klettern und unsere Schüler davon abzuhalten, aus dem Fenster zu klettern. Zu diesem Zeitpunkt hatte ich schon einige Klassenfahrten hinter mir und somit einige Erfahrungen gesammelt. Aber wie sagt man so schön: Man lernt nie aus. Als wir so an den Fenstern der Schüler vorbeigingen, sahen wir plötzlich, dass eines der Fenster weit geöffnet war und zu unserer Überraschung roch es nach Kochen. Es war das Zimmer eines unserer Schüler, aber es waren keine britischen Schüler. Als wir die Schüler auf den Kochgeruch ansprachen, stellten wir fest, dass vier Mädchen, die aus Nepal stammten, die Gelegenheit im Erdgeschoss genutzt hatten, um eine Art Nachtcafé/Instant Nudelbar zu eröffnen. Wir waren erstaunt, aber auch beeindruckt und amüsiert. Jahre später gab es in der Berufsschule ein Projekt, das jungen Menschen die Möglichkeit gab, sich selbständig zu machen. Damals wussten wir noch nicht, dass unsere ehemaligen Schüler in Paris der Schulinitiative weit voraus waren.

Aber bei so vielen Klassenfahrten ist es auch wichtig, Abwechslung zu haben. Da Paris einer unserer Lieblingsorte war, planten wir dieses Mal einen Ausflug in die Innenstadt von Paris, um das französische Kulturprogramm zu bereichern. Auch eine Bootsfahrt auf der Seine und ein Mittagessen auf dem Eiffelturm waren möglich.

Untergebracht waren wir in einem traditionellen Pariser Hotel. In meinem wunderschönen Zimmer hatte ich die Möglichkeit, im Badezimmer auf der Toilette zu sitzen, mir über dem Waschbecken die Zähne zu putzen und gleichzeitig zu duschen, während mein halber Körper noch im Schlafbereich lag. Damals war ich nur froh, dass ich mir kein Zimmer teilen musste.

Ich halte mich für einen sehr engagierten Lehrer, aber auch die größte Leidenschaft für den Beruf kann schnell in Frage gestellt werden, wenn man mit den Köchen der Zukunft arbeitet. Wir waren schon wieder in Paris und führten unsere Auszubildenden hinauf zum Saccreteur. Ein Viertel mit vielen Kulturen, vielen Restaurants und der Möglichkeit, unsere Auszubildenden selbst entscheiden zu lassen, wo sie zu Abend essen wollten. Diese Situation gab uns Lehrern die Möglichkeit, unsere Pause in Ruhe im Windmühlen-Restaurant zu verbringen. Am Ende des Abends trafen wir uns alle vor der Kirche und tauschten unsere gastronomischen Erfahrungen aus.

Eine Schülerin konnte es kaum erwarten, uns von ihrem Abendessen zu erzählen. Wir waren sehr überrascht, als sie uns erzählte, dass sie, da sie in Frankreich war, beschlossen hatte, typisch französisch essen zu gehen. Wir waren beeindruckt, da die meisten Schüler nur Pommes und Hamburger aßen. Weniger beeindruckt waren wir, als sie uns erzählte, dass ihr typisch französisches Essen aus Spaghetti Bolognese besteht. Zwei Jahre Kochlehre für die Katz!

Ich muss sagen, Paris ist eine sehr schöne Stadt, nicht nur für mich privat, sondern auch als Konditor. An jeder Ecke gab es eine Bäckerei mit goldgelben Baguettes und knusprig-butterigen Croissants, Mandel- und Schokocroissants - die Auswahl war riesig.

Viele glauben, dass das Croissant 1686 in Budapest, Ungarn, von aufmerksamen Bäckern erfunden wurde. Wahrscheinlich war die ungarische Hauptstadt gerade von den Türken besetzt. Eines Nachts hörten die Bäcker während ihrer Arbeit Geräusche, alarmierten die Militärführung und konnten so einen Angriff auf die Stadt verhindern. Der unterirdische Tunnel, den die Türken gegraben hatten, um die Stadt anzugreifen, wurde zerstört, und die Bäcker wurden als Helden gefeiert. Da die Bäcker aber sehr einfache und bescheidene Leute waren, forderten sie nur das allgemeine Recht, ein Gebäck herstellen zu dürfen, das an den Sieg erinnern sollte. Das Gebäck nahm die Form eines Halbmondes an, ein Symbol des Glaubens im Islam, und es wird angenommen, dass der Verzehr des Croissants bedeutet, dass die Ungarn die Türken verspeisen. Eine nette Geschichte - aber völlig erfunden! Eine andere erfundene Geschichte ist, dass die

Wiener Bäcker während der türkischen Besatzung das Croissant erfunden haben sollen. Nach einigen Recherchen habe ich herausgefunden, dass das Croissant im französischen Kochbuch „Larousse Gastronomique" aus dem Jahr 1938 beschrieben wird. Im Großen und Ganzen weiß niemand so genau, woher das kleine Hörnchen aus Teig stammt, aber man ist sich sicher, dass es zum ersten Mal in Frankreich hergestellt wurde, und zwar nicht vor 1850. Das Wort Croissant tauchte zum ersten Mal in einem Buch auf, das 1863 veröffentlicht wurde, und das erste Rezept erschien 1891, aber es ist dem Croissant, das wir heute kennen, nicht sehr ähnlich. Das flockige, mehrschichtige Croissant geht auf ein Rezept aus dem Jahr 1905 zurück und stammt ebenfalls aus Frankreich.

Im Laufe der Jahre habe ich viele Rezepte für Croissants ausprobiert und endlich ein Rezept entwickelt, mit dem ich sehr zufrieden bin. Aufgebackene Croissants gibt es heutzutage an jeder Ecke, und um ehrlich zu sein, sind sie auch ganz lecker, aber manchmal ist es einfach schön, seine eigenen zu backen.

Croissants-Seite 123

Einem guten Croissant kann man nur schwer widerstehen, aber auch ein gutes Baguette ist sehr verlockend. Ich war schon oft in Frankreich, sei es auf Klassenfahrten, bei Freunden oder in Sprachschulen, aber ich habe noch nie ein Baguette gesehen, das es im ganzen Zustand vom Bäcker bis nach Hause geschafft hätte, da die Krüstchen immer auf dem Heimweg verputzt werden.

Bis zum 18. Jahrhundert wurde Brot aus Weizen, Roggen und Buchweizen gebacken. Da das Getreide sehr teuer war, wurde es oft mit Heu, Sägemehl, Erde und Kreide gestreckt, was vielen Menschen zum Verhängnis wurde. In Frankreich gab es viele Aufstände, die die Getreidepreise noch weiter in die Höhe trieben, so dass die ärmere Bevölkerung kaum noch Brot zu essen hatte. Im 19. Jahrhundert sanken die Getreidepreise wieder, so dass sich die meisten Menschen Brot wieder leisten konnten. Während der industriellen Revolution im 19. Jahrhundert wurden viele Backöfen mit Dampf betrieben, was das Brotbacken erleichterte. Manche glauben, dass das Baguette für Napoleon Bonaparte und seine Soldaten erfunden wurde, da die längliche Form den Soldaten den Transport erleichterte, da sie in die Stiefel passte. Wahrscheinlicher ist jedoch, dass die Herstellung des Baguettes durch das 1920 eingeführte Nachtarbeitsverbot ausgelöst wurde, nach dem niemand mehr vor vier Uhr morgens mit der Arbeit beginnen durfte. Da Brot eine lange Gärzeit hat, war das viel dünnere Baguette eine gute und schnelle Alternative, um Brot mit verkürzten Arbeitszeiten herzustellen.

Baguette-Seite 123

Im Großen und Ganzen finde ich schon, dass Klassenfahrten eine wichtige Rolle in der Berufsschule spielen, da sie oft die einzige Möglichkeit sind, Neues zu entdecken und zu erleben und darüber hinaus sehr gut für die Stärkung des Selbstbewusstseins sein können. Manchmal, viele Jahre später, treffe ich ehemalige Schüler auf der Straße, und während des fünfminütigen Gesprächs kommen oft Erinnerungen an unsere Klassenfahrten hoch. Ich weiß nie so recht, was ich davon halten soll, wenn die Schüler nicht mehr wissen, wie man eine Karotte schält, aber wenigstens erinnern sie sich an die Klassenfahrten.

Kapitel 6
Umzug und Hochzeitskuchen

2004 - 2010

Jeden Montag bis Freitag fuhr der Zug um 5:56 Uhr vom Bahnhof im Süden Londons ab, und ich kam um kurz nach sieben in Farnborough in der Grafschaft Hampshire an. Dazu kam noch das frühe Aufstehen, der Weg zum Bahnhof und der Fußweg von 15 bis 20 Minuten zur Berufsschule, nachdem ich am Bahnhof angekommen war. Ich hatte zwar schon zwei Jahre meines Lehramtsstudiums hinter mir, aber noch zwei Jahre vor mir. Trotzdem entschied ich mich, London zu verlassen, das seit zehn Jahren mein Zuhause war. Es war keine leichte Entscheidung, nach Farnborough zu ziehen, aber tief im Unterbewusstsein wusste ich, dass das Unterrichten der richtige Weg für mich war. Der Umzug von London nach Farnborough fand in den Sommerferien statt, und als das neue Schuljahr im September begann, war es einfach großartig, dass ich jetzt zu Fuß zur Arbeit gehen konnte. Ich hatte die Kontrolle über meinen Arbeitsweg ohne Zugverspätungen oder -ausfälle und musste mich auf dem Heimweg nicht mehr mit Betrunkenen herumschlagen.

Als Berufsschullehrer genieße ich zwei Jahresanfänge. Der erste ist wie bei jedem anderen am 1. Januar und der zweite mit dem Beginn eines neuen Schuljahres im September. Mir persönlich gefällt der Gedanke, dass mit jedem Schulanfang auch bald wieder Ferien sind, und so finde ich diese Art von Arbeit recht überschaubar. Mit der Zeit wurde mir plötzlich klar, dass ich ohne Pendeln etwa dreißig Stunden pro Woche mehr zur Verfügung hatte. Das Gefühl von Langeweile kannte ich nicht, und nachdem ich wochenlang mein Haus renoviert und einen Schrebergarten angelegt hatte, beschloss ich, nebenbei ein Geschäft für Hochzeitstorten zu eröffnen. Die ursprüngliche Idee kam von Freunden, für die ich eine Hochzeitstorte backen durfte. Nach einigen Recherchen entschied ich mich, in die Welt der Hochzeitskuchen - Konditoren einzutauchen. Von Anfang an war mir klar, dass die traditionelle britische Hochzeitstorte aus ‚Fruit Cake', Marzipan und Zuckerguss nicht mein Ding war, und so entschied ich mich für alles, was man aus Schokolade machen kann.

Innerhalb kurzer Zeit entwickelte sich meine Schokoladen-Hochzeitstorten-Produktion in meiner kleinen Küche in meinem Haus in Farnborough. Mit etwas Werbung und verschiedenen Beziehungen zu Hotels in der Gegend wurde mein Geschäft schnell bekannt, obwohl ich nur Schokoladenkuchen anbot.

Plötzlich erinnerte ich mich an den Schulausflug nach Belgien, wo wir eine kleine Schokoladenfabrik besucht hatten, und wie beeindruckt ich war, dass so viele schöne Dinge aus Schokolade in einer relativ kleinen Küche hergestellt werden konnten. Es war der Beginn eines weiteren Traums, der in Erfüllung zu gehen schien, aber gleichzeitig hatte ich Angst vor der Realität und dem Albtraum, diese aufwendigen Hochzeitstorten in meiner kleinen Küche herzustellen. Ich hatte einen kleinen Kühlschrank, einen Backofen und eine Küchenmaschine, die nur auf der Spüle Platz hatte. Mit der steigenden Nachfrage nach Torten suchte ich verzweifelt nach einer Lösung, wie und wo ich meine Schokoladenproduktion erweitern könnte.

Nach einigen Diskussionen mit Freunden, die sich mein Gejammer über den Platzmangel in meiner Küche anhören mussten, kam plötzlich die Lösung: Ich baue die Garage aus! Die Garage war zwar lang, aber in keinem guten Zustand, so dass ich mir vorstellen konnte, sie komplett abzureißen und eine neue zu bauen. Nach weiteren Gesprächen mit verschiedenen Baufirmen wurde jedoch klar, dass ein Abriss eigentlich unnötig wäre und so wurde die alte Garage zu meiner neuen Konditorei umgebaut. Auch heute noch ist diese Küche, die ich in 10 Sekunden zu Fuß erreichen kann, ein wunderbarer Ort, an dem ich mich entfalten kann und auch das Gefühl habe, nicht im Wohnbereich zu arbeiten - perfekt!

Mir war klar, dass ich mehr Tortenbestellungen brauchen würden, um die neue Küche voll auszulasten. Nach einiger Überlegung entschied ich mich, an Hochzeitsmessen teilzunehmen. Ich spreche hier von den ersten Jahren dieser Messen, die in der lokalen Umgebung stattfanden. Sie boten Brautpaaren und ihren Familien die Möglichkeit, sich mit Fachleuten aus der Hochzeitsbranche auszutauschen, um den perfekten Hochzeitstag zu planen. Ich fand diese Messen damals sehr schön, weil sie oft im Frühjahr und im Herbst stattfanden.

Heute gibt es Hochzeitsmessen fast jedes Wochenende - wie den wöchentlichen Flohmarkt - und deshalb sind sie für mich nichts Besonderes mehr!

Zurück zu den Messen: Mir war klar, dass ich Messetorten aus Schokolade herstellen musste, aber das war gar nicht so einfach. Schließlich entschied ich mich, die Torten aus Styropor selbst herzustellen und sie dann mit verschiedenen Schokoladensorten wie Vollmilch, Zartbitter und weiß zu überziehen und zu dekorieren. Frische Blumen und Früchte sowie viele verschiedene Schokoladenprodukte gaben mir die Möglichkeit, auf diese Weise verschiedene Kuchenmodelle herzustellen und so den verführerischen Geschmack der Schokolade zu erhalten. Es gibt viele Hochzeitstorten, die fantastisch aussehen, aber oft enttäuschend schmecken. Meine Verkaufsstrategie basierte darauf, dass meine Schokoladenkuchen aus Kuvertüre und nicht aus Kakaopulver hergestellt werden und dass die Schokolade von nachhaltig angebauten Kakaobäumen stammt. Außerdem war es mir wichtig, dass es genügend Schokoladenkuchen zum Probieren gab, damit sich die Besucher selbst ein Bild von der Qualität der Torten machen konnten. Besonders beliebt war die weiße Schokoladentrüffel-Maracuja- Torte, die zwischen dunkelen Schokoladenböden geschichtet und von außen mit dunkler Schokolade überzogen und mit weißen Schokoladenmotiven verziert ist.

Weißer Schokoladentrüffel & Marcujakuchen-Seite 125

Obwohl ich für meine Torten hochwertige belgische und Schweizer Schokolade verwende, ist es mir wichtig zu wissen, woher der Kakao für die Schokoladenherstellung stammt.

Ende des 19. und Anfang des 20. Jahrhunderts musste ein weltbekannter britischer Schokoladenhersteller eine Strafe zahlen, weil ihm nachgewiesen wurde, dass seine Kakaobohnen von Plantagen stammten, auf denen Sklavenarbeit verrichtet wurde. Zu dieser Zeit wurden die meisten britischen Schokoladenfabriken von Quäkern geführt, deren Philosophie die Gemeinschaft und die Gewinnbeteiligung ihrer Arbeiter war. Es gab sogar einige, die neben ihren Schokoladenfabriken ganze Dörfer für ihre Arbeiter und deren Familien errichteten, die neben Wohnraum auch Freizeit- und Erholungsmöglichkeiten boten. Ein solches Konzept war damals noch selten, und trotz der Gleichberechtigung wusste niemand so recht, woher die Kakaobohnen stammten, die aus Portugal kamen. Der Absatz der Schokolade stieg, und auch die Arbeitsbedingungen und Löhne waren besser als in vielen anderen Fabriken. Mit der Zeit kamen jedoch Zweifel an der Herkunft der Kakaobohnen auf, denn eigentlich war allen Beteiligten klar, dass die Kakaobohnen nicht in Europa wachsen. Obwohl der portugiesische Kakaobohnenhändler immer wieder nach der Herkunft der Kakaobohnen gefragt wurde, gab er nur die Auskunft, dass die Bohnen aus Afrika kämen. Unzufrieden mit dem portugiesischen Händler machten sich die Besitzer der britischen Schokoladenfabrik auf den Weg nach Afrika, um die Herkunft ihrer Schokolade zu erforschen. Das Ergebnis dieser Expedition war schockierend: Viele Plantagenarbeiter wurden als Sklaven missbraucht, die meisten bezahlten die Kakaoernte mit ihrem Leben. Da sich die britischen Schokoladenproduzenten mit den Portugiesen nicht über die schlimmen Arbeitsbedingungen in Afrika einigen konnten, beschlossen sie, ihre Kakaobohnen von anderen Plantagen zu beziehen. Auf der einen Seite war es lobenswert, dass die britischen Fabrikanten nun mehr Respekt vor dem Anbau der Kakaobohnen hatten - auf der anderen Seite war vielen bewusst, dass der eigentliche Erfolg ihrer Fabriken auf dem Tod vieler Afrikaner beruhte.

Auf den Hochzeitsmessen traf ich viele Leute - es war eine Welt, die mir bis dahin völlig unbekannt war. Ich nahm an sechs Messen pro Jahr teil, drei im Frühjahr und drei im Herbst. Da viele Hochzeiten manchmal Monate, manchmal Jahre im Voraus geplant werden, ist es nicht ungewöhnlich, dass man dieselben Brautpaare und ihre Familien auf diesen Veranstaltungen mehrmals trifft. An eine Braut erinnere ich mich immer wieder, weil sie auf wirklich jeder Hochzeitsmesse vertreten war - immer allein, aber mit einem dicken Ordner voller Hochzeitsideen. Nach einigen Messen kam sie schließlich an meinen Stand und buchte eine Hochzeitstortenberatung.

Bei einer solchen Beratung, die bei mir zu Hause stattfindet, wird das Design der Torte entworfen, die Geschmacksrichtungen festgelegt und schließlich ein Kostenvoranschlag erstellt. Als ich die Braut nach ihrem Hochzeitsdatum fragte, stellte ich fest, dass sie noch kein Datum hatte, aber noch schockierender war die Tatsache, dass sie keinen Mann hatte, der sie heiraten wollte. Sie wollte einfach nur ihre Traumhochzeit planen, in der Hoffnung, dass ihr Traumprinz ihr eines Tages einen Heiratsantrag machen würde und sie ihn dann mit der perfekten Hochzeit überraschen könnte. Zuerst hatte ich Mitleid mit dieser Frau, aber nach einigen Gesprächen mit anderen Ausstellern wurde mir klar, dass sie den Ruf einer Zeitverschwenderin hatte.

Wie Marie Antoinette sagte: „Lasst sie Kuchen essen", so war es auch mir wichtig, dass viele meine Schokoladenkuchen probieren konnten, egal ob es sich um ein Brautpaar handelte oder nur um Leute, die gerne Kuchen essen. Bei einer anderen Beratung lernte ich ein nettes Brautpaar kennen, das sich in 18 Monaten das Jawort geben wollte. Endlich kam der lang ersehnte Tag und als ich die Hochzeitstorte ins Hotel brachte, traf ich den Bräutigam. Eigentlich nichts Ungewöhnliches, aber diesmal kam mir der Mann sehr fremd vor. Ich dachte immer, ich hätte ein gutes Gedächtnis, aber diesmal war es wohl nicht so. Da ich das Paar schon 18 Monate nicht mehr gesehen hatte, maß ich diesem „Vorfall" keine weitere Bedeutung bei. Das Geheimnis um den unbekannten Bräutigam wurde jedoch von der Hochzeitsfloristin gelüftet, die nicht nur den Festsaal, sondern auch meine Hochzeitstorte mit frischen Blumen geschmückt hatte. Der Grund für den unbekannten Bräutigam war, dass die Braut, mit der ich vor 18 Monaten ein Beratungsgespräch hatte, ihren damaligen Verlobten verlassen und einen neuen Mann gefunden hatte. Trotz des Partnerwechsels blieben die Hochzeitsvorbereitungen die gleichen! Der neue Bräutigam hatte keine Gelegenheit, meine Torte zu probieren, aber ich hoffe, dass ihm die weiße Schokoladentorte mit Kokosnuss und Limette geschmeckt hat.

Weißer Schokoladenkuchen mit Kokos & Limette-Seite 127

Weiße Schokolade ist eine viel diskutierte Zutat, da sie von vielen nicht als echte Schokolade angesehen wird, da sie keine Kakaobestandteile enthält. Meiner Meinung nach handelt es sich jedoch um Schokolade, da die Kakaobutter in weißer Schokolade aus Kakaobohnen gewonnen wird.

Es gibt viele Geschichten über den Ursprung der weißen Schokolade, aber eine der bekanntesten ist die des deutsch-schweizerischen Chemikers Henri Nestle. In den 1930er Jahren war Nestle ein sehr bekannter Schokoladenfabrikant, der sich zusammen mit dem Schweizer Daniel Peter auf die Herstellung hochwertiger Milchschokolade spezialisiert hatte. Im Jahr 1936 kam es jedoch zu einer geschäftlichen Verbindung zwischen Nestlé und dem Pharmaunternehmen Roche, das damals an Vitamin- und Mineraltabletten für Kinder arbeitete. Das unter dem Namen „Nestrovit" bekannte Produkt musste jedoch irgendwie vor Feuchtigkeit und Schmelzen geschützt werden. Und so fand Nestlé die Lösung für das Problem der Apotheker: Die Tabletten wurden mit Kakaobutter überzogen und erhielten so den perfekten Schutzmantel für ein neues Produkt mit langer Haltbarkeit. Kurze Zeit später entwickelte Nestlé eine Version der Tabletten ohne medizinischen Hintergrund und so entstand eine Mischung aus Zucker, Milch, Öl und Kakaobutter. Die daraus hergestellte weiße Schokolade wurde zunächst unter dem Namen „Galak Bar" angeboten, später aber in „Milk Bar" umbenannt.

Wie bei jeder neuen Geschäftsidee ist es wichtig, sich weiterzuentwickeln, und für mich war das die Herstellung von Pralinen. Hochzeitspralinen haben eine lange Tradition als Glücksbringer für das Brautpaar und seine Gäste.

Das kleine Hochzeitsgeschenk des Brautpaares an die Hochzeitsgäste gab es in England wahrscheinlich schon seit dem 16. Jahrhundert, wo der Glücksbringer oft ein Stück Spitze oder ein Bändchen war. Im 17. Jahrhundert wurde Zucker leichter zugänglich und fand seinen Weg in die Küche, zumindest bei denen, die es sich leisten konnten. Zuckerwürfel wurden als Geschenke in kleine Dosen aus Glas und Porzellan verpackt, die mit Gold und Edelsteinen verziert waren. Diese wertvollen Zuckergeschenke der Reichen wurden allgemein als „Bonbonniere" bezeichnet, und mit der Zeit wurden die Zuckerwürfel durch Pralinen ersetzt. Auch bei der Hochzeit von Leopold de Rothschild und Marie Perugia, die 1881 in London stattfand, waren die mit Schokolade gefüllten Dosen ein Gastgeschenk. Leopold de Rothschild war ein britischer Bankier, der aus einer wohlhabenden deutsch-jüdischen Familie stammte. Er interessierte sich für Pferdezucht und Pferderennen und war von 1896 bis 1914 der erste Präsident des Ealing Football Club.

Rothschild's ist aber auch die Bezeichnung für kleine, mit Schokolade überzogene Mandelbaisers, die zusammen mit Pfefferminz-Schokoladenplättchen ein perfektes Hochzeitsgeschenk sind.

Rothschilds-Seite & Pfefferminzkacheln-Seite 128/129

Die neue Konditorenküche in meiner Garage war ein fantastischer Arbeitsplatz für mich und meine süßen Kreationen, aber ich hatte auch die Idee, die Küche als Unterrichtsraum zu nutzen. Ein Ort, an dem ich meine Leidenschaft für Schokolade mit anderen teilen und weitergeben kann. Die Arbeit mit Schokolade ist eine Herausforderung und erfordert viel Geduld und Übung. Außerdem ist es wichtig zu wissen, dass jede Schokolade eine andere Verarbeitungstemperatur hat und dass man auch die Raumtemperatur, die Außentemperatur, die Luftfeuchtigkeit und die eigene Körpertemperatur berücksichtigen muss, um ein gelungenes Schokoladenprodukt herzustellen. Mit diesem Wissen begann ich, meine ersten Schokoladenkurse anzubieten und den Teilnehmern die Möglichkeit zu geben, in die Welt der Schokolade, der Trüffel und der Pralinen einzutauchen. Jeder Kurs beginnt mit einem Begrüßungsgetränk, einer heißen Schokolade, und damit beginnt die Geschichte der Schokolade, wie wir sie heute kennen.

Die genauen Anfänge der Schokolade sind sehr umstritten, aber man kann sie auf etwa 1500 v. Chr. datieren, als ein Volk namens „Olmecs" in Mittelamerika lebte. In dieser Region herrschen die richtigen Wachstumsbedingungen für den Kakaobaum, der am besten zwischen 10 und 20 Grad Celsius nördlich und südlich des Äquators gedeiht. Die Olmecs betrachteten die Kakaofrucht als eine der Kirsche ähnliche Frucht, aber deren Kerne, die eigentlichen Kakaobohnen, enthält, als Abfallproduct. Das süße Fruchtfleisch wurde dagegen sehr geschätzt. Mit der Zeit gab es große Flächen, die mit ausgespuckten Kakaobohnen bedeckt waren, die im Laufe der Zeit von Menschen und Tieren zertrampelt wurden und durch die Sonnenhitze eine leichte Röstung bekamen - und auch noch gut rochen, so wie heute Schokolade riecht! Viele Jahre später zog ein anderes Volk, die „Mayas", in das Gebiet der Olmecs, genauer gesagt in den „Golf von Mexiko", und begann, die duftenden Kakaobohnen zu sammeln und mit Wasser zu vermischen. Die Maya nannten das Getränk „Xocolate", was übersetzt „bitteres Wasser" bedeutet. Auch die nachfolgenden Azteken verwendeten das Schokoladengetränk.

In meinem Begrüßungsgetränk füge ich dem bitteren Wasser etwas braunen Zucker hinzu, denn ich erwarte keine komischen Grimassen von meinen Teilnehmern.

Azteken-Schokolade 129

Nach der Begrüßung geht es endlich in die gut vorbereitete Küche, wo wir viele verschiedene Schokoladen verwenden und mit Alkohol, frischen Kräutern, verschiedenen Gewürzen und sogar Senf, ja richtig Senf, verfeinern. Jede Art von Schokolade muss temperiert werden, damit sie richtig verarbeitet werden kann und die Pralinen einen schönen Glanz bekommen, bissfest sind und sich keine grauen Streifen der Kakaobutter an der Oberfläche absetzen. Ein gut temperiertes Schokoladenprodukt ist in vielen Fällen auch länger haltbar.

Vielleicht erinnerst du dich, dass ich in einem früheren Kapitel etwas ausführlicher über die Verarbeitung von Schokolade geschrieben habe.

Schokolade temperieren-Seite 130

Als Berufsschullehrer und Kuchenbäcker war ich sehr engagiert, und meine Leidenschaft für Schokolade und mein neues Leben fernab der Großstadt London gaben mir ein Gefühl von Glück und Zufriedenheit. Dennoch spürte ich ein Kribbeln in den Fingerspitzen, dass es vielleicht, nur vielleicht, eine weitere Abzweigung auf meinem Zuckerweg geben könnte, und dieses Gefühl wurde mit der Zeit immer stärker.

Kapitel 7
Wettbewerbe, Abenteuer und Technologie

2010-2018

Nach fast sieben Jahren im Schuldienst und einem langen, aber erfolgreichen Lehramtsstudium war ich immer noch zufrieden mit meiner Arbeit. In dieser Zeit hat sich die Welt um uns herum sehr verändert, vor allem in Bezug auf Technologie und elektronische Geräte, die immer mehr in unseren Arbeits- und Lebensalltag eindringen. Ich glaube, viele von uns klammern sich sehr an die Stützen der neuen elektronischen Welt, und selbst ich, der sich mit der Technik sehr schwer tut, muss zugeben, dass sie heutzutage einfach zum Leben dazugehört. Ich könnte mir kaum vorstellen, dieses Tagebuch mit der Schreibmaschine zu tippen - der Computer ist da eine große Erleichterung.

Im Laufe der Jahre wurde mir auch immer bewusster, dass es in einem Beruf, in dem man mit jungen Menschen arbeitet, wichtig ist, die Dinge aus deren Perspektive zu sehen, besonders wenn es um Technologie geht. Durch die Technologie sind die Jugendlichen an eine ganz andere Art des Lernens gewöhnt, so dass es einfach wichtig ist, dass sich mein Unterricht an diese neue Form anpasst (trotz meiner persönlichen Phobie gegenüber der neuen elektronischen Welt). Vor einigen Jahren war ich noch sehr irritiert, wenn jemand eine einfache analoge Wanduhr mit Zeigern nicht lesen konnte. Jetzt, wo die meisten Uhren digital sind, beginne ich zu verstehen, dass das Ablesen der Zeit auf einer traditionellen Uhr nicht mehr so wichtig ist wie früher. Oder doch?

An meinem Arbeitsplatz hatte ich viele tolle Kolleginnen und Kollegen und es kam selten vor, dass jemand kündigte, aber es kam vor und unser Team wurde durch einen neuen Berufsschullehrer für die Kochlehrlinge verstärkt. Unsere neue Kollegin war voller Leidenschaft, Energie und Direktheit, genau wie ich, mit einer Ausnahme: Sie war Britin und eine Frau! Sie sah immer das Gute in den Schülern und ermutigte die besonders guten, an Kochwettbewerben teilzunehmen. Solche Wettbewerbe sind eine fantastische Gelegenheit, nicht nur die Berufsschule in der weiteren Umgebung bekannt zu machen, sondern auch den Schülern die Möglichkeit zu geben, ihr Selbstvertrauen zu stärken und ihre Kochkünste unter Beweis zu stellen. Andererseits ist es auch wichtig, die richtigen Kandidaten für den richtigen Wettbewerb zu finden. Kleinere Herausforderungen sind zum Beispiel das Spritzen von Buttercreme-Motiven auf kleine Törtchen oder das Formen von Brötchen aus Brotteig in einer bestimmten Zeit. Zurück zu meiner neuen Arbeitskollegin, der weiblichen Form von mir, sie hat sich entschieden, an einem nationalen Kochwettbewerb teilzunehmen, der in Großbritannien als „Zest Quest Asia" bekannt ist. Dieser Wettbewerb wurde 2013 von den indischen Gastronomen Cyrus und seiner Frau Pervin Todiwala ins Leben gerufen und war eine Gelegenheit, die asiatische Küche in Großbritannien zu erkunden. Meine Arbeitskollegin war die Organisatorin unseres Beitrags und wählte drei fähige Schüler aus, die während des Wettbewerbs eine Vorspeise, ein Hauptgericht und ein Dessert zum Thema „Thailand" zubereiten sollten.

Meine Aufgabe bestand hauptsächlich darin, den Wettbewerb zu unterstützen, indem ich die Rezepte für das Dessert und den Arbeitsplan für die Herstellung des Desserts zur Verfügung stellte. Das Konzept des Menüs basierte auf „Streetfood", das aus verschiedenen Speisen besteht, die man auf den Märkten Thailands findet. Die drei kleinen Desserts bestanden aus Babyananas und Zitronengras, die in einer Salzkruste gebacken und mit Kokosnusscreme serviert wurden. Das zweite Dessert war ein Limettensorbet aus Kaffir-Limette mit gerösteten Cashewkernen und zum Schluss gab es ein thailändisches Räuchergebäck namens „Khanom Kleeb Lamduan". Ich weiß, es ist nicht einfach, alles auf einer Speisekarte aufzulisten, aber diese kleinen Häppchen waren perfekt für unser Konzept. Kochwettbewerbe können sehr kompliziert sein, besonders wenn es um Rezepte geht. Deshalb beschloss ich, in meinem Tagebuch nur die Herstellung der Räucherplätzchen zu beschreiben. Das „Khanom Kleeb Lamduan" wird nach dem Backen unter einer Cloche (Glocke) mit einer Räucherkerze, auch „Tian Op" genannt, verfeinert.

Im frühen Altertum wurden diese Raucherplätzchen nur für die Bewohner des thailändischen Königspalastes gebacken, aber wie bei vielen Gerichten verbreiteten sie sich schnell unter den einfachen Leuten. Meine Nachforschungen haben ergeben, dass Schweinefett für die Herstellung der Kekse verwendet wurde, aber in meiner Version benutze ich Öl. Butter darf auf keinen Fall verwendet werden, da sie beim Backen schmilzt und das Gebäck seine traditionelle Blumenform verliert.

Khanom Kleep Lamduan (Räucherplätzchen)-Seite 135

Der Wettbewerb „Zest Quest Asia" erforderte viel Planung, Experimentieren und Üben, und dazu kam noch der Druck der Konkurrenten aus den anderen Berufsschulen. Trotzdem ließ sich unser Team nicht von der Tatsache einschüchtern, dass die anderen Teilnehmer die besten und teuersten Küchengeräte in ihrem Sortiment hatten, während wir mit unserem 5-Euro-Schnellkochtopf aus dem Secondhand-Shop antraten. So kam es, wie es kommen musste, und am Abend nach dem Wettbewerb wurden bei einem festlichen Abendessen im Ballsaal die Sieger bekannt gegeben: „Farnborough College of Technology". Diese Worte: Unter so vielen Mitbewerbern als Sieger hervorzugehen, kommt mir vor wie eine Ewigkeit, und auch der mit dem Sieg verbundene Preis, eine Reise nach Sri Lanka, ist heute noch kaum zu glauben.

Sri Lanka, das bis 1972 Ceylon hieß, begrüßte uns, die Gewinner des asiatischen Kochwettbewerbs, mit 32°C im Hotel Hilton Colombo. Die Eingangshalle des Hotels war sehr einladend mit einer langen Glastheke voller Kuchen und Schokolade. Auch unsere Zimmer im 16. Stock waren beeindruckend, vor allem wegen der atemberaubenden Aussicht auf Colombo, die Hauptstadt Sri Lankas. Nach einem Wochenende, in dem wir uns an das Land und die Temperaturen gewöhnen und uns von dem 11-stündigen Flug erholen konnten, wurden wir am Montag vom Personalchef der Hilton-Hotelgruppe begrüßt. Zu unserer Überraschung erfuhren wir, dass 140 Köche im Hotel arbeiten, viel mehr als wir uns vorgestellt hatten.

Weiter ging es mit einer Kochdemonstration in einer Außenküche des Hotels namens „Curry Leave". Hier lernten wir Gerichte wie ‚Kakukuwo' kennen, ein Curry aus Krebsen, scharf gewürztem Hühnchen und gelbem, würzigem Sud Uru Samba Reis, einer Spezialität Sri Lankas. Aber als der Koch, der uns die Gerichte beibringen sollte, plötzlich auftauchte und mich mit meinem Vornamen ansprach, wurde mir schnell klar, dass ich mit diesem Koch vor vielen Jahren in London zusammengearbeitet hatte. Obwohl ich etwas Zeit brauchte, um mich an ihn zu erinnern, war ich sehr erfreut, dass er mich sofort wiedererkannte. In meinem letzten Job in London, im Sheraton Park Lane, war ich Konditormeister und er Küchenchef für den Zimmerservice. Wie man so schön sagt: Die Welt ist klein!

Es war auch schön zu sehen, wie viel Leidenschaft die Köche in Sri Lanka für ihr Essen und ihre Kultur haben und wir merkten schnell, dass die Küche in Sri Lanka eine leichte Kost ist, da sie mit vielen frischen und aromatischen Zutaten wie Kardamom, Zimt, Curryblättern, Zitronengras, Chili und vielem mehr zubereitet wird.

Unsere kulinarische Reise ging weiter mit einem Besuch auf dem Fischmarkt, einem riesigen Platz voller Menschen und natürlich Fisch. Dieses einmalige Erlebnis wird mir noch lange in Erinnerung bleiben. Es war ein früher Start in den Tag und noch vor Sonnenaufgang waren auch wir Teil des Tagesgeschehens und konnten so unsere eigenen Eindrücke von dem riesigen Angebot an fangfrischem Fisch gewinnen. Fische wie Meerwels, Thunfisch, Barsch, Schnapper, Schwertfisch, Sardellen und viele Arten von Krustentieren waren an der Tagesordnung. Der fangfrische Fang des Tages wechselte schnell den Besitzer zwischen den Fischverkäufern und vielen anderen Leuten, von den Hotelköchen bis zu denen, die große Mengen Fisch auf ihren Fahrradgepäckträgern transportierten. Nach der morgendlichen Aktion ging es direkt zurück in die Hauptstadt Colombo zum Obst- und Gemüsemarkt. Wir wurden mit Bergen von Obst und Gemüse konfrontiert, aber auch mit Gewürzen, die teilweise unseren Geruchssinn überwältigten. In Colombo sahen wir viele Gerichte, die auf der Straße zubereitet wurden, besonders eine Spezialität namens „Hopper in a Basket". Dieses Gericht ist in Sri Lanka sehr bekannt und besteht aus einem fermentierten Pfannkuchenteig, der mit Reismehl und Kokosmilch zubereitet wird. Der Teig wird dann in Körbchenform gebacken, und die fertigen, knusprigen Schalen werden entweder mit einer Eiermischung oder mit ‚Lunu Miris', einer würzigen Zwiebelmasse, gefüllt.

Weitere beliebte Gerichte sind „Pittu", ein zylinderförmiger gedämpfter Reis, der mit frisch geriebenem Kokosfleisch verfeinert wird, und „Kevum", süße Reisbällchen, die in heißem Fett gebacken werden.

Nach unserer Rückkehr ins Hotel wurden uns viele dieser Gerichte beigebracht. Wir waren so beeindruckt von dieser neuen Art des Kochens, dass wir uns innerhalb kürzester Zeit die notwendigen Küchenutensilien auf dem Markt besorgten. Es war klar, dass einige der neuen Gerichte auf unserem Speiseplan in der Berufsschule auftauchen würden, und wir hatten sogar schon einen Lieferanten in England ausfindig gemacht, der Zutaten aus Sri Lanka vertreibt.

Eine Reise nach Sri Lanka, ohne über den Teeanbau zu sprechen, ist undenkbar und diese Erfahrung hat uns allen eine neue Wertschätzung für dieses Getränk gegeben. Eine dreistündige Busfahrt von Columbo führte uns zur Teeplantage Rilhena, die der Dynastie der Dilmah-Familie gehört. In seiner einfachsten Form wächst der Tee in drei verschiedenen Regionen: vom Tiefland über das Mittelgebirge bis zum Hochgebirge.

Die Plantage Rilhena wurde 1914 gegründet und liegt auf einer Höhe von 153 Metern über dem Meeresspiegel, was sie zu einer der bekanntesten Teeplantagen im Tiefland macht. Der Besitzer, Merrill J. Fernando, ein Mann mit außergewöhnlicher Vision, Stärke und Integrität, konnte 1988 endlich seine eigenen Teeplantagen anlegen und sich damit seinen lang gehegten Traum erfüllen. Heute findet man Dilmah Tee auf über 30 Plantagen in Sri Lanka. Sein Erfolg basiert auf der Familie und dem Unternehmen, in dem die Arbeiter aufgrund ihrer Erfahrung im Teeanbau sehr geschätzt werden. Sehr schnell erkannte Merill J. Fernando, dass der Teeanbau eine wichtige Lebensgrundlage für die Einheimischen sein kann, um die weniger Wohlhabenden zu unterstützen. Die Projekte, die aus der Teeproduktion entstanden, waren zum Beispiel Wohnbauprojekte für die Arbeiter, eine Mittagstisch-Initiative, Schulranzen für die Kinder der Plantagenarbeiter, medizinische Versorgung und Existenzgründungsprogramme. Außerdem engagierte er sich für Behinderte und die Gleichberechtigung der Frau sowie für die Natur, die Tierwelt und die vielfältigen Kulturen Sri Lankas. Das alles hat mich sehr beeindruckt und ich denke oft daran, wenn ich heute Tee trinke!

Nach dem Erlebnis auf der Teeplantage, von der Ernte bis zur Verarbeitung, ging die Teereise zurück ins Hotel weiter. Dort wurde uns ein 12-Gänge-Menü serviert, bei dem zu jedem Gang ein Tee gereicht wurde. Man kann sich das wie eine Weinprobe vorstellen, nur dass der Tee zum Essen passte. Einige Kombinationen waren Rindfleischburger mit Earl Grey-Tee, Würstchen mit Darjeeling-Tee und Wolfsbarsch mit grünem Tee. Es gab auch Apfelkuchen mit Kamillentee und dunkle Schokolade mit Ceylong Souchong, einem Tee, der mit Zimtrinde geräuchert wird. Ich bezeichne unsere Reise nach Sri Lanka immer als ein einmaliges Erlebnis und fühle mich sehr geehrt, dass ich einen kleinen Teil von Sri Lanka, seiner Kultur und der asiatischen Küche kennenlernen durfte.

Eine etwas ungewöhnliche Frucht, die mir über den Weg lief, war der „Holzapfel", der häufig in Südasien zu finden ist. Die Frucht ist mit der Quitte vergleichbar und eignet sich durch ihren hohen Pektingehalt hervorragend zur Herstellung von Marmelade. Diese Marmelade verwende ich in meinen Quarkbällchen, die ich ohne Hefe herstelle. Quittengelee ist aber auch eine gute Alternative, wenn man keine Holzapfel-Marmelade bekommt.

Quarkbällchen mit Marmeladenfüllung-Seite 135

Als meine eigene gastronomische Reise 1986 begann, wurde uns immer gepredigt, dass Frankreich der Herrgott und der Mittelpunkt der kulinarischen Welt sei. Auf der anderen Seite erfuhr ich damals, dass das Essen aus England weltweit einen schlechten Ruf hatte und allgemein als „braunes Essen" bezeichnet wurde. Heutzutage hat sich der schlechte Ruf des englischen Essens sehr zum Positiven verändert, während Frankreich wohl weniger Fortschritte gemacht hat und auch heute noch sehr traditionsbewusst ist.

Meiner Meinung nach hat sich England deshalb gut in der kulinarischen Welt etabliert, weil dieses Land aus so vielen verschiedenen Kulturen besteht. Daraus ist eine interessante Mischung von Gerichten entstanden, die auch weltweit Anerkennung findet. Andere Kulturen und ihre Zutaten haben mich schon immer fasziniert, und wenn man das Neue mit dem Alten verbindet, kann man magische Gerichte kreieren.

DNA eines Konditoren   Andreas Hein

2016 hatte ich das Glück, die Karibikinsel Jamaika zu besuchen. Der Grund dafür war, angeheiratete Familienmitglieder in der Stadt Brown Town zu besuchen und Erfahrungen auf einer Kakao- und Gewürzplantage zu sammeln. Die Sun Valley Plantage, unweit des bekannten Ortes Ochio Rios, ist ein Familienbetrieb, der von Lorna und Nolly Binns geführt wird. Es war ein traumhaftes Erlebnis, die Plantage und die Gewürzgärten erkunden zu können und zu dürfen. Neben Früchten wie Bananen, Feigen und Kakao werden viele Gewürze nicht nur kulinarisch, sondern auch medizinisch verwendet.

Ursprünglich, genauer gesagt in den letzten 250 Jahren, wurden auf den Plantagen Bananen angebaut und zum Schutz vor starkem Wind zwischen den Bananenstauden Kokospalmen gepflanzt. Die windschützenden Kokospalmen wurden dann zu einem guten Einkommen, als die Welt von den gesundheitlichen Vorteilen des Kokosnusswassers erfuhr, und so werden seit 1996 hauptsächlich Kokospalmen gepflanzt, um den Trend um das Kokosnusswasser zu bestätigen. Die jungen Kokosnüsse werden bereits nach 8 Monaten geerntet, da sie in diesem Alter den höchsten und nahrhaftesten Flüssigkeitsgehalt haben. Nachdem ich einige Kokosnüsse ernten durfte, wurde mir gezeigt, wie man am besten an das Wasser kommt, ohne es zu verschütten. Einfach köstlich, diese klare, leicht süße Flüssigkeit aus der Kokosnuss. Abgesehen davon habe ich jetzt viel mehr Respekt vor den Plantagenbauern, denn glaube mir, das ist verdammt harte Arbeit.

Die vielen Gewürze in den Gärten bestanden aus Zimt, Muskatnuss, Piment und noch einigen anderen Sorten, und auch grüne Bohnen hingen zahlreich an den Bäumen. Nach genauerem Hinsehen und einem Gespräch mit Lorna erklärte sie mir, dass es sich bei den grünen Bohnen um Vanilleschoten handelte. Trotz meiner Vorfreude auf die Schoten erfuhr ich, dass die Vanilleschoten ursprünglich von Bienen bestäubt wurden, diese aber aufgrund des Klimawandels verschwunden sind. Von nun an müssen alle von Hand mit einem Zahnstocher bestäubt werden, was für die nächsten zwei Stunden meine Aufgabe war. Ich denke, jeder sollte diese Erfahrung einmal machen, besonders wenn man sich über die Preise von Vanilleprodukten beschwert. Als Dankeschön an Lorna und Nollie Binns habe ich mir eine Vanille-Kokos-Creme ausgedacht, die mit einem dünnen Kokoskeks dekoriert ist. Nochmals vielen Dank für die schöne Zeit, die ich auf eurer Plantage verbringen durfte, für die Inspiration, die ihr mir gegeben habt und für die Möglichkeit, eure Produkte zu schätzen und zu ehren.

Vanille & Kokoscreme mit Kokosplätzchen-Seite 136

Ich empfinde es als Vorteil, in Deutschland aufgewachsen zu sein, da ich die Möglichkeit hatte, zwischen einer Koch- und einer Konditorausbildung zu wählen, auch wenn ich 1986 noch nicht wusste, dass es eine Konditorausbildung gibt. Persönlich finde ich es gut, dass ich eine Kochlehre gemacht habe und mich später als Konditor spezialisieren konnte, aber in der englischen Berufsschule hat man die Wahl leider nicht. Es kann von Vorteil sein, alle Bereiche der Gastronomie kennenzulernen, bevor man sich für eine Richtung entscheidet. Manchmal gibt es junge Leute, die von vornherein wissen, dass sie Konditor werden wollen. Unsere Antwort war immer: „Nein, das geht nicht". Und damit war der Traum vom süßen Beruf mit einem Satz ausgeträumt. Aber wenn man zuerst eine Lehre im Gastgewerbe macht, viele Fische ausnimmt, Hühner zerlegt und zwei Jahre lang Tausende von Gästen im Restaurant bedient, dann kann man Konditor werden. Keine gute Werbung, um in England Konditor zu werden, oder?

Vielleicht ist das Fernsehen schuld daran, dass so viele Menschen Konditor werden wollen, aber wenn es so ist, warum dann nicht? Eigentlich ist es keine neue Erfindung, sich von den Medien beeinflussen zu lassen. Da heute viele Menschen in einem Haushalt ihre eigenen Geräte und Zugang zu Programmen haben, muss man sich nicht mehr auf ein Programm einigen, und so werden vielleicht mehr Koch- und Backsendungen geschaut, die früher vielleicht dem Sportkanal weichen mussten.

In England wurden im November 1936 die ersten Kochsendungen von der BBC ausgestrahlt. Die Köchin Rosina Dixon zeigte den Zuschauern, wie man Teig ausrollt und dabei singt. Sie behauptete, das Singen mache den Teig leicht und locker.

Wenn man Dinge mehrmals wiederholt, glaubt man sie irgendwann. Napoleon Bonaparte sagte, dass die Geschichte aus Ereignissen besteht, an die sich die Menschen erinnern, was bedeutet, dass sie nicht immer den Tatsachen entsprechen müssen. Ich selbst bin mir nicht sicher, ob das Singen einen Einfluss auf das Endergebnis des Teigs haben wird, aber ich denke, es wird ihm nicht schaden!

Fernsehübertragungen hatten früher natürlich ein anderes Publikum als die, die Informationen aus dem Radio bekamen. Die Leute, die sich damals einen Fernseher leisten konnten, waren diejenigen, die sicher nicht selbst kochten und dafür ihre eigenen Leute hatten. Deshalb waren Kochsendungen einfach nicht sinnvoll. Kochsendungen dienten eher der Unterhaltung als dem Nachkochen - im Gegensatz zum Radio, das schnell als Medium zum Austausch von Rezepten genutzt werden konnte. Kurz nach der singenden Köchin gab es eine weitere Köchin im BBC-Fernsehen, die unter dem Namen Moira Meighn bekannt wurde. Ihr Konzept bestand darin, mit einfachen Küchenutensilien in einer Viertelstunde nahrhafte Gerichte zuzubereiten.

Im Jahr 1937 startete der Koch Xavier Marcel Boulestine eine Kochsendung, in der er an fünf Abenden verschiedene Gerichte ohne großen Aufwand zubereitete, so dass am Ende der Woche ein 5- Gänge-Menü zubereitet werden konnte. Zwischen 1937 und 1939 gab es einige kurze Kochsendungen, die aber wegen des Zweiten Weltkriegs zusammen mit allen anderen Fernsehprogrammen der BBC am 1. September 1939 eingestellt wurden.

Nach dem Krieg gab es eine zehnminütige Kochsendung, in der der Koch Philip Harben den Zuschauern zeigte, wie man Hummer in Blätterteigpastete zubereitet. Eine ungewöhnliche Wahl, erstens wegen der Lebensmittelknappheit nach dem Krieg und zweitens wegen des Mangels an Geld, um sich solch teure Zutaten leisten zu können. Ursprünglich hatte Koch Harben seine Rezepte im Radio verraten, nun war er Fernsehkoch, wenn auch ein sehr extravaganter!

1947 wurde Marguerite Patten, eine während des Krieges bekannte Ernährungsberaterin, durch ihre Kochshows im Fernsehen bekannt. Ihre Shows richteten sich an Frauen, aber sie war auch eine Expertin für Küchengeräte, die sie regelmäßig im berühmten Kaufhaus Harrods in London präsentierte. Sie war Botschafterin für Kühlschränke, Backöfen, Schnellkochtöpfe und alles, was das Kochen erleichtern konnte.

Eine weitere berühmte Köchin in England war Fanny Cradock, die 1955 versuchte, die feine französische Küche in die britischen Haushalte zu bringen und zu zeigen, dass man kein Sternekoch sein muss, um gut zu kochen. Eines ihrer bekanntesten Rezepte war der „Ambassador Cake", der eigentlich kein Kuchen, sondern eher ein Dessert ist.

Ich habe das Rezept etwas abgeändert, aber das Original kann man heute noch im Internet finden.

Botschaftskuchen-Seite 137

1973 wurde Delia Smith mit ihrer Kochsendung „Family Fayre" bekannt. Ihr Konzept basierte auf der Schritt-für-Schritt-Methode, mit der sie viele Menschen davon überzeugte, der englischen Küche eine Chance zu geben. Unter den Engländern galt sie als sehr beeinflussbar, denn alles, was sie sagte, wurde auf die Goldwaage gelegt. Wenn Delia zum Beispiel eine bestimmte Backformgröße empfahl oder ungewöhnliche Zutaten in ihren Gerichten verwendete, waren genau diese „Empfehlungen" am nächsten Tag in keinem Supermarkt mehr zu finden. Da es zu ihrer Zeit noch keine sozialen Medien gab, blieb sie im Rest der Welt relativ unbekannt, aber in England kannte sie zu der Zeit jeder!

Anfang der 1980er Jahre gab es eine regelrechte Explosion von Sendungen, die sich mit Kochen, Essen und Trinken befassten, und so wurde auch die Sendung „Food & Drink" in England sehr bekannt. Die Weinindustrie profitierte von der Expertin Jilly Goolden, die für ihren exzessiven Gebrauch von Adjektiven bekannt war. Sie beschrieb Weine mit so vielen Ausdrücken, dass man sie fast schmecken konnte, ohne sie je probiert zu haben.

Madhur Jaffery, Fernsehstar und Kochbuchautorin, brachte 1982 ihre indische Kochkultur zu den englischsprachigen Menschen in England und teilte damit eine Kultur mit Menschen, die einen großen Teil der britischen Bevölkerung ausmachten. Plötzlich verwandelte sich die bis dahin bekannte braune Küche in ein farbenfrohes Festmahl mit vielen bis dahin unbekannten Gewürzen und Kräutern.

Vielleicht erinnerst du Dich noch, dass ich 1994 nach England kam, als der inzwischen leider verstorbene Sternekoch Gary Rhodes seine Sendung „Rhodes about Britain" präsentierte. Ihm ging es vor allem darum, Zutaten von der britischen Insel zu verwenden.

Eine gute Freundin von mir arbeitete damals für ihn in der Konditorei und ich hatte die Möglichkeit, einen Tag mit ihr in seinem Restaurant zu arbeiten. Dort lernte ich sein Rezept für eine Zitronencreme und das traditionelle Gebäck „Shortbread" kennen.

Zitronencreme & Shortbread-Seite 137/ 138

Meiner Meinung nach war Gary Rhodes nicht nur ein sehr guter Koch, sondern auch eine Inspiration für junge Leute, die in der Gastronomie arbeiten wollten. 1997 wurde der Koch Ainsley Harriot mit der karibischen Küche im Fernsehen bekannt und im gleichen Jahr kreierte Hugh Fernley Whittingstall viele Gerichte mit Zutaten aus seinem Strebergarten. In Deutschland dürfte Gordon Ramsay bekannter sein, der 1998 mit seiner Show „Boiling Point" viel Drama in die Küche brachte - im Gegensatz zu Nigel Slater, der mit seiner „Real Food Show" die Zuschauer mit seiner ruhigen Art des Kochens beeindruckte. Nigella Lawson präsentiert „Nigella Bites" und wurde durch ihre verführerische Art zu einer Göttin des Kochens. In England gibt es noch viele andere Kochsendungen und ich glaube, in Deutschland war es nicht anders.

Heutzutage ist der Beruf des Kochs in England sehr angesehen. Das war nicht immer so, denn ursprünglich war der Beruf des Kochs eher etwas für Leute, die in der Schule nicht die besten Noten hatten, so wie ich!

Mit der Jahrhundertwende und den endlosen Kochshows im Fernsehen und im Internet, vor allem in den sozialen Netzwerken, hat sich die Meinung darüber, Koch zu werden, zum Positiven verändert. Trotz des Überangebots an Kochshows war noch Platz für eine weitere Show. Am 17. August 2010 wurde im englischen Fernsehen der erste Gewinner der Backsendung „The Great British Bake Off" bekannt gegeben. In der Show treten 10 Personen, die gerne backen, aber keine offizielle Ausbildung in diesem Bereich haben, gegeneinander an, wobei jede Woche ein Teilnehmer das Backzelt verlassen muss, bis der beste Bäcker übrig bleibt und gekrönt werden kann. Seit 2016 gibt es auch eine Version für professionelle Konditoren und in Deutschland ist die Show, glaube ich, unter dem Namen „Das große Backen" bekannt.

Mit so viel Werbung für das Backen habe ich es schließlich geschafft, 2017 den ersten Kurs für diejenigen anzubieten, die direkt nach der Schule eine Ausbildung zum Konditor machen wollen. Zwei Jahre später wurde der Konditorkurs auch für Erwachsene angeboten, die sich sehr für das Backen interessieren. Während des Kurses gibt es praktische Prüfungen, die am Ende des Schuljahres zu einer Abschlussnote beitragen. Zwei der Gerichte, die immer wieder geprüft werden, sind die Biskuitrolle mit Schokoladen- und Buttercremefüllung und der klassische Schokoladenfondant.

In England wird die Biskuitrolle auch als Schweizer Rolle bezeichnet. Man könnte daher annehmen, dass sie ihren Ursprung in der Schweiz hat - die meisten Informationen deuten jedoch darauf hin, dass die Biskuitrolle des 19. Jahrhunderts wahrscheinlich aus Österreich stammt. Wichtig ist, dass der dünne Biskuit bei hoher Temperatur kurz gebacken wird, um die Feuchtigkeit im Teig zu erhalten, die für das erfolgreiche Aufrollen der Biskuitrolle notwendig ist. Aus Amerika ist eine Variante als „Jelly Roll" bekannt, bei der eine Art Wackelpudding auf den gebackenen Biskuit aufgetragen wird, bevor dieser in ein Handtuch eingerollt wird.

Meine Mutter benutzt auch die Handtuchmethode, da die Wärme des abkühlenden Biskuits die Rolle weich hält, was das spätere Aufrollen erleichtert. Meinen Schülern erlaube ich diese Methode nicht, denn eine perfekt gebackene Rolle lässt sich auch ohne Handtuch aufrollen.

Seit der Erfindung der Biskuitrolle haben viele Nationen ihre eigenen Varianten entwickelt. In Deutschland zum Beispiel wird die Biskuitrolle oft mit Zitronen- oder Erdbeercreme gefüllt, in China und Japan mit Sahne, Kaffee, Orangen und Beerenfrüchten. In Indonesien kennt man die Rolle als „Bolu Gulung", die mit Käse oder Buttercreme und Marmelade gefüllt wird. In Indien werden seit 1931 Ananas, Erdbeeren und Marmelade verwendet und die Rolle ist unter dem Namen „Kunjus"bekannt. In Italien wird Kakao im Biskuit verwendet, der dann mit Ricottakäse und Marzipan zum „Rollo" wird. Die Engländer bevorzugen eine dünne Schicht Beerenmarmelade, aber ich erwarte von meinen Schülern eine Füllung aus Buttercreme auf Puddingbasis.

Schweizer Biskuitrolle & Puddingbuttercreme-Seite 138

Als zweites Rezept möchte ich meine Version des Schokoladenfondants vorstellen, den viele als nicht durchgebackenen Schokoladenkuchen bezeichnen.

Meine Recherchen haben ergeben, dass dieser Klassiker 1981 von der französischen Sterneköchin Michel Bras eingeführt wurde. In Frankreich ist der Pudding unter dem Namen „Fondant au Chocolat" bekannt, was soviel bedeutet wie „geschmolzene Schokolade". Das flüssige Innere entsteht, indem der gut gekühlte Schokoladenteig für kurze Zeit bei hoher Temperatur gebacken wird, wodurch eine feste Außenhülle entsteht, die dem flüssigen Kern im Inneren standhält.

Es gibt aber auch eine romantische Geschichte über die Erfindung dieser Süßspeise: Ein Konditor verliebte sich in ein Mädchen aus einer sehr reichen Pariser Familie. Da der einfache Konditor aber zu arm war, um seine Angebetete zu heiraten, arrangierten die Eltern des reichen Mädchens eine Verlobung mit einem noch reicheren Herzog. Der junge Konditor musste nun das Dessert für das Hochzeitsessen seiner großen Liebe und des Herzogs zubereiten und so wurde der „Fondant au Chocolat" erfunden. Der Bräutigam und alle Gäste genossen dieses Dessert, aber die Braut selbst war sehr, sehr traurig. Sie war die Einzige, die die versteckte Bedeutung des Desserts erkannte. Die heiße Schokolade in der Nachspeise war ein Zeichen für die große Sehnsucht des Mädchens nach ihrem geliebten Konditor.

Bei der Zubereitung dieses Desserts kann es tatsächlich zu einem Zwiespalt zwischen Liebe und Hass kommen, denn es ist gar nicht so einfach, die richtige Konsistenz des Puddings zu erreichen. Deshalb höre ich nicht hin, wenn einige meiner Schüler gelegentlich ein Schimpfwort benutzen – zumindest bei den ersten Versuchen, aber niemals während einer Prüfung.

Schokoladenfondant-Seite 139

Eigentlich lief alles gut, aber dann zogen plötzlich dunkle Wolken auf: Ungewissheit, eine beängstigende und beunruhigende Situation, die sich COVID-19 nannte. Wie war eine solche Epidemie im 21. Jahrhundert möglich?

Es gab schon immer Ereignisse und Plagen, die die Welt vor Herausforderungen gestellt haben. Zum Beispiel die Justinianische Pest, eine Seuche, die 541 n. Chr. von Ratten auf Handelsschiffen auf den Menschen übertragen wurde. Der Schwarze Tod, der zwischen 1347 und 1353 viele Menschen in Europa tötete, und dann wieder 1629, als die Pest in Italien ausbrach, die im 16. und 17. Jahrhundert auch in London viele Menschenleben forderte. In Frankreich gab es 1720 die große Pest von Marseille und in China 1855 die dritte Pest. 1918 gab es die Spanische Grippe, und trotz all dieser weltbekannten Plagen waren es eigentlich nur Ereignisse, die man aus dem Geschichtsbuch kennt.

Doch plötzlich standen wir selbst im Geschichtsbuch der Pandemie! Im Jahr 2009 hatten wir bereits die Schweinepest, die sich in Großbritannien ausbreitete. Damals bekamen die Schüler bis zur Wiedereröffnung der Schulen Unterrichtsmaterial geliefert. Es war damals keine ideale Situation, dass Schüler, die sich für eine praktische Ausbildung entschieden hatten, plötzlich am Schreibtisch saßen.

Zurück zu COVID-19: Mit sehr wenig Vorwarnung wurde unser Leben, auch das der Schulen, in ein totales Chaos gestürzt. Aber im Gegensatz zur Schweinepest gab es einen Vorteil: Technologie! Obwohl wir ein wenig mit Online-Lernen vertraut waren, beschleunigte die neue Technologie den Lernprozess um ein Vielfaches. Zu Beginn des Lockdowns begannen wir jeden Schultag mit einem Videoanruf über „Microsoft Teams", wo sich zuerst die Kollegen und dann die Lehrer mit ihren Schülern über den Computerbildschirm treffen konnten. Auf diese Weise sahen wir uns nicht nur täglich, sondern es entstand auch eine Routine, die meiner Meinung nach für einen gesunden Geist notwendig ist.

In der zweiten Phase wurden die Schüler dazu angehalten, zu Hause zu kochen, was aufgrund der Lebensmittelknappheit manchmal gar nicht so einfach war. Aber ich wollte meinen Schülern mehr bieten als nur Anleitungen, und so entschloss ich mich, meine Konditorküche zu Hause in ein Fernsehstudio zu verwandeln, um meinen Schülern verschiedene Backwaren vorführen zu können. Eigentlich wurden in meiner Küche Hochzeitstorten hergestellt, aber da niemand heiraten konnte, war die neue Nutzung eine gute Lösung. Eigentlich könnte man sagen, dass sich diese Form des Unterrichtens gar nicht so sehr von dem unterscheidet, was ich in der Berufsschule mache. Falsch, denn ich musste nicht nur die Gerichte zeigen, sondern auch die weiteren Arbeitsschritte so mit den Backwaren verknüpfen, dass keine großen Pausen entstanden.

In der Berufsschule wird jede Vorführung in kleine Stücke zerlegt, damit die Schüler das Gezeigte nachmachen können. Jetzt waren alle Augen auf mich gerichtet, ohne Pause für mich. Die Planung und Durchführung einer Unterrichtsstunde war also viel aufwendiger. Alles in allem wurde der Unterricht mit militärischer Präzision geplant und durchgeführt.

Zu den verwendeten Backwaren gehörten auch französische Macarons, denn diese müssen meine Schülerinnen und Schüler im dritten Lehrjahr im Rahmen ihrer Konditorenprüfung herstellen. Die kleinen Baiserwolken werden oft mit den typischen Kokosmakronen verwechselt, die aus geschlagenem Eiweiß, Puderzucker und Kokosraspeln bestehen. Diese habe ich schon als Kind mit meiner Oma gebacken. Die französische Variante ist etwas komplizierter und zeitaufwendiger in der Herstellung und kann auch mal daneben gehen, aber wie heißt es so schön: Übung macht den Meister.

Ich habe herausgefunden, dass die französischen Macarons zum ersten Mal um 1792 in der französischen Stadt Nancy gebacken wurden. Damals sollen zwei Nonnen des Karmeliterordens die kleinen Baiser-Wölkchen gebacken haben und erhielten dafür den Titel „Macarons-Schwestern". Im Jahr 1952 ehrte die Stadt Nancy die beiden Nonnen und ihr Gebäck und benannte den Ort, an dem die Macarons hergestellt wurden, nach den beiden Schwestern. Wie bei vielen anderen Gebäcken haben sich auch die Macarons im Laufe der Zeit weiterentwickelt, mit unzähligen Varianten an süßen und herzhaften Füllungen. Besonders beliebt waren die französischen Macarons in Paris, wo sie 1862 von der Konditorei „Ladurée" unter dem Namen „Macarons de Paris" auf den Markt gebracht wurden. Am Anfang des 21. Jahrhunderts machte das Gebäck erneut von sich reden, als der französische Konditormeister Pierre Hermé 2005 das Macaronsfest ins Leben rief, das bis heute jedes Jahr am 20. März gefeiert wird.

Abgesehen von den unendlichen Möglichkeiten der Füllung gibt es drei verschiedene Arten, diese Baiserwölkchen herzustellen. Eine beliebte Variante ist die italienische Methode, bei der heißer Zuckersirup in Eiweiß geschlagen und anschließend mit geriebenen Mandeln und Puderzucker vermischt wird. Bei der französischen Zubereitung wird das Eiweiß leicht geschlagen und dann mit Zucker kalt aufgeschlagen. Bei der Schweizer Art werden Eiweiß und Zucker warm geschlagen und dann kalt aufgeschlagen. Entscheide selber, welche Art Dir besser schmeckt, und deshalb findest Du am Ende des Rezeptbuches meine ausführliche Anleitung für diese zarte Köstlichkeit. Ich nenne es auch liebevoll „Meine Macarons-Bibel"!

Macarons Bibel-Seite 140

Es war schön, so viele Fotos von den Macarons meiner Schüler zu sehen, oder zumindest von den Versuchen. Lass Dich bitte nicht entmutigen, wenn die ersten Versuche nicht gelingen. Aber wenn es dann klappt, sind die Baiserwölkchen einfach köstlich.

Für meine jüngeren Schüler habe ich mich für „Welsh Cakes" entschieden.

Ein Gebäck aus Mehl, Butter, Zucker und Trockenfrüchten, das Ende des 19. Jahrhunderts in Wales bekannt wurde. Es handelt sich um eine Art Plätzchenteig, der ausgerollt, ausgestochen und in einer Grillpfanne gebacken wird. Ursprünglich wurden die Welsh Cakes in Wales auf heißen Ziegelsteinen gebacken, aber die Grillpfanne tut es auch. Man kann sie kalt essen, aber ich liebe sie, wenn sie noch warm sind und mit dicker Sahne und hausgemachter Erdbeermarmelade serviert werden - einfach köstlich. Traditionell werden die Welsh Cakes mit den Arbeitern im Kohlebergbau in Wales in Verbindung gebracht, da das Gebäck so stabil war, dass es in den Jackentaschen der Arbeiter nicht zerbröselte. Kinder in Wales finden die Kekse in ihren Pausenbrotdosen, und auch beim Afternoon Tea in Wales dürfen sie nicht fehlen. Heute gibt es Welsh Cakes in vielen Geschmacksrichtungen, von Nüssen und Trockenfrüchten über verschiedene Gewürze und Kerne bis hin zu Käse.

Welsh-Cakes Seite-146

Die Pandemie brachte große Einschränkungen mit sich, zu denen auch das Reisen gehörte. Vielleicht war das der Grund, warum ich meine Backwaren mit traditionellen britischen Rezepten verbinden wollte. Eines dieser Gebäcke war der Parkin, der in Südengland weniger bekannt ist, aber in Nordengland, genauer gesagt in Yorkshire, fest verwurzelt ist. Ein weiterer Grund für diese Wahl war der Name Parkin, der soviel wie Peter bedeutet und in Nordengland ein häufiger Familienname ist. Meine Mutter ist eine gebürtige Peters, und trotz des zusätzlichen ‚s' bedeutet das Wort Parkin für mich Mutter! Okay, das ist vielleicht ein bisschen weit hergeholt, aber wenn man im Ausland lebt und seine Blutsverwandten vermisst, ist jede kleine Erinnerung schön, und Parkin erinnert mich an meine liebe Mutter.

Zurück zum Parkin, der mit einem weichen Honigkuchen verglichen werden kann, wird in England oft um die Zeit des „Bonfire" gegessen, die auch als „Guy Fawkes Night" bekannt ist. Feuerwerke in ganz England erleuchten den Himmel, um die Verhaftung von Guy Fawkes zu feiern. Dieser hatte am 5. November 1605 versucht, das Regierungsgebäude in London, das auch als House of Parliament bekannt ist, in die Luft zu sprengen. Grund war ein Attentat auf den damaligen König James I., einer von vielen Mordanschlägen. Der eigentliche Drahtzieher war Robert Catesby, doch da Guy Fawkes zahlreiche Fässer mit Sprengpulver in den Kellern der Regierungsgebäude deponierte und dabei ertappt wurde, wurde er für die Tat verantwortlich gemacht.

Ich finde es immer wieder faszinierend, wie viele historische Ereignisse einen Bezug zum Essen haben, auch wenn diese Ereignisse oft viel älter sind als die Gerichte, mit denen sie in Verbindung gebracht werden.

Während der industriellen Revolution Mitte des 18. Jahrhunderts waren Haferflocken und Rübenkraut bekannte Zutaten, und so kam es dann auch zur Herstellung von Parkin in 1760. In Lancashire, auch einer Region in Nordengland, wird der Parkin ohne Haferflocken hergestellt, aber in Yorkshire benutzt man sie.

Einige Rezepte werden mit dunklem Zuckersirup wie Rübenkraut zubereitet, andere mit hellem Sirup, der in England als Golden Syrup bekannt ist. Sollte dieser in Deutschland nicht erhältlich sein, kann auch Honig verwendet werden. Das Rübenkraut gibt dem Parkin einen intensiveren Karamellgeschmack, und manche bestehen darauf, dass dieser dunkle Zuckersirup für die richtige Zubereitung des Parkins notwendig ist.

In meinem Rezept verwende ich sowohl hellen als auch dunklen Sirup, also bitte ich die traditionellen Bäcker in Yorkshire und Lancashire um Entschuldigung. Trotz der verschiedenen Herstellungsmethoden von Parkin ist es wichtig, den Kuchen nach dem Backen zwei Tage ruhen zu lassen, um nicht nur den optimalen Geschmack, sondern auch die weiche, leicht klebrige Textur zu erhalten. Also Finger weg, mindestens zwei Tage lang, auch wenn Dich der herrliche Duft des Parkin in den Wahnsinn treibt. Das Warten lohnt sich!

Parkin-Seite 146

Ein weiteres britisches Gebäck ist der Battenberg Cake, den ich meinen Schülern während des Lockdowns meiner Küche zu Hause über das Internet beigebracht habe.

Die Wahl dieses Gebäcks mag darauf zurückzuführen sein, dass es eine historische Verbindung zwischen Großbritannien und Deutschland gibt. Es war die Hochzeitstorte der Enkelin von Königin Victoria, Prinzessin Victoria, und des deutschen Prinzen Louis von Battenberg, die sich 1884 das Jawort gaben. Die deutsche Stadt Battenberg liegt in Hessen und hat ihren Namen von der Familie Battenberg, die mit dem Königshaus Hessen-Darmstadt verwandt war. Der Battenberg-Kuchen war ein Zeichen der Verbundenheit zwischen Großbritannien und Deutschland und besteht im Wesentlichen aus einem leichten, zweifarbigen Rührteig, der mit Marmelade bestrichen und anschließend mit Marzipan überzogen wird. Der gebackene Kuchen wird in vier gleich große Rechtecke geschnitten und mit Marmelade zu einem Schachbrettmuster zusammengesetzt. Zwei Rechtecke nebeneinander und zwei weitere darüber. Diese vier Würfel symbolisieren die vier Fürsten von Battenberg. Es war aber auch ein Zeichen für die damalige deutsche Architektur. Noch heute tragen englische Krankenwagen an der Front diese rechteckigen Markierungen in zwei Farben, die so genannte Battenberg-Markierung. Deutschland galt in Europa als Zentrum der Marzipanverarbeitung, und so wurde der typisch englische Rührkuchen damit überzogen, was neben dem Mandelgeschmack auch für die längere Haltbarkeit verantwortlich ist.

Meine persönliche Deutung des Schachbrettmusters im Battenbergkuchen, das traditionell aus Gelb und Rosa besteht, ist, dass es ein Zeichen für das Zusammentreffen zweier gleichberechtigter Menschen ist. Damals war die Gleichberechtigung von Mann und Frau eher eine Seltenheit, aber vielleicht war es der Anfang, dies zu ändern. Es gibt auch andere Namen für den Battenbergkuchen, wie Domino-Kuchen, Napoleon-Rolle oder Kirchenfensterkuchen.

In meinem Rezept habe ich mich für den Geschmack von Rose und Mandel entschieden, wobei die beiden Kuchen mit Rosenwasser und Aprikosenmarmelade zusammengefügt werden und dann unter einer Marzipandecke verschwinden.

Battenbergkuchen-Seite 147

Heute müssen wir mit COVID leben. Vieles ist wieder wie vorher, aber vieles auch nicht. Eines ist sicher: Während und nach der Pandemie hat die Technologie unser Leben beschleunigt und verändert: Manches ist gut, zum Beispiel wie und wo wir arbeiten. Wir sind jetzt viel flexibler als früher. Gut ist auch, dass viele wieder mehr backen und dass es eine neue Wertschätzung für das Konditorenhandwerk gibt, und das ist in meiner Welt ein kleiner Lichtblick nach einer so dunklen und deprimierenden Zeit.

Kapitel 8
Gartencafe & Jamaica Story Garden

2020-2023

Im Jahr 2022 habe ich mein 20-jähriges Jubiläum als Berufsschullehrer gefeiert, und obwohl meine Leidenschaft für meinen Beruf, meine Kollegen und meine Schüler noch immer ungebrochen ist, hat diese Zeit doch ihre psychischen und physischen Spuren hinterlassen. Seit einigen Jahren habe ich meine Arbeitswoche von fünf auf drei Tage reduziert. Die Arbeitszeitverkürzung in der Berufsschule war für mich jedoch kein Anlass, weniger zu arbeiten, sondern vielmehr einen anderen, abwechslungsreicheren Rhythmus in meinem Leben zu entdecken. Im ersten Jahr mit der Drei-Tage- Woche hatte ich schon ein schlechtes Gewissen, wenn ich morgens spazieren ging, und versuchte ständig, meine freien Tage mit Aufgaben zu rechtfertigen. Mit der Zeit wurde es einfacher und ich fühlte mich in meiner Entscheidung bestätigt. Ich habe die Zeit aber auch genutzt, um meinen neuen Alltag zu organisieren. Wer mich kennt, weiß, dass ich mich sehr für Inneneinrichtung interessiere, für die Verarbeitung von Möbeln, Gegenständen und allem, was mir sonst noch so über den Weg läuft. Eigentlich wollte ich dieses Konzept nur an mir selbst ausprobieren, aber mit vielen verschiedenen Regeln statt Schema F. Dann kam plötzlich die Erleuchtung: Ich eröffnete ein Café im Straußenwirtschaftenkonzept, was so viel bedeutet wie „von Zeit zu Zeit".

Die eigentliche Idee kam von einer Freundin, mit der ich kulinarische Abende in einem Gästehaus anbot. Kurze Zeit später hatte ich die Möglichkeit, ein Café in einem Secondhand-Laden zu eröffnen, und das war der Anfang meines Kundenstamms. COVID-19 hat dann alles ausgebremst, und nach der Schließung habe ich darüber nachgedacht, das Café von zu Hause aus zu betreiben. Die ersten Gedanken waren gesät, zumindest in meinem Kopf. Apropos säen: Der Vorgarten unseres Hauses war bereits ein sehr etablierter tropischer Garten. Dieser sehr beeindruckende Garten wurde von meinem Lebensgefährten und Seelenverwandten entworfen, der seine Wurzeln in Jamaika hat. Während des Lockdowns bekam der Garten eine neue Dimension, indem ein Wasserfall mit Flussbett auf der Gartenmauer gebaut wurde. Über den Fluss wurde eine Brücke aus Bambus und Schnüren gebaut. Leben kam in das Gartenkunstwerk durch viele handgefertigte Figuren aus Draht und Schnur, die ein Volk aus Jamaika darstellen. Neben den tropischen Pflanzen und Bauwerken ist der „Jamaican Story Garden" ein Ort, an dem man die Geschichte der Völker Jamaikas wiederfinden kann.

> In der Geschichte wird Jamaika als die von Christoph Kolumbus am 4. Mai 1494 entdeckte Insel bezeichnet. Kolumbus eroberte die Insel für den damaligen König von Spanien und damit begann die Kolonialisierung Jamaikas. Zu der Zeit, als die ersten Spanier Jamaika eroberten, war die Insel hauptsächlich von Menschen bewohnt, die auch Arawaks oder Tainos genannt wurden. Die relativ harmlosen Arawaks sollen ursprünglich aus dem südamerikanischen Guyana stammen, denn auch heute noch gibt es dort indianische Arawaks. Doch dann machten die Spanier den Ureinwohnern das Leben zur Hölle und behandelten sie wie Sklaven. Sie wurden von den Spaniern so schlecht behandelt, dass innerhalb von nur 50 Jahren fast alle Arawaks ausstarben. Die Spanier setzten ihre barbarische Behandlung fort, indem sie Sklaven aus Afrika nach Jamaika brachten.

Während und nach dem Lockdown wurde unser Jamaican Story Garden in der Umgebung bekannt und zu einem Wahrzeichen von Farnborough. Bei einem Gartenwettbewerb der Stadtverwaltung gewannen wir eine Goldmedaille für den besten Vorgarten in der Gegend und eine weitere Auszeichnung für die Anlockung und den Schutz von Wildtieren wie Vögeln, Fledermäusen, Igeln, Fröschen und vielen Insekten und Schmetterlingen.

Soziale Medien und andere Empfehlungen verbreiteten sich wie ein Lauffeuer und täglich kamen viele Menschen, um den Garten zu sehen. Wir trafen nette Leute, die sehr beeindruckt vom Garten waren, aber auch immer nach einer Empfehlung für ein Café in der Nähe fragten. Mit der Zeit war das für mich ein Zeichen, und ich habe einfach für alle, die wollten, einen Kuchen gebacken. Einer der ersten Kuchen, den ich meinen neuen Gästen anbot, war ein Zitronenkuchen, der in England „Lemon Drizzle Cake" genannt wird. Der Kuchen war gerade fertig, als die Gäste im

Garten ankamen, und nach einem kurzen Plausch habe ich einfach allen ein Stück Zitronenkuchen und Tee oder Kaffee angeboten.

Niemand weiß genau, woher der „Lemon Drizzle Cake" stammt, aber es wird vermutet, dass die Jüdin Evelyn Rose 1967 eine Version des Zitronenkuchens gebacken und damit berühmt gemacht hat.

Das Besondere an diesem Kuchen ist, dass er nach dem Backen mit Zitronensaft und Zucker bestrichen wird. In England nennt man das Drizzle, und das ist der Drizzle im Lemon Drizzle Cake. In meinem Rezept verwende ich neben Mehl auch gemahlene Mandeln. Man kann sie aber auch weglassen und durch etwas mehr Mehl ersetzen, wenn man eine nussfreie Variante möchte.

Zitronenkuchen „Lemon Drizzle"-Seite 151

Das Konzept „Pop up Café", in Deutschland als Straußenwirtschaft bekannt, ist in meiner Gegend in England relativ unbekannt. In größeren Städten hingegen gibt es sie. Die Idee stammt eigentlich aus Amerika und wurde in den 1930er Jahren bekannt. Es waren Orte, oft am Stadtrand, die gutes Essen und Unterhaltung boten, ohne die Förmlichkeiten, die man damals in Restaurants vorfand. In Großbritannien wurde diese Art von Gastronomie und Unterhaltung schnell vom amerikanischen Modell übernommen, da es sich um einen Ort handelte, den sich viele Menschen leisten konnten. Da die meisten Pop-up-Restaurants keine Alkohollizenz haben, bringen die Gäste ihre eigenen alkoholischen Getränke mit. Ein weiteres Merkmal des Pop-up-Konzepts ist, dass man Tische mit Unbekannten teilt, was ich persönlich sehr gut finde.

Versteh mich nicht falsch: Das sehr einfache, informelle Modell der Straußenwirtschaft klingt leicht, aber hinter einem erfolgreichen Pop-up steckt viel harte Arbeit. Es ist nicht so, dass man einfach das Gartentor öffnet und die Gäste kommen. Viel Planung und Organisation sind erforderlich, aber wenn man die einzelnen Aspekte berücksichtigt, kann es recht schnell zu einem Erfolg werden. Aber wenn es nur darum geht, Geld zu verdienen, dann vergiss es, denn es gibt viel einfachere Möglichkeiten. Ich persönlich finde immer, dass man mit Herzblut bei der Sache sein muss und wenn man dann noch Menschen mag, hilft das ungemein!

Wir hatten eine Attraktion, den Garten. Ich wusste, wie man Kuchen backt, und mit meinem Flair für Inneneinrichtung war der Grundstein für das Jamaican Story Garden Pop-up-Café gelegt. Einer der Kuchen, die meine Gäste erwarten, ist der von mir erfundene „Hummingbird Cake", ein Kuchen aus weißer Schokolade, Kokosnuss und Limette mit einer Haube aus weißer Schokoladencreme und Mango. Dazu gibt es frische Ananas, Mango, Minze und Maracuja-Sirup.

Der Hummingbird ist der Nationalvogel von Jamaika und gehört zu den Kolibris. Der Hummingbird, in Deutschland auch als Rotschnabel-Jamaika-Sylphe bekannt, gehört zur Gattung der Wimpelschwänze und soll nur auf Jamaika vorkommen. Mit dieser Information wollte ich diese Vogelart in meinem Konzept, einen Jamaikakuchen zu backen, etablieren.

Jamaica Story Garden Hummingbird-Kuchen-Seite 149

Ein anderes Gebäck, das bei meinen Gästen sehr beliebt ist, ist der Jamaican Bun. Das ist eine Art Weck, ein süßes Brötchen mit vielen Trockenfrüchten und Gewürzen.

Der Jamaica Bun hat eine enge Verbindung zu einem englischen süßen Brötchen, dem Hot Cross Bun, das mit einem Teigkreuz verziert ist und so zu einem Symbol für das Osterfest wurde. Als die Briten im 17. Jahrhundert die Insel Jamaika kolonisierten, brachten sie die Tradition des Hot Cross Buns mit. Die Jamaikaner stellten ihre eigene Version her, indem sie Zimt, Muskatnuss, Piment und Zuckersirup hinzufügten und mit Käse servierten. Dennoch waren die Hot Cross Buns in Jamaika sehr bekannt, da sie die Kreuzigung Jesu Christi symbolisierten.

Viele jamaikanische Kinder wuchsen mit dem Kinderlied „Hot Cross Bun" auf, das so geht:

Hot cross buns!	Hot cross buns!
Hot cross buns!	Hot cross buns!
One a penny, two a penny,	Ein Pfennig, zwei Pfennig.
Hot cross buns!	Hot cross buns!
If you have no daughters,	Hast du keine Töchter.
Give them to your sons.	Gibt sie deinen Söhnen.
One a penny, two a penny,	Ein Pfennig, zwei Pfennig.
Hot cross buns!	Hot cross buns!

Jamaica Bun-Seite 150

Wie in fast allen Cafés der Welt müssen auch Getränke angeboten werden. Da sich das Kaffeetrinken in England immer mehr durchsetzt, im Gegensatz zu Deutschland, wo das schon immer so war, habe ich mich entschieden, mich dem Kaffeetrend nicht anzuschließen. Ich weiß, es ist das totale Gegenteil, aber ich war schon immer so, dass ich nicht mit der Masse gehen wollte und lieber auf mein Bauchgefühl gehört habe. Manchmal war das nicht von Vorteil, aber immerhin war es meine eigene Erfahrung. Aber diesmal habe ich mich entschieden, meinem Bauchgefühl zu folgen und mich mehr auf Schokoladengetränke und Tee als auf Kaffee zu konzentrieren.

Ich glaube, die schöne Erinnerung an Sri Lanka hat dazu beigetragen, genauer gesagt das Gefühl, das ich hatte, als ich zum ersten Mal einen Teesalon betrat. Ich war überwältigt von den Aromen, die die Tees verströmten. Seltsamerweise mag ich aber auch den Geruch von Kaffee. Was war also der Unterschied? Lass es mich erklären: Ein Teesalon ist ein Ort der Ruhe und Harmonie, denn das leise Plätschern des Wassers, mit dem die Teeblätter übergossen werden, ist kaum wahrnehmbar. Ganz im Gegensatz zum lauten Mahlen der Kaffeebohnen, dem Dampfstab, der die Milch aufschäumt, und dem Ausschlagen des Kaffeepulvers bei der Zubereitung der vielen Kaffeegetränke im Vollsortiment. Nach diesem Vergleich war mir klar, dass es bei mir mehr Tee im Angebot geben wird. Wenn die Getränke in Ruhe zubereitet werden, überträgt sich das auch auf die Umgebung. Die Gäste sind leiser, unterhalten sich ruhiger und rücksichtsvoller, viele schalten sogar ihr Handy aus, weil sie die fast kathedralenartige Ruhe genießen. In den meisten Cafés wird man schon von der Kaffeemaschine mit viel Lärm empfangen und muss während des gesamten Aufenthaltes ständig gegen den Lärmpegel der Kaffeezubereitung ankämpfen. Das Ergebnis ist für mich ein unruhiger Ort, der oft zu Kopfschmerzen führt. Mit all diesen Informationen wusste ich, welche Atmosphäre ich in meinem Café haben wollte. Für die Kaffeeliebhaber gibt es die Cafetiere und für die anderen eine große Auswahl an Tees. Mit diesem Konzept kann jeder in Ruhe sein Getränk genießen.

Bevor ich euch auf meine Teereise mitnehme, möchte ich euch noch von einer anderen Kuchenspezialität in meinem Café erzählen. Die Operntorte, in England „Gateau Opera" genannt, ist trotz ihres Kaffeegeschmacks auch bei meinen Teetrinkern sehr beliebt. Die dünnen Mandelbiskuitböden, von den englischen Konditoren auch „Jaconde" genannt, werden in Rum getränkt, mit einer seidenglatten Kaffeebuttercreme bestrichen und mit Schokolade überzogen. Bei der Erfindung dieser Torte war es wichtig, dass das Verhältnis von Biskuit und Buttercreme bei jedem Bissen gleich war, um den vollen Genuss zu erleben.

Ich habe herausgefunden, dass diese Torte mit zwei Konditoreien in Frankreich in Verbindung gebracht wird. Der Konditormeister Cyriaque Gavillon von der Konditorei Maison Dalloyau in Paris behauptet, den „Gateau Opéra" 1955 erfunden zu haben. Er behauptet auch, dass seine Frau Andrée Gavillon die Torte als Zeichen der Anerkennung für das Opernhaus Garnier und seine Tänzer, die die Konditorei wohl regelmäßig besuchten, nach ihnen benannt habe. Ein anderer Konditor, Gaston Lenôtre, Inhaber der Konditorei Maison Lenôtre, behauptet, dass die Kaffeetorte 1960 zum ersten Mal in seiner Konditorei hergestellt wurde.

Auch mein Rezept für diese traumhafte Buttercremetorte hat sich im Laufe der Jahre weiterentwickelt und so kam es, dass ich in meiner Version eine italienische Buttercreme verwende - in einer eigentlich französischen Spezialität. Ich entschuldige mich bei den französischen Erfindern, sorry!

Ich werde oft gefragt, was der Unterschied zwischen den verschiedenen Buttercremes ist. Alle enthalten Butter und Zucker, aber sie sind sehr unterschiedlich in Textur und Mundgefühl, und alle haben unterschiedliche Schwierigkeitsgrade bei der Herstellung. In England wird oft nur Butter mit Puderzucker geschlagen und ist daher sehr einfach herzustellen. Bei der französischen Buttercreme wird das Eigelb mit heißem Zuckersirup aufgeschlagen und die Butter langsam hinzugegeben. In der italienischen Variante wird statt Eigelb nur Eiweiß verwendet, und die Deutschen machen zuerst einen Pudding, indem sie die weiche Butter unterrühren, ähnlich wie bei meiner „Creme Mousseline". In der russischen Creme wird Kondensmilch mit Butter geschlagen. Ich selbst mag alle Varianten, also entscheide selbst, welche Dir am besten schmeckt oder am sichersten zu gelingen scheint.

Operntorte-Seite 151

Zurück zu meiner Geschichte mit dem Tee. Mir war klar, dass ich noch einen Schritt weiter gehen musste, um ein erfolgreiches Pop-up-Café zu führen. Es reichte einfach nicht, einen einfachen Schwarztee anzubieten, den man in England auch Bauarbeitertee nennt, oder mich auf Pfefferminz- und Früchtetee zu beschränken. Der Tee sollte zum einzigartigen Erlebnis im Jamaican Story Garden Cafe beitragen.

Als ich anfing, mich intensiver mit Tee zu beschäftigen, wurde mir bewusst, dass es über 3000 Teesorten geben muss, die sich alle in Charakter, Farbe und Geschmack stark unterscheiden. Das liegt oft daran, wo der Tee angebaut wird, in welcher Höhe, zu welcher Jahreszeit, aber auch daran, wie der Tee geerntet, verarbeitet, transportiert und gelagert wird. Wichtig ist aber auch, wie der Tee richtig zubereitet wird. Die Teeproduktion hat eine lange Tradition in China, Indien, Afrika, Südamerika und auch in Europa. Für mich war es eine anspruchsvolle Aufgabe, die richtige Auswahl für die Tees zu treffen, die in meinem Garten serviert werden sollten. Vielleicht nicht ganz so wichtig für andere, aber ich habe mir in den Kopf gesetzt, so viel wie möglich über Tee zu lernen. Einen Teil meiner Entdeckungen möchte ich in diesem Tagebuch mit euch teilen.

Schritt 1: Ein Menü mit Tees aus verschiedenen Teegruppen zusammenstellen. Die erste Teegruppe, die ich genauer unter die Lupe nehmen wollte, war der weiße Tee, der so heißt, weil die zarten Teeblätter an ihren Spitzen kleine grau-weiße Härchen haben. Da dieser Tee nur aus den Spitzen der Teepflanze hergestellt wird, ist er in der Produktion sehr teuer. Weißer Tee wird vor allem in China, aber auch in Sri Lanka angebaut. Nach der Ernte werden die zarten Blätter gedämpft, getrocknet und gerollt. Der Tee hat die Farbe von Champagner, etwa wie dunkles Weiß, und schmeckt leicht süßlich, fast samtig. Außerdem ist der Koffeingehalt des weißen Tees sehr gering.

Die nächste Teesorte war der gelbe Tee, der dem weißen Tee zwar ähnlich ist, bei dem die geernteten Teeblätter aber auf kleinen Hügeln getrocknet werden und dadurch oxidieren. Die bei der Oxidation entstehende Hitze verhindert, dass die Teeblätter verderben. Wenn gelber Tee aufgebrüht wird, hat er einen leicht süßlichen Geschmack und eine hellgrüne Farbe. Der Koffeingehalt von gelbem Tee ist höher als der der meisten grünen Tees.

Grüner Tee wird oft als nicht oxidierter oder nicht fermentierter Tee bezeichnet. Das genaue Herstellungsverfahren unterscheidet sich zwar von Region zu Region, ist aber im Prinzip sehr ähnlich. Die frisch geernteten grünen Teeblätter lässt man langsam welken und mit der Zeit trocknen sie aus. Dann werden sie erhitzt, zunächst in der Sonne, später in heißen Kesseln.

Dadurch verdunstet die noch in den Blättern enthaltene Feuchtigkeit. Kurz darauf werden die Teeblätter auf Bambusmatten gerollt und erneut in heißen Kesseln geröstet. Schließlich werden sie ein zweites Mal aufgerollt. Nach etwa zwei Stunden haben die Teeblätter ihre typische dunkelgrüne Farbe angenommen und werden nach Größe sortiert.

Eine etwas ungewöhnliche Teesorte ist der Oolong-Tee, der hauptsächlich aus China und Taiwan stammt und nur kurz fermentiert wird. Das reiche Aroma des Oolong-Tees entsteht dadurch, dass die Blätter vor der Ernte etwas länger am Teestrauch verbleiben, dann aber sofort in der Sonne trocknen. Während des Trocknens in der Sonne wird der Tee, der auch auf Bambusmatten liegt, ständig gerüttelt, wodurch die Spitzen der Teeblätter leicht gequetscht werden. Der Fermentationsprozess dauert nur eineinhalb Stunden oder bis die Blätter in der Mitte leicht gelb und am Rand rot werden. Oolong-Teeblätter werden ganz gerollt und nicht gebrochen. Das merkt man deutlich beim Aufbrühen, wenn sich die Teeblätter entfalten. Mein Tipp: Besser in der Kanne ziehen lassen als in der Tasse.

Beim Schwarztee gibt es unzählige Sorten, die sich von Region zu Region stark unterscheiden können. In der einfachsten Form läuft der Prozess in vier Schritten ab: Welken, Rollen, Fermentieren und Trocknen. Die beiden bekanntesten und am häufigsten angewendeten Herstellungsmethoden sind die natürliche Oxidation und das Walzen, bei dem sich die natürlichen Öle langsam entwickeln und einen guten Teegeschmack ergeben. Bei der etwas schnelleren Zubereitung werden die Blätter geschnitten, zerrissen, gerollt und gemahlen und anschließend in Teebeutel gefüllt. Diese Art der Teezubereitung ist wesentlich schneller als die Verwendung von losem Tee.

Nach so vielen Recherchen über Tee gab es noch eine weitere Variante, die ich in meinem Sortiment haben wollte. Es waren die Tees aus Kräutern, Früchten, Rinden oder Rooibos (auch Rotbusch genannt), der zur Familie der Hülsenfrüchtler gehört. Alle Sorten dieser Gruppe sind entkoffeiniert und stellten somit eine gute Alternative zu anderen Teesorten dar.

Durch meine intensiven Recherchen in der Welt des Tees bin ich schließlich zu einer Entscheidung gekommen und die folgenden Teesorten können nun bei mir genossen werden.

Schwarze Tees

Breakfast Tee

Eine Mischung von schwarzem Tee aus Assam, Ceylon und Kenya, etwas stärker im Geschmack und vollem Aroma. Kann man wahlweise mit oder ohne Milch und Zucker genießen.

Earl Grey Tee

Eine Schwarzteemischung aus der chinesischen Teepflanze Keemun. Aromen von Steinobst, leichtes Waldaroma, verfeinert mit Zitrone und Bergamotteöl. Vorsicht bei billigen Varianten, da oft künstliche Aromastoffe verwendet werden. Kann mit oder ohne Milch getrunken werden, schmeckt am besten mit einer Scheibe Zitrone.

Darjeeling Tee

Darjeeling-Tee ist ein schwarzer Tee aus Indien, der eher sehr fein, mild und blumig schmeckt. Ich empfehle diesen Tee ohne Milch, vielleicht mit etwas Zucker oder einer Zitronenscheibe.

Lapsang Souchong Tee

Dieser Tee aus China wird aus etwas gröberen Teeblättern hergestellt, damit sie der starken Röstung standhalten. Der Tee wird über Kiefernholz geräuchert und hat ein starkes Raucharoma, riecht aber stärker als er schmeckt. Probiere ihn mit oder ohne Milch.

Assam Tee

Ein weiterer kondischer Tee, der ein malziges Aroma hat, empfehle ich, ohne Milch zu trinken, aber vielleicht mit etwas Zucker, da er leicht bitter schmeckt.

Grüner Tee

Bei mir kommt er aus China und wird aus der Teepflanze „Camellia Sinensis" hergestellt. Er ist leicht süß, aber bitter mit einer nussigen Note. Man kann ihn mit etwas Süßem wie Zucker oder Honig genießen, aber niemals mit Milch. Ich biete den einfachen Grüntee an, aber auch eine Variante mit Jasminblüten, die etwas bitterer ist, und eine mit Rosenblüten, die süßer schmeckt, mein persönlicher Favorit!

Oolong Tee

Dieser Tee wird oft als dunkelgrüner Tee bezeichnet, da er dem grünen Tee ähnelt, aber das Stärkearoma des schwarzen Tees hat. Da es sich um ganze Teeblätter handelt, sollte man ihn in einer Teekanne aufbrühen, damit sich die Blätter entfalten können. Milch sollte weggelassen werden.

Chai Tee

Ein mit Kardamom, Zimt und Ingwer gewürzter Schwarztee, der auch ohne Milch genossen werden kann.

Ansonsten gibt es noch Pfefferminz-, Früchte- und Rooibostee, die alle kein Koffein enthalten.

Als ich endlich mit der Teekarte fertig war, dachte ich erst: „Gott sei Dank, ich habe es geschafft!" Aber leider hatte ich noch einen langen Weg vor mir. Ich hatte mich zwar für die Teesorten entschieden, aber jetzt ging es darum, wo ich am besten gute Qualität dieser Tees bekomme. Der Supermarkt war es nicht, da die Tees dort sehr billig sind und nicht immer Wert auf ethischen Anbau gelegt wird. Außerdem werden viele künstliche Aromastoffe verwendet. In einem meiner vorherigen Kapitel habe ich über den britischen Schokoladenhersteller geschrieben, der seine Fabriken auf unethischem Kakaoanbau aufgebaut hat. Es gibt einige Anzeichen dafür, dass der Tee nicht nur gut angebaut, sondern auch gut verarbeitet wurde, wie z.B. Fairtrade-Produkte, Bio- und plastikfreie Verpackungen. Und auch bei losem Tee kann es sein, dass es mehr Informationen dazu gibt. Trotz der besten Absichten ist es nicht einfach, einen guten Tee zu finden, bei dem man die Produktion zurückverfolgen kann. Für meine Zwecke habe ich beschlossen, einen Lieferanten zu finden, der auf Tee spezialisiert ist und mir die besten Informationen über den Anbau und die Herstellung geben kann.

Nach der ganzen Teegeschichte erinnerte ich mich an mein Rezept für „Tea Cakes". Das sind kleine süße Hefebrötchen, gefüllt mit Rosinen, Orangen, Zitronat, Zimt und braunem Zucker, die nach dem Backen im Toaster geröstet werden und ein wunderbares Aroma entwickeln. Ich mache meine mit veganer Butter und Milch. Auch Nicht-Veganer sind von dem Gebäck voll überzeugt.

Der Ursprung der Tea Cakes ist etwas verwirrend, da der Begriff „Tea Cake" in England für zwei verschiedene Gebäckarten verwendet wird. Eine Variante ist das Rosinenbrötchen, das Teil der Afternoon Tea Revolution um 1840 war. Im Laufe der Jahre wurde das süße Brötchen auch in anderen Regionen Großbritanniens zu einer Spezialität. Im Norden Englands, in den Regionen Yorkshire, East Lancashire und Cumbria, ist der Tea Cake ein einfaches Brötchen, das sich hervorragend als Grundlage für ein belegtes Brötchen eignet. In Kent nennt man es „Huffkins", ein Weißbrotbrötchen mit dem Daumenabdruck des Bäckers und einer Cocktailkirsche darauf. Heute werden Huffkins oft mit Wurst und Speck gefüllt und in ganz Kent verkauft. In Sussex sind sie unter dem Namen „The Lady Arundel's Machet" Teacakes bekannt, die Gewürze wie Zimt und Muskatnuss enthalten und mit einem Diamantmuster verziert sind.

Eine weitere Tea Cakes-Variante stammt aus Schottland. Um 1956 backte ein schottischer Bäcker ein rundes Gebäck, auf das eine Marshmallow-Masse gespritzt und mit Schokolade überzogen wurde. In Deutschland ist es ähnlich wie ein Schokokuss, aber in Schottland heißt es Tea Cake oder Tunnock's Tea Cake. Bei mir zu Hause gibt es getoasteten Tea Cake, so dass jeder weiß, dass es sich um ein süßes Brötchen handelt. Es wird vermutet, dass die Römer zu den ersten Menschen gehörten, die Brot über offenem Feuer rösteten, um seine Haltbarkeit zu verlängern. Das eigentliche Wort „Toast" stammt aus dem Lateinischen und leitet sich von „tostus" ab, was so viel wie angeflammt, geröstet oder ausgetrocknet bedeutet. Im 19. Jahrhundert erklärte die Köchin Mrs. Beeton in ihrem Buch „Household Management", wie man Brot am besten über einem offenen Feuer röstet, ohne es zu verbrennen.

Ich benutze natürlich einen Toaster, das ist viel einfacher. Nach dem Toasten wird das Brötchen mit reichlich Butter bestrichen, die das knusprige, warme Brot aufsaugt, bevor es mit Marmelade bestrichen wird. Einfach köstlich!

Vegane Tea Cake-Seite 153

Meine selbstgebackenen veganen Tea Cakes serviere ich am liebsten mit meiner aztekisch inspirierten heißen Schokolade, die am Ende des Rezeptteils zu finden ist. Als Alternative gibt es seit kurzem auch meinen Jamaica Cocoa Tea, ein Getränk aus 100 % Kakao, Kokosmilch, Gewürzen und Lorbeerblättern. Wie meine heiße Aztekenschokolade hat der Kakao-Tee einen sehr intensive Schokoladengeschmack, aber eine viel dünnere Konsistenz.

Kakao Tee-Seite 153

Eine meiner liebsten Pop-ups sind die Afternoon Tea Events. Sie sind für mich einfacher zu planen, da alles vorbestellt wird. Ich weiß genau, was ich zubereiten muss, und kann so meine Kosten besser decken. Bei jeder dieser Veranstaltungen wird den Gästen ein Begrüßungsgetränk serviert, das immer der Jahreszeit angepasst ist. Meine beiden Lieblingsgetränke sind hausgemachtes Ingwerbier und Hibiskussirup-Eiswasser, die auch in Jamaika sehr beliebt sind.

Ingwerbier ist eine kohlensäurehaltige Limonade, die mit Ingwer gewürzt und mit braunem Zucker gesüßt wird. Seit dem 18. Jahrhundert ist dieses erfrischende Getränk in England sehr beliebt und hat seine Wurzeln in Jamaika. Es gibt auch eine alkoholische Variante, die den Hinweis „mit Alkohol" trägt. Findet man diese Aufschrift nicht, ist es immer alkoholfrei, wird aber trotzdem als Bier bezeichnet. Mein Rezept aus Wasser, braunem Zucker, Limette und natürlich Ingwer ist mit vielen Eiswürfeln besonders erfrischend.

Jamaican Story Garden Ingwer Bier Begrüßungsgetränk-Seite 159

Mein anderes Getränk ist der „Sorrel Sirup", der aus getrockneten Hibiskusblüten hergestellt wird.

In England wird der Wiesen-Sauerampfer auch Sorrel genannt. Aber Vorsicht, es handelt sich um Hibiskusblüten. Sowohl in der Karibik als auch in Afrika wird dieses Getränk in der Weihnachtszeit gerne getrunken, manchmal heiß, manchmal kalt. Die getrockneten Hibiskusblüten fanden während des Sklavenhandels ihren Weg von Afrika auf die karibischen Inseln. Da die wochenlange Schiffsreise über den Atlantik die einzige Möglichkeit war, Sklaven, Tiere und Saatgut zu transportieren, wurde das Hibiskuswasser den Menschen und Tieren als eine Art Nahrung verabreicht, um sie während der langen Schiffsreise am Leben zu erhalten. Später wurde das Hibiskuswasser mit Gewürzen, Zucker und auch Rum zu einem beliebten Getränk verfeinert, das ich mit Sprudelwasser, Limettensaft und Eiswürfeln serviere.

Jamaica Story Garden Sorrel Sirup Begrüßungsgetränk-Seite 154

Es mag seltsam erscheinen, dass ich am Ende meines Tagebuchs zwei Rezepte für Begrüßungsgetränke erwähne. Der Grund dafür ist, dass sie als Begrüßung/Einladung gedacht sind, alle meine Rezepte in diesem Tagebuch auszuprobieren, vielleicht ein wenig abzuwandeln und so Deinen eigenen Zuckerweg zu finden.

Für mich war es ein langer Weg vom Krankenhaus in Schleiden, wo ich im März 1970 geboren wurde. Ich fühle mich sehr geehrt, dass ich einige meiner Zuckerabenteuer mit euch teilen durfte, und ich bin stolz darauf, dass mir das Backen einen Anker in meinem Leben gegeben hat.

Ende

(bis auf weiteres)

Meine Oma hat immer gesagt, am Ende wird alles gut,

Wenn nicht, dann ist es auch nicht das Ende.

Ich glaube,

Backen kommt aus dem Herzen und aus den Fingerspitzen.

Frohes Backen

Euer Andreas

Anerkennung

An dieser Stelle möchte ich an die Menschen denken, die mich auf meinem Weg begleitet, unterstützt und durch ihre Inspiration dazu beigetragen haben, mich zu dem Menschen zu machen, der ich heute bin.

Viele von uns haben Erinnerungen an Menschen, die uns vielleicht bewusst, aber auch unbewusst auf unserem eigenen Lebensweg begleitet und unterstützt haben. Menschen, die einfach da waren oder mit Rat und Tat geholfen haben, Entscheidungen zu treffen, die guten und die weniger guten. Auf meinem Zuckerweg sind mir sehr viele Menschen begegnet und ich bin allen dankbar, auch wenn die Zeit mit manchen nur sehr kurz war. Meinen letzten Abschnitt möchte ich einigen Menschen widmen, die ich nicht persönlich kenne, die aber meiner Meinung nach dazu beigetragen haben, die Welt der Bäcker und Konditoren zu erhellen. Es ist aber auch ein Dankeschön an euch alle, die ihr Wissen geteilt und Neues aufgenommen habt. Von Deinem Berufsschullehrer oder Ausbilder, von Deiner Mutter, die Dir das Plätzchenbacken beigebracht hat, über den Sternekoch, der Dich motiviert hat, bis hin zu allen, die gerne backen und das Handwerk der süßen Küche schätzen. Vielen Dank!

Meine Oma

Helene Mauel wurde am 21. Februar 1912 als ältestes von neun Geschwistern geboren. Ihr wurde bereits in die Wiege gelegt, eine gute Köchin und Bäckerin zu werden. Im Zweiten Weltkrieg wurde sie Witwe, als ihr Mann Matthias Josef Hein als Soldat ums Leben kam. Er hinterließ nicht nur seine Frau, sondern auch eine Tochter und einen Sohn, meinen Vater! Aber er hinterließ auch den Familiennamen Hein, und als meine Großmutter in den 1950er Jahren wieder heiratete und einen neuen Nachnamen annahm, behielt mein Vater seinen und so bekam auch ich den Namen Hein. Oma war meine Inspiration und Mentorin vom Tag meiner Geburt bis zu ihrem Tod 1983. Danke, dass ich meine Kindheit mit dir in deiner Backstube verbringen durfte und du mir so die ersten Schritte auf meinem Zuckerweg gezeigt hast.

Marie Antoine Carême

Ende des 18. Jahrhunderts geborener, sehr einflussreicher französischer Koch. Wie viele andere im Gastgewerbe begann er seine Karriere als Tellerwäscher und Kartoffelschäler. Im Jahr 1798 erhielt er jedoch die Möglichkeit, in Paris eine Ausbildung zum Konditor zu absolvieren, und während dieser Zeit wurde er zum Meister des Blätterteigs. Da er sich sehr für Architektur interessierte, entwarf er viele beeindruckende Zuckerarbeiten, die von vielen bewundert wurden. Nach seiner Ausbildung entschloss sich Carême, eine weitere Ausbildung zum Koch zu absolvieren, um alle Bereiche der Küche beherrschen zu können. Sein natürliches Talent wurde schnell erkannt und in relativ kurzer Zeit kochte er für die Reichen und Königlichen Frankreichs. Er teilte seine Leidenschaft gerne mit anderen und schrieb nebenbei zahlreiche Koch- und Backbücher. Leider starb Carême mit Ende vierzig, kurz bevor er seine Buchreihe „The Art of French Cookery" veröffentlichen konnte. Dank seines Nachfolgers Armand Plumerey wurden die beiden letzten Bände seiner Kochbücher fertiggestellt, und die Reihe der Marie-Antoine-Carême-Kochbücher ist auch heute noch erhältlich.

George August Escoffier

Auch als Pate der kulinarischen Welt bekannt, verbrachte er den größten Teil seines Berufslebens damit, die klassische französische Küche des späten 19. und frühen 20. Jahrhunderts zu modernisieren. Seine modernen Kochmethoden basierten alle auf den Grundrezepten von Marie-Antoine Carême. Er war es auch, der das Pfostensystem in die professionelle Küche einführte, bei dem die Gerichte in verschiedene Gruppen wie Fleisch, Fisch, Gemüse oder Desserts eingeteilt wurden. Viele glauben, dass das Grundprinzip dieser Organisation auf seine militärischen Erfahrungen zurückgeht. Das mag sein, aber es ist eine Aufteilung, die noch heute in professionellen Küchen zu finden ist. Escoffier ist auch als Küchenchef der Londoner Hotels Savoy und Ritz bekannt und veröffentlichte zahlreiche Kochbücher, bevor er 1935 im Alter von 88 Jahren starb.

Paul Bocuse

Ein weiterer französischer Koch, der 1926 geboren wurde. Er wurde Mitte des 20. Jahrhunderts durch sein Konzept der „Nouvelle Cuisine" bekannt, einer neuen Art, die französische Küche zu präsentieren, bei der weniger Butter und Sahne verwendet werden, um leichtere Gerichte anzubieten. In den 1960er und 1970er Jahren lag der Schwerpunkt auf der Verwendung von frischem Gemüse und Kräutern sowie auf einfacheren Geschmacksprofilen. Für diese neue Art des Kochens holte er sich viele Anregungen aus der japanischen Küche und schaffte es so, den Kaloriengehalt der beliebten klassischen Gerichte deutlich zu reduzieren. Paul Bocuse ist 2018 im Alter von 91 Jahren verstorben, aber er hat Hunderte von Köchen persönlich mit seiner Kochkunst inspiriert, und auch mich mit seinen zahlreichen Büchern.

Isabella Beeton

In England ist sie besser bekannt als Mrs. Beeton. Sie war eine englische Journalistin und Schriftstellerin des späten 19. Jahrhunderts. Sie studierte in Deutschland, bevor sie den Verleger Samuel Orchart Beeton heiratete. Eine ihrer populärsten Veröffentlichungen ist ihr Hauswirtschaftsbuch, in dem sie jungen Frauen viele praktische Ratschläge gibt, wie man einen Haushalt, einschließlich der Küche, gut führen kann. Ich selbst finde sie inspirierend, weil sie vielen Menschen die Kraft gegeben hat, in der Küche leckere Gerichte zuzubereiten, auch wenn man keine gelernte Köchin ist. Mrs. Beeton bestärkte mich darin, dass Leidenschaft mit ein paar Grundregeln zu einem erfolgreichen Leben beitragen kann. Obwohl sie 1865 im Alter von nur 28 Jahren starb, ist sie auch heute noch eine Inspiration.

Gaston Lenôtre

Geboren 1920, widmete auch er sein ganzes Leben bis zu seinem Tod im Jahr 2009 der Konditorei und ist weithin bekannt für seine Erfindung der Opera-Torte, die ich in einem früheren Kapitel ausführlich beschrieben habe. Er war ein wichtiger Teil der „Nouvelle Cuisine", in der er, wie Paul Bocuse in der Küche, die Patisserie in eine leichte Küche verwandelte. Er reduzierte die Zugabe von Zucker und Mehl in vielen Backwaren, um mit seiner neuen Art mehr Luft unter die Mousse und Cremes zu bringen, die dadurch weniger schwer im Magen liegen. Ich finde ihn inspirierend, weil er 1971 seine erste Konditorenschule außerhalb von Paris eröffnete, um einer neuen Generation von Konditoren die Möglichkeit zu geben, ihre eigenen süßen Träume zu verwirklichen. Außerdem legt er großen Wert darauf, dass in seinen Lehrgängen auch die Hintergründe der Zutaten sowie deren chemische, physikalische und biologische Wirkung erforscht werden, was mir persönlich auch sehr wichtig ist. Er wird auch oft mit Carême verglichen, weil er die Ansicht teilt, dass alle Köche eine Grundausbildung in der Patisserie haben sollten, um Präzision und Perfektion zu lernen. Ich hätte es nicht besser ausdrücken können.

Charles Joughin

Eine ungewöhnliche Wahl, weil er vielleicht weniger bekannt ist, aber dennoch eine große Inspiration für mich. Der britisch-amerikanische Koch wurde 1878 geboren und hatte neben seiner Leidenschaft für das Backen auch ein großes Interesse an Schiffen und Reisen. Im Jahr 1912 erhielt er eine Anstellung als Bäckermeister auf dem Luxusdampfer RMS Titanic, wo er ein Team von 13 Bäckern leitete. In der Nacht des Untergangs half er vielen Menschen, darunter all seinen Bäckern, sich in ein Rettungsboot zu retten. Für ihn selbst war am Ende kein Platz mehr, aber trotz des Untergangs und ohne Rettungsboot überlebte er das schreckliche Unglück ohne größere Verletzungen. Im Ersten Weltkrieg nahm er eine neue Stelle als Bäcker auf einem Kriegsschiff an, auch diese Zeit überlebte er. Er starb 1956 im Alter von 78 Jahren, aber sein Charakter wurde in Filmen wie „Eine Nacht zum erinnern" und „Titanic" verewigt. Für mich ist er das perfekte Beispiel dafür, dass man seine Leidenschaft nie aufgeben sollte.

Es gäbe noch so viele andere, die die Welt des Backens beeinflusst haben - die Liste ist endlos. Ich habe eine Auswahl getroffen, die mir besonders am Herzen liegt, und hoffe, dass sie euch dazu anregt, mehr über andere zu erfahren oder die Geschichte eurer Lieblingsbackwaren etwas näher zu erforschen.

Buchempfehlung

Um Euch dabei zu helfen, gibt es hier eine persönliche Backbuch-Empfehlung von mir, die jetzt in meinem Regal steht. Leider sind die Bücher alle auf Englisch, da mein Zuckerweg mich nach England geführt hat, aber vielleicht habt Ihr ja die Möglichkeit, Eure eigenen Lieblingsbackbücher mit anderen zu teilen.

Nummer 1 „The Pasty Chef's Companion" von Glenn Rinsky und Laura Halpin Rinsky, ist ein umfassender Ratgeber für Back- und Konditoreifachleute, eine Art Konditorenlexikon.

Nummer 2 „Understanding Baking" von Joseph Amendola und Donald Lundberg, erklärt die Wissenschaft des Backens in einfachem Englisch.

Nummer 3 „Patisserie"von L J Hanneman, eine Konditorenbibel mit den Grundlagen.

Nummer 4 „The Roux Brothers on Patisserie", Französische Patisserie vom Feinsten.

Nummer 5 „Patisserie"von William und Suzue Curley, eine moderne Version der Klassiker.

Nummer 6 „The Art of Confectionary" von Ewald Notter, alles über das Zuckerhandwerk.

Nummer 7 „The Art of the Chocolatier" von Ewald Notter, das beste Buch über Schokolade.

Nummer 8 „Couture Chocolate" von William Curly: Ein wahrhaft magisches Buch mit Schokoladenrezepten.

Nummer 9 „Advanced Bread and Pastry" von Michel Suas, eine sehr detaillierte Brot- und Gebäckbibel.

Nummer 10 „Professional Patisserie" von Chris Baker, Mick Burke, Neil Rippington, ein Buch rund um das Thema Gebäck, das heute in vielen Ausbildungsbetrieben verwendet wird.

Das Lernen hört nie auf!

DNA eines Konditoren   Andreas Hein

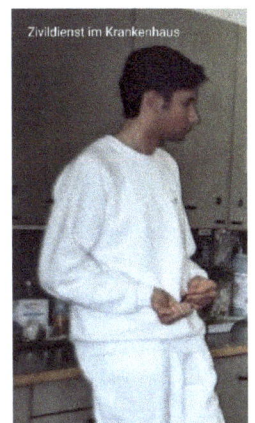

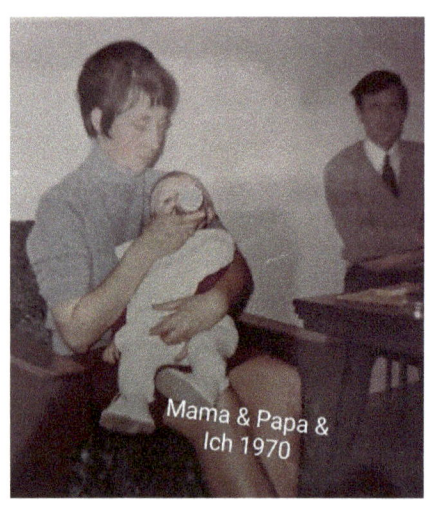

„Das Rezeptbuch"

Alle Rezepte in meinem Tagebuch sind mir entweder überliefert worden oder ich habe sie in den letzten 50 Jahren abgewandelt, modernisiert oder erfunden, aber ich verwende sie alle noch heute.

Backvoraussetzungen:

Leidenschaft

Liebe

Geduld

Eine gute Waage

Ein paar gute Backutensilien

Einen zuverlässigen Backofen

Viele freiwillige Verkoster

Backen ist eine Kunst. Gib nicht gleich auf, auch wenn die ersten

Versuche misslingen. Übung macht den Meister!

Kapitel 1

Kindheit, das Erwachsenwerden und mein tägliches Brot

Rezepte

1 Zimtsterne

2 Sauerteigbrot

3 Brioche

4 Kümmelbrot

5 Nussecken

6 Zuckerkuchen

Zimtsterne

(30 Stück, je nach Ausstecher)

350g gesiebter Puderzucker
75g Eiweiß

125g Marzipan-Rohmasse
250g gemahlene Mandeln
8g gemahlener Zimt

1. Aus dem Puderzucker und dem Eiweiß eine Glasur herstellen, indem man die beiden Zutaten miteinander verrührt und mit einem Holzlöffel aufschlägt. Solange aufschlagen, bis eine dickflüssige Masse entstanden ist. Abdecken und zur Seite stellen.
2. Marzipan mit Mandeln und Zimt miteinander verkneten und dann mit 2/3 der Glasur vermengen. 30 Minuten kaltstellen.
3. Nach dem Durchkühlen die Marzipanmasse zwischen Backpapier etwas dicker ausrollen.
4. Die restliche Glasur auf die ausgerollte Marzipanmasse aufstreichen und trocknen lassen.
5. Nach dem Trocknen der Glasur mit einem Stern-Ausstecher ausstechen und bei 160°C für 10 Minuten backen, oder bis die Zimtsterne leicht goldenbraun sind.
6. Auf einem Kuchengitter abkühlen lassen und ein paar Tage durchziehen lassen. Dann schmecken sie am besten.

Tipps:

- Den Ausstecher in warmes Wasser tauchen, damit der Zuckerguss nicht kleben bleibt.
- Man kann auch einen runden Ausstecher nehmen und damit halbe Monde ausstechen.
- Die Reste verkneten und zu kleinen Kugeln rollen, in der Mitte leicht eindrücken und vor dem Backen mit etwas Marmelade füllen.

Sauerteigbrot (Helga)

Setze Dir Deinen eigenen Sauerteigansatz an und gib ihm einen Namen.

Tag 1:

125g Mehl-Type 550
125g Roggenmehl
190ml warmes Wasser

1. Mehl sieben und alles miteinander verrühren und in einer Schüssel mit Deckel bei Zimmertemperatur stehen lassen.

Tag 2:

125g Mehl-Type 550
125g Roggenmehl
190ml warmes Wasser

1. Die Hälfte des Teigs vom Vortag entfernen und dann das gesiebte Mehl und Wasser einrühren. Erneut 24 Stunden bei Zimmertemperatur gären lassen.

Tag 3:

60g Mehl-Type 550
60g Roggenmehl
60ml warmes Wasser

1. Die Hälfte des Teigs vom Vortag entfernen und dann das gesiebte Mehl und Wasser einrühren. Erneut 24 Stunden bei Zimmertemperatur gären lassen.

Tag 4:

60g Mehl-Type 550
60g Roggenmehl
60ml warmes Wasser

1. Die Hälfte des Teigs vom Vortag entfernen und dann das gesiebte Mehl und Wasser einrühren. Erneut 24 Stunden bei Zimmertemperatur gären lassen.

Tag 5:

60g Mehl-Type 550
60g Roggenmehl
60ml warmes Wasser

1. Die Hälfte des Teigs vom Vortag entfernen und dann das gesiebte Mehl und Wasser einrühren. Erneut 24 Stunden bei Zimmertemperatur gären lassen.

Tag 6:

Am Abend vor dem 7. Tag

250g Mehl-Type 550
150g Ansatz vom Sauerteig
275ml warmes Wasser

1. Alles verrühren, der Teig ist sehr flüssig. Abgedeckt über Nacht an einem warmen Ort gären lassen.**Tag**

Tag 7: Den Ansatz vom Vorabend

300g Mehl-Type 550
(1/2 Teelöffel Trockenhefe, nur wenn es etwas schneller gehen soll)
20ml Öl
10g Salz

1. Das Mehl sieben und mit dem Vorteig, der Hefe, dem Salz und dem Öl gut verkneten. Zugedeckt an einem warmen Ort 2 bis 4 Stunden gehen lassen.
2. Den aufgegangenen Teig etwas zusammenfalten und entweder in einer geölten Schüssel oder in einem Gärkörbchen gehen lassen, bis sich das Volumen des Brotteiges verdoppelt hat. Das kann bis zu 10 Stunden dauern, mit Hefe geht es etwas schneller.
3. Das aufgegangene Brot auf einem heißen, mit Grieß bestreuten Backblech bei 240°C 10 Minuten backen.
4. Die Ofentemperatur auf 200°C reduzieren und weitere 30-40 Minuten backen oder bis das Brot dunkelbraun ist. Wenn man mit der flachen Hand auf die Unterseite des gebackenen Brotes klopft, muss das Brot stumpf klingen.

Tipps:

- Brotteig am Vorabend herstellen und über Nacht im Gärkörbchen gären lassen.
- Wenn nicht jeden Tag gebacken wird: den Ansatz alle 5 Tage füttern und im Kühlschrank aufbewahren.
- Den Ansatz 2 Tage vor dem Brotbacken aus dem Kühlschrank nehmen und am Tag 6 wieder anfangen.
- Für eine längere Aufbewahrung des Ansatzes 2 Wochen im Kühlschrank aufbewahren, dann 2 Tage füttern und wieder im Kühlschrank aufbewahren.
- Mit der Zeit wird der Ansatz fester und geht schneller auf.

Sauerteig füttern

60g Mehl-Type 550
60g Roggenmehl
60ml warmes Wasser

Brioche

500g Mehl-Type 550
15g frische Hefe oder 8g Trockenhefe
70ml lauwarme Milch
4 Eier
15g Salz
30g Zucker
250g weiche Butter

1. Das Mehl sieben.
2. Die Hefe mit der warmen Milch (Achtung: nicht wärmer als 50°C) verrühren.
3. Eier, Salz und Zucker verrühren.
4. Hefemilch und Eiermasse mit dem Mehl verkneten.
5. 5-10 Minuten zugedeckt gehen lassen.
6. Butter unterkneten, bis ein glatter Teig entsteht.

Back-Tipps:

- Beim Kneten zunächst kein Mehl zugeben, auch wenn der Teig sehr klebrig ist.
- Nach dem Kneten den Briocheteig mindestens eine Stunde im Kühlschrank ruhen lassen.
- Nach dem Abkühlen den Teig formen und an einem warmen Ort gehen lassen, bis er sein Volumen verdoppelt hat. Eine Backform ist ideal.
- Bei 180°C 10 Minuten backen, dann mit Eigelb bestreichen und weitere 20-30 Minuten goldbraun backen.

Kümmelbrot

300g Mehl-Type 550
300g Vollkornmehl
10g Salz
20g Zucker
20g frische Hefe oder 10g Trockenhefe
20g Butter
400ml warmes Wasser
10g Kümmel

1. Mehl und Vollkornmehl sieben. Wenn etwas Vollkornmehl im Sieb zurückbleibt, dieses zum gesiebten Mehl geben.
2. Salz und Kümmel zugeben.
3. Die Hefe mit der Hälfte des warmen Wassers verrühren, dann den Zucker unterrühren und 15 Minuten stehen lassen oder bis die Hefe Bläschen wirft.
4. Die Hefemischung, die Butter und das restliche Wasser mit dem Mehl zu einem glatten Teig verkneten.
5. Zugedeckt an einem warmen Ort gehen lassen, bis sich das Volumen verdoppelt hat.
6. Den aufgegangenen Teig leicht zusammendrücken und entweder zu Brötchen teilen oder zu einem Brot formen - mit oder ohne Backform.
7. Den Teig nochmals gehen lassen und vor dem Backen mit etwas Mehl bestreuen.

Tipps:

- Die Brötchen bei 210°C goldbraun backen.
- Das Brot 15 Minuten bei 210°C backen, dann die Backtemperatur auf 180°C reduzieren und weitere 25-35 Minuten fertig backen.
- Auf einem Kuchengitter abkühlen lassen und mit viel Butter servieren. Nicht das „Pony" vergessen.

Nussecken

Für den Mürbeteig

300g Mehl
1 Teelöffel Backpulver
130g Zucker
130g kalte Butter
2 Eier
1 Päckchen Vanillezucker
1 Messerspitze Zimt
150g Aprikosenmarmelade

1. Das Mehl sieben und mit dem Zucker, dem Vanillezucker und dem Zimt mischen.
2. Die Butter in kleine Stücke schneiden und in die Mehlmasse einreiben, bis eine Brotkrümel ähnliche Masse entsteht.
3. Die Eier mit einer Gabel leicht aufschlagen und unter die Mehlmasse heben. Darauf achten, dass der Mürbeteig nicht zu lange gerührt wird.
4. Mindestens 30 Minuten im Kühlschrank auskühlen lassen.
5. Den gut gekühlten Mürbeteig auf 20 cm x 30 cm dünn ausrollen und auf ein Backblech mit etwas höherem Rand legen. Backpapier auf das Backblech legen!
6. Den Teig mit einer Gabel mehrmals einstechen und mit Aprikosenmarmelade bestreichen.

Für die Füllung

200g Butter
200g Zucker
4 Esslöffel Wasser
200g gemahlene Haselnüsse
200g gehackte Haselnüsse

1. Die Butter bei schwacher Hitze schmelzen, den Zucker und die Nüsse unterrühren.
2. Leicht abkühlen lassen und gleichmäßig auf den mit Aprikosen belegten Mürbeteig streichen.
3. 20-25 Minuten bei 175°C backen, bis sie goldbraun sind.
4. Auskühlen lassen und in Rechtecke und dann diagonal in Dreiecke schneiden.
   (Die Größe bleibt jedem selbst überlassen).

Dekoration

200g dunkle Kuvertüre

1. Die Kuvertüre schmelzen, aber besser temperieren.
   (Das Temperieren ist auch in diesem Buch beschrieben).
2. Jede Ecke des Dreiecks einwenig in die Kuvertüre tauchen, auf Backpapier legen und nach dem Trocknen 15 Minuten im Kühlschrank vollständig fest werden lassen.

Tipps:

- In einer gut verschlossenen Dose aufbewahren.
- Das Rezept kann auch mit anderen Nusssorten ausprobiert werden.
- Temperierte Schokolade gibt den Nussenecken einen schönen Glanz.

Zuckerkuchen (Freud-und-Leid-Kuchen)

300g Mehl-Type 550
Prise Salz
40g Zucker
30g Butter
1 Ei
20g frische Hefe oder 10g Trockenhefe
130ml warme Milch

1. Das Mehl sieben und mit dem Salz mischen.
2. Die Hefe mit der lauwarmen Milch verrühren und einen Esslöffel des gesiebten Mehls unterrühren. An einem warmen Ort zugedeckt 15 Minuten gehen lassen.
3. Hefemischung, Butter, Zucker und Ei mit dem Mehl zu einem glatten Teig verkneten.
4. Den Teig 30-40 Minuten an einem warmen Ort gehen lassen.
5. Dann den Hefeteig ausrollen, egal ob rund oder rechteckig, aber lieber etwas dicker als zu dünn.
6. Den ausgerollten Teig mit den Fingern eindrücken, so dass kleine Vertiefungen im Teig entstehen.
7. Die Buttermasse in die Vertiefungen füllen und mit Mandelblättchen bestreuen. Alternativ mit Pudding bestreichen, mit Früchten belegen und mit Streuseln bedecken.
8. 30-40 Minuten an einem warmen Ort gehen lassen und 20-30 Minuten bei 180°C backen.

Tipp:

1. Benutze ein etwas tieferes Backblech, damit die Füllungen nicht auslaufen können.

Buttermasse

125g weiche Butter
250g Zucker
100g Mandelblättchen

1. Butter und Zucker gut verrühren, die Masse mit einem Spritzbeutel oder einem Teelöffel in die Vertiefung des Hefeteigs füllen und die Mandeln darauf verteilen.

Butterstreusel

60g kalte Butter
60g Zucker
125g Mehl
½ Teelöffel Backpulver
1 Eigelb

1. Mehl und Backpulver sieben, Zucker dazu geben und die kalte Butter einreiben.
2. Das Eigelb vorsichtig unterreiben, bis eine krümelige Masse entsteht.

Pudding-Füllung

500ml Milch
45g Vanillepudding-Pulver
60g Zucker
1 Teelöffel Vanilleextrakt

1. Das Puddingpulver mit etwas kalter Milch glatt rühren und den Zucker hinzufügen.
2. Restliche Milch mit Vanilleextrakt aufkochen.
3. Das Puddingpulver mit einem Schneebesen in die heiße Milch einrühren und kurz aufkochen lassen.
4. Den Pudding auf ein kaltes Blech gießen, mit Frischhaltefolie abdecken und bei Zimmertemperatur abkühlen lassen, dann auf den Hefeteig streichen.

Kapitel 2

Lehrzeit, Bundeswehr und Schokolade

Rezepte

1   Eis

2   Grießpudding

3   Pfefferminz Granité

4   Pumpernickelcreme

5   Gedeckter Apfelkuchen

6   Rote Grütze

7   Mandelsplitter

8   Haustorte „Breuer Spezial"

9   Prinzregententorte

10 Reispudding

Vanille-Eis

7 Eigelb
200g Zucker
500ml Sahne
250ml Milch
Mark einer Vanilleschote

1. Das Eigelb mit dem Zucker gut verrühren und zur Seite stellen.
2. Das Mark der Vanilleschote mit einem Messer längs aufschneiden. Dann das Mark mit der Messerspitze herauskratzen.
3. Vanillemark und ausgeschabte Schote mit Milch und Sahne kurz aufkochen.
4. Die heiße Flüssigkeit unter die Eigelbmasse rühren und wieder in die Schüssel gießen.
5. Die Eismischung langsam unter ständigem Rühren mit einem Holzlöffel auf 84°C erhitzen. Wenn die Masse die richtige Temperatur erreicht hat, ist der Holzlöffel leicht mit der Masse bedeckt.
6. Auf keinen Fall zum Kochen bringen, da die Eismasse sonst gerinnt.
7. Sobald die Eismasse fertig ist, direkt durch ein Sieb gießen und so schnell wie möglich abkühlen lassen.
8. Anschließend in einer Eismaschine gefrieren.

Tipps:

- Vor dem Erhitzen der Eismasse auf 84°C ein Sieb und eine saubere Schüssel bereithalten, damit die Masse schnell umgefüllt werden kann.
- Die abgesiebte Vanilleschote in kaltem Wasser waschen, trocknen lassen und in Zucker einlegen. Nach einiger Zeit das Ganze im Mixer zerkleinern.

Andere Geschmackrichtungen

Nachdem die Eismasse durchgesiebt ist, die folgenden Zutaten einrühren:

- **Schokoladen-Eis:** 100g Dunkle, Vollmilch, Weiße oder Ruby-Kuvertüre
- **Haselnuss-Eis:** 100g Nutella
- **Erdnuss-Eis:** 100g Erdnussbutter fein

Grießpudding mit Himbeersoße

500ml Milch
1 Vanilleschote
Zitronenschale, abgerieben
50g Grieß
8 Blätter Gelatine (24g)
5 Eigelb
125g Zucker
375ml Sahne
40g Puderzucker

1. Die Blattgelatine in kaltem Wasser einweichen.
2. Zucker und Eigelb mit dem Schneebesen leicht verrühren und beiseite stellen.
3. Die Milch mit dem Vanillemark und der Zitronenschale leicht erwärmen.
4. Den Grieß mit einem Schneebesen in die heiße Milch einrühren und aufkochen lassen.
5. Vom Herd nehmen, die eingeweichte Gelatine ausdrücken und unter den Grießpudding rühren.
6. Die Eigelbmasse unterrühren und alles über einem Eisbad kalt rühren. Nicht zu lange, sonst wird die Gelatine zu fest.
7. Die Sahne mit dem Puderzucker steif schlagen und unter den abgekühlten Grießpudding heben.
8. Den Grießpudding in eine große Schüssel geben, einzelne Formen oder auch Gläser oder Tassen sehen hübsch aus.
9. 2 Stunden in den Kühlschrank stellen und mit der Himbeersoße servieren.

Tipps:

- Auch geriebene Orangenschalen schmecken köstlich.
- Mit Shortbread servieren.
- Einzelne Förmchen vorher mit kaltem Wasser ausspülen.

Himbeersoße

300 g frische Himbeeren (tiefgekühlte eignen sich auch)
150g Zucker
Zitronensaft (vom Grießpudding)

1. Alles in einem Topf aufkochen, die Hitze leicht reduzieren und 5 Minuten einköcheln lassen.
2. Durch ein Sieb passieren und vor dem Servieren abkühlen lassen.

Pfefferminz Granité

60g Puderzucker
700ml Sekt (oder anderen Schaumwein) Zitronensaft
1 Esslöffel frisch gehackte Pfefferminze
Pfefferminzlikör (optional)

1. Eine Auflaufform (gefriergeeignet) mit Puderzucker ausstreuen.
2. Den Champagner darüber gießen, mit dem Zitronensaft und der gehackten Minze mit einer Gabel verrühren.
3. In den Gefrierschrank oder bei Frost nach draußen stellen und am besten 24 Stunden fest werden lassen.
4. Gläser vorbereiten und die gefrorene Granité mit einer Gabel abschaben und auf die Gläser verteilen.
5. Nach Belieben mit Pfefferminzlikör beträufeln, nicht zwingend erforderlich, aber sehr lecker.

Pumpernickelcreme (12 Portionen)

125g kleingehacktes Pumpernickel
100ml Milch
100g Zucker
40ml Kirschwasser
1 Vanilleschote
4 Blätter Gelatine (12g)
3 Eigelb
1000ml Sahne

1. Die Hälfte der Milch und die Hälfte des Zuckers in einem Topf leicht erwärmen.
2. Die heiße Zuckermilch über den Pumpernickel gießen, leicht verrühren und das Kirschwasser unterrühren.
3. Die Gelatine in kaltem Wasser einweichen.
4. Das Eigelb mit der anderen Hälfte des Zuckers gut verrühren und beiseite stellen.
5. Das Mark der Vanilleschote mit einem Messer der Länge nach aufschneiden und dann mit der Messerspitze herauskratzen.
6. Das Vanillemark und die ausgekratzte Vanilleschote mit der anderen Hälfte der Milch kurz aufkochen.
7. Die heiße Flüssigkeit unter die Eigelbmasse rühren und wieder in die Schüssel gießen.
8. Die Mischung langsam unter ständigem Rühren mit einem Holzlöffel auf 84°C erhitzen. Wenn die Masse die richtige Temperatur erreicht hat, ist der Holzlöffel leicht mit der Masse bedeckt. Auf keinen Fall zum Kochen bringen, da die Masse sonst gerinnt. Sobald die Mischung fertig ist, direkt durch ein Sieb gießen.
9. Die eingeweichte Gelatine und das eingeweichte Pumpernickel unterrühren.
10. Die Sahne steif schlagen und kurz vor dem Erstarren der Gelatine unterheben.
11. In eine große Schüssel geben, schön sind auch Gläser oder Tassen.
12. Mit Himbeersoße servieren.

Tipps:

- Die fertige Masse braucht nach dem Pumpernickel einige Zeit zum Abkühlen. Während dieser Zeit setzt sich der Pumpernickel am Boden ab. Durch ständiges Rühren verteilt sich die Brotmasse aber wieder.
- Sollte die Gelatine vor dem Einrühren der Sahne zu fest geworden sein, die Masse im Wasserbad leicht erwärmen.

Gedeckter Apfelkuchen (26cm Backform)
Mürbeteig

400g Mehl
200g Zucker
150g kalte Butter
2 Eier
Prise Salz
Zitronenschale, abgerieben.

1. Mehl sieben, Salz, Zucker und Zitronenschale unterrühren.
2. Die Butter in kleine Stücke schneiden und in die Mehlmasse einreiben, bis eine Brotkrümel ähnliche Masse entstanden ist.
3. Die Eier mit einer Gabel leicht aufschlagen und unter die Mehlmasse heben. Darauf achten, dass der Mürbeteig nicht zu lange verarbeitet wird.
4. Mindestens eine Stunde in den Kühlschrank stellen.

Apfelfüllung

1-2 kg geschälte, entkernte und in Stücke geschnittene Äpfel (die etwas säuerlichere Sorte verwenden)
Zitronensaft von einer Zitrone
50g Zucker
1 Teelöffel Vanillepudding-Pulver
1 Teelöffel gemahlen Anis oder Zimt
100g Rosinen
100ml Apfelsaft
1 Ei

1. Äpfel, Rosinen, Gewürze, Zucker und Puddingpulver in einen großen Topf geben. Alles mischen, Zitronensaft und Apfelsaft unterrühren.
2. Langsam auf kleiner Flamme zum Kochen bringen und 10-15 Minuten köcheln lassen oder bis die Apfelstücke weich sind.
3. Die Apfelmasse abkühlen lassen.

Apfelkuchen

1. Den gekühlten Mürbeteig in drei Teile aufteilen
2. Ein Drittel zu einem Durchmesser von 26 cm ausrollen und in die Form legen.
3. Ein weiteres Drittel zu einer langen Wurst ausrollen und an den Rand der Form drücken. Dabei leicht in den Boden eindrücken.
4. Die kalte Apfelmasse einfüllen.
5. Das letzte Drittel des Mürbeteigs zu einem Durchmesser von 26 cm zu einer Oberdecke ausrollen und auf die Apfelmasse legen. Wenn etwas übersteht, abschneiden.
6. Die Oberfläche mit einer Gabel einstechen und mit verquirltem Ei bestreichen.
7. 40-50 Minuten bei 180°C backen und in der Form auskühlen lassen.
8. Mit Schlagsahne servieren.

Tipp:

- Aus etwas übrig gebliebenem Mürbeteig Blätter formen und den Apfelkuchen vor dem Backen damit verzieren.

Rote Grütze & Vanillesoße

750g tiefgekühlte Beerenfrüchte
750ml roter Fruchtsaft wie Trauben- oder Kirschsaft. Alternativ Rotwein oder Glühwein.
120g Zucker
60g Speisestärke
400g gemischte frische Beerenfrüchte

1. Die tiefgefrorenen Beerenfrüchte, den Zucker und 700 ml der gewählten Flüssigkeit in einem großen Topf langsam zum Kochen bringen und 10 bis 15 Minuten köcheln lassen.
2. Die weichgekochten Beerenfrüchte durch ein Sieb streichen und die Flüssigkeit nochmals aufkochen.
3. Die Speisestärke mit den restlichen 50 ml Fruchtsaft anrühren, den kochenden Fruchtsaft damit andicken und 2-3 Minuten aufkochen lassen.
4. Etwas abkühlen lassen und über die frischen Beeren gießen.
5. Mit Vanillesoße servieren.

Vanillesoße

200ml Milch
75g Sahne
1 Vanilleschote
1 Eigelb
1 Ei
65g Zucker

1. Milch, Sahne, Vanillemark und -schote leicht aufkochen.
2. Ei, Eigelb und Zucker verquirlen.
3. Die heiße Milch unter die Eimasse rühren.
4. Den Topf ausspülen und die Eimilch zurück in den Topf geben.
5. Unter ständigem Rühren mit einem Holzlöffel langsam auf 84°C erhitzen. Wenn die Masse die richtige Temperatur erreicht hat, ist der Holzlöffel leicht mit der Masse bedeckt. Auf keinen Fall zum Kochen bringen, da die Soße sonst gerinnt.
6. Sobald die Soße fertig ist, direkt durch ein Sieb gießen und so schnell wie möglich abkühlen lassen.

Tipps:

- Bevor die Soße auf 84°C erhitzt wird, ein Sieb und eine saubere Schüssel beiseite stellen, damit die Masse schnell umgefüllt werden kann.
- Die abgesiebte Vanilleschote in kaltem Wasser waschen, trocknen lassen und in Zucker einlegen. Nach einiger Zeit das Ganze im Mixer zerkleinern.

Mandelsplitter

50g Zucker
50g Wasser
½ Zimtstange
250g gehobelte Mandeln
250g temperierte Kuvertüre

1. Zucker, Wasser und Zimtstange aufkochen und 30 Minuten ziehen lassen.
2. Die Mandeln mit etwas Zimtzuckerwasser einreiben, bis sie leicht feucht sind.
3. Im Backofen bei 175°C goldbraun rösten.
4. Abkühlen lassen und mit temperierter Kuvertüre mischen.
5. Auf Backpapier kleine Berge formen und im Kühlschrank fest werden lassen.

Tipps:

- Siehe meine Anleitung zum Temperieren von Kuvertüre Seite 130.
- Jede Kuvertüre ist geeignet.
- An einem kühlen Ort, nicht im Kühlschrank, in einer gut verschlossenen Dose aufbewahren.

Haustorte „Breuer Spezial" (26cm)

Mürbeteig

30g Puderzucker
60g weiche Butter
10g Eiweiß
Prise Salz
95g Mehl

1. Puderzucker, Butter und Salz mit einem Holzlöffel verrühren.
2. Das Eiweiß unterrühren.
3. Das gesiebte Mehl unterrühren, bis eine glatte Masse entsteht. Vorsicht, nicht überarbeiten. 30 Min. im Kühlschrank ruhen lassen.
4. Den Teig auf 28 cm Durchmesser ausrollen, mit einer Gabel einstechen und bei 175°C hellbraun backen. Sofort nach dem Backen mit einem 26-cm-Ring ausstechen.

Nusskuchen

3 Eier
130g Zucker
1 Teelöffel Vanillearoma
70g gehackte Mandeln
70g gehackete Haselnüsse
140g gehackte dunkle Schokolade
50g Mehl
6g Backpulver

1. Eier, Vanillearoma und Zucker mit dem Handrührgerät schaumig schlagen.
2. Alle anderen Zutaten gut vermischen und vorsichtig unter die Eimasse heben.
3. Die Masse in eine 26-cm-Backform füllen und bei 180°C 20-25 Minuten backen.

Zusammensetzung

100g geschmolzene dunkle Schokolade
50g Zucker
50g Wasser
10ml Rum

1. Den gebackenen Mürbeteig mit geschmolzener Schokolade bestreichen und sofort den gebackenen Nusskuchen darauf legen.
2. Zucker und Wasser aufkochen, Rum einrühren und das Rum-Zucker-Wasser mit einem Pinsel gleichmäßig auf dem Nusskuchen verteilen.

Schokoladenfüllung

500ml Sahne
50g Zucker
2 Teelöffel Vanillearoma
100g dunkle kleingehackte Kuvertüre
100ml Eierlikör

1. 100 ml Sahne erwärmen und über die Kuvertüre gießen. Gut verrühren und abkühlen lassen.
2. 400 ml Sahne mit dem Zucker und dem Vanillearoma nicht zu steif schlagen.
3. Dann die abgekühlte Schokoladencreme unterrühren und weiter schlagen, bis die Sahne steif ist.
4. Dann die Sahne auf den Nussboden streichen. Das geht am besten, wenn man einen Tortenring um den Nussboden legt. Nach dem Verteilen der Schokoladencreme drei Kreise in die Creme zeichnen: einen großen, einen mittleren und einen etwas kleineren. Dazu benutze ich den Stiel eines Löffels. Die drei Kreise in der Schokoladensahne leicht eindrücken und mit Eierlikör füllen.
5. Eine Stunde in den Kühlschrank stellen und auskühlen lassen.

Fertigstellung

400ml Sahne
40g Zucker
2 Teelöffel Vanillearoma
300g weiße Kuvertüre, gerieben

1. Die Sahne mit dem Zucker und dem Vanillearoma steif schlagen.
2. Den Tortenring entfernen und die gesamte Torte mit der Sahne bestreichen, oben und seitlich.
3. Mit weißer Kuvertüre bestreuen.

Prinzregententorte

190g Butter
190g Zucker
1 Päckchen Vanillezucker
3 Eier
150g Mehl
40g Speisestärke
3g Backpulver
100g geschmolzene Kuvertüre

1. Butter, Zucker und Vanillezucker schaumig rühren.
2. Die Eier langsam unterrühren.
3. Mehl, Speisestärke und Backpulver sieben und vorsichtig unterheben.
4. 15 cm große Ringe 6 mal auf Backpapier zeichnen und den Teig gleichmäßig dünn auf die 6 Ringe streichen.
5. Bei 180°C 8-10 Minuten goldbraun backen.
6. Nach dem Backen noch einmal mit dem Kuchenring ausstechen, damit jede Schicht einen glatten Rand bekommt.
7. Eine der Schichten mit geschmolzener Schokolade bestreichen und im Kühlschrank fest werden lassen.
8. Wenn die Schokolade fest geworden ist, den Boden umdrehen, so dass die Schokoladenseite die Unterseite der Torte wird.
9. Ein Viertel der Buttercreme beiseite stellen und die restliche Buttercreme in fünf Portionen teilen. Den ersten Boden mit der Schokoladenunterseite dünn mit der Buttercreme bestreichen. Den nächsten Boden auflegen und den Vorgang bis zum letzten Boden wiederholen. Die Böden oben und seitlich mit der restlichen Buttercreme bestreichen. 30 Minuten auskühlen lassen. 10 Mit Schokoladenglasur überziehen.

Prinzregenten-Buttercreme

500ml Milch
40 g Vanille-Puddingpulver
10g Kakao
200g Zucker
250g weiche Butter

1. Puddingpulver mit etwas kalter Milch verrühren.
2. Restliche Milch mit Kakao aufkochen und dann das Puddingpulver in die kochende Milch mit einem Schneebesen einrühren.
3. Kurz aufkochen lassen.
4. Nach dem Aufkochen den Zucker unterrühren und auf ein kaltes Backblech geben und mit Frischhaltefolie abdecken. Bei Zimmertemperatur abkühlen lassen.
5. Butter mit einem Mixer gut aufschlagen und den abgekühlten Pudding langsam unterrühren.

Tipps:

- Falls die Buttercreme gerinnt, leicht über einem warmen Wasserbad erwärmen.
- Der Pudding sollte nicht zu kalt sein.
- Die Butter sollte weich sein.

Schokoladenglasur

150ml Sahne
150g dunkle Kuvertüre

1. Kuvertüre klein schneiden.
2. Sahne aufkochen und über the Kuvertüre gießen.
3. Alles langsam mit einem Schneebesen verrühren.

Reispudding (4 Portionen)

50g Puddingreis
50g Zucker
500ml Milch
10g Butter
2 ganze Sternanis
½ Teelöffel frisch geriebener Ingwer
Zitronenschale, gerieben

50g brauner Zucker

1. Milch mit Anis, Ingwer und Zitronenschale leicht erwärmen und 1 Stunde ziehen lassen.
2. Den Reis in ein Sieb geben und unter fließendem kalten Wasser waschen.
3. Milch durch ein Sieb in einen sauberen Topf gießen, Butter und Reis dazugeben und aufkochen.
4. Die Hitze reduzieren und ab und zu mit einem Holzlöffel umrühren.
5. Kochen, bis der Reis weich ist, dann den Zucker hinzufügen.
6. In einzelne feuerfeste Förmchen füllen, mit braunem Zucker bestreuen und unter dem Grill oder Flambierbrenner karamellisieren.

Tipps:

- Man kann ihn auch kalt servieren, abkühlen lassen und 150 g süße Sahne unterheben.
- Warm oder kalt schmeckt er gut mit roter Grütze.

Kapitel 3

Freiheit, Ausland und die Ungewissheit

Rezepte

1. Karottenkuchen
2. Engadiner Nusstorte
3. Bircher Müsli
4. Waffeln
5. Bienenstich
6. Futjes
7. Plundergebäck
8. Ziegenkäse-Soufflé
9. Walnuss Eis-Parfait
10. Schokoladensoße
11. Schwarzwälder Kirschtorte

Karottenkuchen (2 × 15 cm Backform oder 1 × 20 cm)

100g Mehl
1 Teelöffel Backpulver
20g gemahlene Mandeln
1 Messerspitze Zimt
85g Zucker
85g brauner Zucker
2 Eier
120ml Öl
70g geriebene Möhren
40g Rosinen

1. Backform mit Backpapier auslegen.
2. Möhren schälen und grob raspeln, mit den Rosinen mischen und beiseite stellen.
3. Mehl, Backpulver und Zimt sieben, mit den beiden Zuckersorten und den Mandeln mischen.
4. Eier und Öl verquirlen und 5 Minuten unter die Trockenmasse rühren.
5. Möhren und Rosinen unterheben.
6. In zwei kleine oder eine große Backform füllen und bei 180°C 20-25 Minuten backen.

Füllung

250g Frischkäse
60ml Sahne
50g Puderzucker
1 Esslöffel frischen Orangensaft

1. Alle Zutaten miteinander verrühren, bis eine streichfähige Masse entsteht.
2. Die Hälfte der Füllung auf einen der kleinen Kuchen streichen, den zweiten Kuchen darauf legen und die Oberfläche mit der restlichen Masse bestreichen.
3. Den 20 cm großen Kuchen backen und mit der gesamten Masse bedecken.
4. Mit Marzipanmöhrchen verzieren.

Engadine Nusstorte (20 cm Kuchenring)

Mürbeteig

300g Mehl
100g Zucker
Prise Salz
175g kalte Butter
1 Ei

1. Das Mehl sieben, Salz und Zucker hinzufügen.
2. Kalte Butter mit der Hand zu kleinen Streuseln verreiben.
3. Das verquirlte Ei vorsichtig unterrühren, bis der Teig glatt ist.
4. Mindestens 30 Minuten in den Kühlschrank stellen.

Füllung

300g gehackte Walnüsse
200g Zucker
60g Wasser
200g Sahne
60g Honig

1. Zucker und Wasser zum Kochen bringen und so lange kochen, bis der Zucker eine leichte Karamellfarbe angenommen hat.
2. Vom Herd nehmen, die Sahne vorsichtig einrühren und nochmals 10-15 Minuten aufkochen lassen, oder bis die Masse eingedickt ist.
3. Vom Herd nehmen und Honig und Walnüsse unterrühren.
4. Bei Raumtemperatur abkühlen lassen.

Zusammensetzen

1 Ei
Mürbeteig
Walnussfüllung

1. Den Mürbeteig in drei Teile teilen, ein Drittel auf 20 cm Durchmesser ausrollen und in den Kuchenring legen. Ein weiteres Drittel zu einer langen Wurst ausrollen, in den Ring legen und zu einem Rand (3-4 cm hoch) hochziehen.
2. Den Teigboden mit einer Gabel mehrmals einstechen.
3. Die Walnussfüllung einfüllen und bis zum Rand mit Ei bestreichen.
4. Das letzte Drittel des Teiges zu einem 20 cm großen Deckel ausrollen, darauf legen und am Rand mit einer Gabel leicht andrücken, so dass ein Muster entsteht.
5. Die Oberfläche mit Eiglasur bestreichen und bei 175°C 30-40 Minuten backen, bis sie goldbraun sind.
6. Vor dem Servieren abkühlen lassen.
7. Schmeckt am besten bei Raumtemperatur!

Bircher Müsli der Mutter Oberin

200g Haferflocken, körnige
100ml Wasser
200ml Milch
2 geriebene Äpfel (mit Schale)
1 kleine geriebene Möhre
200g Naturjoghurt

1. Haferflocken in Wasser und Milch mindestens 2 Stunden einweichen lassen.
2. Dann die restlichen Zutaten unterheben.

Mein Bircher Müsli

200g Haferflocken
100ml Wasser
200g Hafermilch
2 geriebene Äpfel (mit Schale)
50g Rosinen
100g frische Blauberren
1 Esslöffel Honig
200g Sojajoghurt

1. Haferflocken in Wasser und Milch mindestens 2 Stunden einweichen lassen.
2. Dann die restlichen Zutaten unterheben.

Waffeln

250g weiche Butter
200g Zucker
4 Eier
450g Mehl
30g Backpulver
300ml Milch
2 Teelöffel Vanillearoma
1 Esslöffel Rum (wahlweise aber köstlich)

1. Butter und Zucker gut schaumig rühren.
2. Eier, Vanille und Rum leicht verquirlen und langsam unter die Buttermasse rühren.
3. Mehl und Backpulver sieben und mit der Milch vorsichtig unterheben.
4. Im vorgeheizten Waffeleisen backen und mit Marmelade und Schlagsahne servieren.

Tipp:

- Die erste Waffel aus Qualitätsgründen essen, hat Oma so empfohlen …

Bienenstich
Süßer Hefeteig

150ml Milch
60g Butter
375g Mehl-Type 550
50g Zucker
Prise Salz
20g frische Hefe oder 10g Trockenhefe

1. Die Milch auf 60°C erwärmen und die Butter darin schmelzen.
2. Die Hefe zugeben und mit 75 g des gesiebten Mehls verrühren.
3. 15 Minuten abgedeckt aufgehen lassen.
4. Mit dem restlichen Mehl und Zucker gut verkneten und nochmals aufgehen lassen, bis sich der Teig verdoppelt hat.

Mandel Belag

60g Butter
50g Sahne
60g Zucker
20g Honig
100 g Mandeln, gehobelt

1. Butter, Sahne, Zucker und Honig 2-3 Minuten einkochen und Mandeln unterrühren.

Zusammenstellung

1. Den aufgegangenen Hefeteig leicht zusammendrücken und auf 26 cm in eine Springform legen.
2. Mit dem Mandelbelag bestreichen und nochmals 30 bis 40 Minuten gehen lassen.
3. 30 Minuten bei 180°C backen oder bis alles goldbraun ist.
4. Nach dem Abkühlen den gebackenen Hefeteigboden waagerecht durchschneiden.
5. Den Boden wieder in die Springform legen und die Puddingfüllung gleichmäßig darauf verteilen.
6. Die Mandeloberseite in 12 Stücke schneiden, auf den Boden legen und mindestens 1 Stunde auskühlen lassen.

Puddingfüllung

400ml Milch
40g Vanillepuddingpulver
1 Vanilleschote
2 Blätter Gelatine (6g)
60g Zucker
250g geschlagene Sahne

1. Die Gelatine in kaltem Wasser einweichen.
2. Puddingpulver mit 50 g kalter Milch und Zucker anrühren.
3. Die restliche Milch mit dem Mark einer Vanilleschote aufkochen.
4. Das aufgelöste Puddingpulver einrühren und kurz aufkochen lassen.
5. Vom Herd nehmen und die eingeweichte Gelatine unterrühren.
6. Den Pudding auf ein Blech gießen, mit Frischhaltefolie abdecken und bei Zimmertemperatur abkühlen lassen.
7. Nach dem Abkühlen den Pudding gut durchschlagen und die geschlagene Sahne unterheben.

Futjes (Mutzen)

190g Frischkäse
2 Eier
75g Zucker
1 Päckchen Vanillezucker
Zitronenschale, abgerieben
190g Mehl
15g Backpulver
1 Apfel (geschält, entkernt und in kleine Würfel geschnitten).
100g Zucker
1 Teelöffel Zimt

1. Frischkäse, Eier, Zucker, Vanillezucker und Zitronenschale glatt rühren.
2. Mehl und Backpulver sieben und unterrühren.
3. Dann die Apfelstücke unterheben.
4. Mit zwei Teelöffeln in heißes Fett bei 175°C abstechen und goldbraun backen.
5. Auf einem Kuchengitter abtropfen lassen und in Zimtzucker wälzen.

Tipps:

- Man kann auch gehackte Nüsse oder Blauberren nehmen.
- Schmecken am besten warm.

Plunderteig

340g Mehl-Type 550
5g Salz
60g Zucker
20g frische Hefe oder 10g Trockenhefe
2 Eier
50ml Wasser
75ml Milch

1. Mehl sieben und mit Salz und Zucker vermischen.
2. Wasser und Milch leicht erwärmen und Hefe darin einrühren.
3. Dann die Eier zu der aufgelösten Hefe geben.
4. Alles mit dem Mehl verkneten und 1 Stunde abgedeckt aufgehen lassen.

175g Butter
30g Mehl-Type 550

1. Butter und Mehl mit einer Gabel zusammendrücken und dann auf Backpapier streichen (10 cm x 15 cm). 10 Minuten kühlen.
2. Den Hefeteig zu einem Rechteck von 15 x 20 cm ausrollen.
3. Die Butter darauf verteilen und mit dem überstehenden Hefeteig bedecken. Die Butter darf nicht sichtbar sein.
4. Noch einmal ausrollen, 30 cm x 15 cm.
5. Ein Drittel einschlagen, das andere Drittel auf das erste Drittel legen. So entstehen drei Schichten.
6. 30 Minuten im Kühlschrank kühlen, dann den Vorgang wiederholen.
7. 30 Minuten im Kühlschrank kühlen, dann den Vorgang ein drittes Mal wiederholen.
8. 30 Minuten bei Raumtemperatur ruhen lassen.

Puddingfüllung

120ml Milch
30g Zucker
1 Eigelb
20g gesiebtes Mehl
1 Teelöffel Vanillearoma
10g Butter
100g Rosinen (bereitstellen für später)

1. Zucker und Eigelb verrühren.
2. Das gesiebte Mehl unterrühren.
3. Milch und Vanillearoma aufkochen und über die Zuckermischung gießen.
4. Alles mit einem Schneebesen gut verrühren, zurück in den Topf geben und aufkochen lassen.
5. Vom Herd nehmen und die Butter unterrühren.
6. Auf ein Blech geben und mit Frischhaltefolie abdecken.

Schokoladen-Mandelfüllung

30g Butter
30g Zucker
1 Eigelb (Eiweiß aufbewahren für später)
30g gemahlene Mandeln
10g Kakao
1 kleine Dose Aprikosen

1. Butter und Zucker schaumig rühren.
2. Eigelb unterrühren.
3. Mehl und Kakao sieben, mit Mandeln vermischen und unterheben,

Rosinenpuddingteilchen

1. Die Hälfte des fertigen Plunderteigs auf 30 cm x 20 cm ausrollen.
2. Die Puddingfüllung auf dem ausgerollten Teig verteilen und mit 100 g Rosinen bestreuen.
3. Von der kurzen Seite her aufrollen und in 8 Stücke schneiden.
4. Nochmals aufgehen lassen und bei 180°C goldbraun backen.

Schokoladen-Mandel- und Aprikosen-Briefumschläge

1. Die andere Hälfte des fertigen Plunderteigs zu einem Rechteck von 20 cm x 20 cm ausrollen.
2. Das Rechteck in 4 gleiche Rechtecke schneiden.
3. Die Schokoladen-Mandel-Füllung auf jedes Rechteck streichen, dabei den Rand jedes Rechtecks frei lassen.
4. Zwei gegenüberliegende Ecken zusammenfalten, bis sie sich in der Mitte treffen, dann leicht eindrücken.
5. In die leichte Vertiefung etwas Füllung geben und eine Aprikosenhälfte darauf legen.
6. Noch einmal aufgehen lassen und bei 180°C goldbraun backen.

Fertigstellung

1. Nach dem Backen auf einem Kuchengitter abkühlen lassen und mit heißer Aprikosenglasur einpinseln und einer Eiweißglasur dekorieren.

Aprikosenglasur

100g Aprikosenmarmelade
3 Esslöffel Wasser

1. Beides aufkochen und 3-4 einkochen lassen.
2. Die heiße Glasur auf die gebackenen Plunderteilchen aufpinseln.

Eiweißglasur

100g gesiebter Puderzucker
Ein paar Tropfen Zitronensaft
20g Eiweiß (übrig von der Schokoladenfüllung)

1. Alles mit einem Holzlöffel mischen und gut aufschlagen.
2. Die mit Aprikosenglasur überzogenen Plunderstücke damit verzieren, entweder einfach vom Löffel fallen lassen oder einen Spritzbeutel verwenden.

Ziegenkäse-Soufflé mit Kirschen und Balsamico-Essig (6 Portionen)

50g geschmolzene Butter
50g feingeriebener Parmesan
6 Souffléförmchen (6 cm Durchmesser)

1. Die Förmchen mit Butter ausstreichen und die Butter mit einem Pinsel nach oben streichen.
2. Mit Parmesan bestreuen und beiseite stellen.
3. Ein Wasserbad im Ofen auf 175°C erhitzen.

Soufflé

65g Butter
65g Mehl
60ml Milch
1 Eiweiß
250g Ziegenkäse-Quark
¼ Teelöffel fein gemahlener schwarzer Pfeffer
4 Eigelb
3 Eiweiß
Prise Salz

1. Butter und gesiebtes Mehl mit einer Gabel verkneten.
2. Die Milch leicht erwärmen und die Buttermischung mit einem Holzlöffel einrühren. Unter ständigem Rühren zum Kochen bringen und das Mehl 2 Minuten kochen lassen.
3. In eine saubere Schüssel geben und etwas kalt rühren.
4. Ein Eiweiß und dann die vier Eigelb unterrühren.
5. Den Ziegenkäse mit dem schwarzen Pfeffer unterrühren.
6. Die restlichen 3 Eiweiße mit einer Prise Salz in einer sauberen Schüssel zu einer Meringue schlagen und unter die Ziegenkäsemasse heben.
7. Die Masse in die mit Parmesan bestreuten Förmchen füllen und glatt streichen.
8. Im vorgeheizten Wasserbad 20-25 Minuten backen, aber den Ofen während der ersten 20 Minuten nicht öffnen.
9. Mit Kirschen in Balsamico-Essig in oder aus der Form servieren.

Balsamico-Kirschen

200g frische Kirschen (entsteint und halbiert)
40g brauner Zucker
15ml Balsamico-Essig

1. Die Kirschen mit dem Essig mischen und auf ein Backblech legen.
2. Mit Zucker bestreuen und bei 150°C 1 Stunde backen. Während 20 Minuten umrühren.
3. Die Kirschen können auch im Voraus zubereitet und in einem Einmachglas aufbewahrt werden. Vor dem Servieren etwas erwärmen.
4. Dazu passt frisches Brot.

Tipp:

- Man kann auch Dosenkirschen benutzen, dann aber alles in einem Topf aufkochen lassen und 20 Minuten einkochen lassen, bis die Kirschen glänzen und etwas zusammenkleben.

Walnuss Eis-Parfait & Schokoladensoße

2 Eigelb
2 Eier
200g Honig
Mark einer Vanilleschote
2 Blatt Gelatine (6g)
Walnusskrokant
500ml geschlagene Sahne

Walnusskrokant

60g Butter
120g Zucker
125g Walnüsse

1. Die Walnüsse grob hacken und im Ofen bei 175°C 10 Minuten lang rösten.
2. Butter und Zucker schmelzen und erhitzen, bis ein Karamell entsteht.
3. Vom Herd nehmen und die Walnüsse unterrühren.
4. Auf Backpapier geben, abkühlen lassen und in einer Maschine zu feinem Krokant mahlen.

Walnusseis-Parfait

Eine längliche Kastenbackform mit kaltem Wasser auswaschen und dann mit Frischhaltefolie auslegen. (Die Wassertropfen in der Form lassen, damit die Folie besser haftet).

1. Die Gelatine in kaltem Wasser einweichen.
2. Eier, Eigelb, Vanillemark und Honig in einer Schüssel über einem heißen Wasserbad aufschlagen, bis die Eimasse auf das Doppelte des Volumens angedickt ist.
3. Mit dem Handrührgerät gut aufschlagen, bis die Masse fest ist.
4. Zwei Esslöffel der Eimasse in einem Topf erwärmen und die eingeweichte Gelatine in der warmen Masse auflösen. So schnell wie möglich mit einem Schneebesen unter die Eimasse rühren, dann die geschlagene Sahne vorsichtig unterheben.
5. Zuletzt das Walnusskrokant unterheben, in die Form füllen und 3-4 Stunden einfrieren.
6. In Scheiben schneiden und mit der Schokoladensoße servieren.

Schokoladensoße (Wasserbasis)

250g Wasser
45g Kakao
90g Zucker
12g Speisestärke
90ml Wasser
Prise Salz
90g Zucker
65g dunkle Kuvertüre

1. 250 g Wasser, Kakao und 90 g Zucker zum Kochen bringen.
2. Speisestärke mit 90 ml kaltem Wasser anrühren und mit einem Schneebesen in die kochende Flüssigkeit einrühren. 1-2 Minuten aufkochen lassen.
3. Vom Herd nehmen und die restlichen 90g Zucker und die fein gehackte Kuvertüre unterrühren.
4. Abkühlen lassen und durch ein feines Sieb streichen.
5. Kann kalt oder warm verwendet werden.

Schwarzwälder Kirschtorte
Schokoladenbiskuit-Boden (20 cm Backform)

5 Eier
125g Zucker
1 Päckchen Vanillezucker
100g Mehl
25g Kakao
60g geschmolzene Butter

1. Backform einfetten, mit Mehl bestäuben und den Boden mit Backpapier auslegen.
2. Die Butter schmelzen und beiseite stellen.
3. Mehl und Kakao sieben.
4. Eier, Zucker und Vanillezucker in einer Schüssel über einem heißen Wasserbad aufschlagen, bis die Eimasse das doppelte Volumen erreicht hat.
5. Mit dem Handrührgerät gut aufschlagen, bis die Masse fest ist.
6. Mehl und Kakaopulver in zwei Etappen vorsichtig unterheben, zuletzt die flüssige Butter.
7. In die Form füllen und bei 175°C - 180°C 25-30 Minuten backen.
8. Auf einem Kuchengitter abkühlen lassen.

Kirschkompott

400g abgetropfte saure Kirschen (aus dem Glas oder der Dose)
150ml Kirschsaft
100g Zucker
15g Vanillepudding-Pulver
20ml Kirschwasser

1. Die Speisestärke mit 2 Esslöffeln Kirschsaft verrühren und den Zucker hinzufügen.
2. Den restlichen Kirschsaft aufkochen und die aufgelöste Speisestärke mit einem Schneebesen einrühren. 1-2 Minuten aufkochen lassen.
3. Vom Herd nehmen, Kirschen und Kirschwasser unterrühren und abkühlen lassen.

Zuckertränke

75g Zucker
75ml Wasser
30ml Kirschwasser

1. Zucker und Wasser aufkochen lassen, dann Kirschwasser dazugeben und zur Seite stellen.

Sahnefüllung

600g Schlagsahne
80g Zucker
1 Teelöffel Vanillearoma
30ml Kirschwasser

1. Alles miteinander aufschlagen bis die Sahne streichfest ist. Dann etwas von der Sahne in einen Spritzbeutel geben, um später 10 Tupfen aufspritzen zu können.

Zusammenstellen

10 glasierte Kirschen
200g dunkle Kuvertüre, geraspelt

1. Den Schokoladenbiskuit mit einem Brotmesser zweimal waagerecht durchschneiden. Man erhält drei Böden.
2. Den unteren Biskuitboden auf ein Tortenblech legen und mit einem Drittel der Zuckertränke gleichmäßig bestreichen.
3. Darauf das Kirschkompott streichen.
4. Ein Viertel der Sahnefüllung auf die Kirschen streichen, den mittleren Biskuitboden darauf legen und wieder mit einem Drittel der Zuckertränke bestreichen.
5. Die mittlere Schicht mit einem weiteren Viertel der Sahnefüllung bestreichen.
6. Die oberste Biskuitlage verkehrt herum auflegen, so dass die Biskuithaut auf der Sahnefüllung der mittleren Lage liegt.
7. Mit Zuckertränke bestreichen.
8. Die Torte mit der restlichen Sahnefüllung seitlich und oben bestreichen.
9. Rundum und oben mit Schokoladenraspeln bestreuen.
10. Die Torte in 10 Stücke teilen und jedes Stück mit einem Sahnetupfer aus dem Spritzbeutel verzieren.
11. Auf jeden Sahnetupfer eine glasierte Kirsche setzen und eine Stunde kühl stellen.

Kapitel 4

Willkommen in Großbritannien

Rezepte

1 Scones

2 Devil's Food Cake

3 Sachertorte

4 Fruit Cake

5 Christmas Pudding

6 Lebkuchen

7 Focaccia-Brot

8 Weißbrot

9 Crème Catalan

10 Zitonentarte

11 Schokoladen-Trüffeltorte

12 Tiramisu-Torte

13 Zimt-Soufflé

14 Lekach

15 Gelatine-Zucker

Scones (12 Stück)

250g Mehl
14g Backpulver
65g kalte Butter
40g Zucker
1 Ei
40g Rosinen
80ml Milch
1 Esslöffel Zitronensaft, frisch gepresst
1 Ei für Glasur

1. Zitronensaft mit Milch verrühren, die Milch muss gerinnen.
2. Mehl und Backpulver sieben.
3. Die kalte Butter in das gesiebte Mehl reiben, bis es die Konsistenz von Brotkrümeln hat.
4. Die Rosinen hinzufügen.
5. Ein Ei mit der geronnenen Milch gut verrühren und zur Mehlmischung geben. Alles gut verkneten, aber nicht zu lange, sonst werden die Scones sehr trocken. Der Teig sollte leicht klebrig sein, dann 10 Minuten zugedeckt ruhen lassen.
6. Den Teig mit einer Backrolle 4-5 cm dick ausrollen, mit einem runden Ausstecher ausstechen und auf ein Backblech legen.
7. Mit Eierglasur bestreichen. Achtung: kein Ei an den Seiten, sonst gehen die Scones nicht gleichmäßig auf.
8. 12 Minuten bei 175°C goldbraun backen.
9. Auf einem Kuchengitter abkühlen lassen.

Sconesfüllung

1. Die Scones waagerecht mit einem Brotmesser durchschneiden.
2. Die Unterseite mit Marmelade bestreichen und dann Schlagsahne aufspritzen. Die Oberseite auflegen und leicht mit Puderzucker bestreuen.

Schlagsahne

200ml Sahne
1 Päckchen Vanillezucker
25g Zucker

1. Alles zusammen fest schlagen.

Tipp:

- In England werden Scones mit Clotted Cream serviert, einer dickfesten Sahne mit 55% Fettanteil. Mir schmecken sie auch mit Butter und Marmelade.

Teufelskuchen (Devil's Food Cake 26cm Backform)

320ml Milch
100g dunkle Kuvertüre
170g Butter
360g Zucker
4 Eier
25ml Vanillearoma
285g Mehl
3g Natron
14g Backpulver

1. Eine runde Backform mit einem Durchmesser von 26 cm einfetten und den Boden mit Backpapier auslegen.
2. Milch und Kuvertüre erwärmen, bis die Schokolade geschmolzen ist. Dann abkühlen lassen.
3. Butter und Zucker gut verrühren, bis die Masse luftig und schaumig ist.
4. Die Eier mit der Vanille gut verrühren und langsam unter die Buttermasse rühren.
5. Mehl, Natron und Backpulver sieben.
6. Die Hälfte der Schokoladenmilch unter die Buttermasse rühren, dann die Hälfte des gesiebten Mehls. Diesen Vorgang wiederholen, bis alles gut vermischt ist.
7. Die Masse in die vorbereitete Form füllen und 45 Minuten bei 175°C backen.
8. Mit einer Kuchennadel einstechen und wenn kein Teig an der Nadel kleben bleibt, ist der Kuchen fertig.
9. Leicht abkühlen lassen, aus der Form nehmen und auf einem Kuchengitter vollständig auskühlen lassen.

Füllung

330ml Sahne
265g dunkle Kuvertüre
65 g Haselnussaufstrich
30g Butter
200g leicht aufgeschlagene Sahne

1. Die Sahne aufkochen und über die ungehackte Kuvertüre und den Haselnussaufstrich gießen.
2. Mit einem Schneebesen verrühren, dann die Butter unterrühren.
3. Etwas abkühlen lassen und die geschlagene Sahne unterheben.

Zusammensetzung

1. Den abgekühlten Schokoladenkuchen zweimal waagerecht durchschneiden, so dass drei Schichten entstehen.
2. Die oberste Schicht wieder in die Form legen und mit der Hälfte der Füllung bestreichen.
3. Die mittlere Schicht auflegen und mit der anderen Hälfte der Füllung bestreichen.
4. Die untere Schicht so auflegen, dass die Unterseite des Kuchens sichtbar ist.
5. Zwei Stunden im Kühlschrank ruhen lassen, aus der Form lösen und mit Schokoladenglasur überziehen.

Schokoladenglasur

200g Sahne
200g kleingehackte Kuvertüre

1. Sahne aufkochen lassen und über die Kuvertüre gießen.
2. Mit einem Schneebessen vorsichtig verrühren, bis eine glatte Masse entstanden ist.

Sachertorte (15cm Backform)

6 Eigelb
125g Butter
65g Zucker
125g geschmolzene Kuvertüre
125g Mehl
5g Backpulver
65g Zucker
6 Eiweiß

1. Zwei Backformen mit einem Durchmesser von 15 cm mit Butter ausstreichen und den Boden mit Backpapier auslegen. Der Kuchenteig kann auf einem Backblech gebacken werden.
2. Die Kuvertüre schmelzen und beiseite stellen.
3. Die Butter mit 65 g Zucker schaumig rühren und nach und nach die Eigelb unterrühren.
4. Die geschmolzene Kuvertüre mit einem Schneebesen unterrühren.
5. In einer sauberen Schüssel das Eiweiß mit einer Prise Salz steif schlagen und, wenn sich die Masse verdoppelt hat, langsam 65 g Zucker unterrühren, bis die Baisermasse steif ist.
6. Die Baisermasse vorsichtig unter die Buttermasse heben, dann das gesiebte Mehl und das Backpulver unterheben.
7. Den Teig in die beiden Förmchen füllen oder auf ein Backblech streichen.
8. Bei 180°C 20 Minuten backen, auf dem Backblech geht es etwas schneller.
9. Nach dem Auskühlen beide Kuchen waagerecht durchschneiden und den auf dem Backblech gebackenen Kuchen vierteln.

Zusammensetzen

50ml Wasser
50g Zucker
30ml Rum oder Brandy
200g Aprikosenmarmelade

1. Wasser und Zucker zum Kochen bringen, vom Herd nehmen und den Alkohol hinzufügen.
2. Jede Tortenschicht mit der Tränke bepinseln und mit Aprikosenkonfitüre bestreichen.
3. Mit heißer Aprikosenglasur bestreichen und mit Schokoladenglasur überziehen.
4. Zum Schluss mit etwas geschmolzener Schokolade das Wort „Sacher" schreiben.

Aprikosenglasur

100g Aprikosenmarmelade

1. Die Marmelade in einen Topf geben und mit etwas Wasser vermischen.
2. Dann 2–3 Minuten aufkochen lassen.

Schokoladenglasur

100g Sahne
100g kleingehackte dunkle Kuvertüre

1. Sahne aufkochen lassen und über die Kuvertüre gießen.
2. Mit einem Schneebessen vorsichtig verrühren, bis eine glatte Masse entstanden ist.

Fruit Cake (20 cm Runde Backform)

150g Butter
125g brauner Zucker
175ml Rotwein
375g Rosinen
200g Korinthen
60g Zitronat
65g Orangeat
75g kleingehackte Belegkirschen
3 Eier
250g Mehl
1 Teelöffel Lebkuchengewürz (oder Zimt)
1 Teelöffel geriebener Muskatnuss
Prise Salz
½ Teelöffel Natron
150ml Weinbrand

1. Butter, Zucker und Rotwein bei mittlerer Hitze in einem Topf schmelzen lassen, danach zur Seite stellen.
2. Alle Früchte miteinander vermischen.
3. Die heiße Rotwein-Mischung über die Früchte gießen und 30-40 Minuten ruhen lassen.
4. Eier in die Fruchtmischung einrühren.
5. Mehl, Natron und Gewürze sieben und unterheben.

Backen
1. Den Kuchenteig in eine mit Butter eingefettete und am Boden und an den Seiten mit Backpapier ausgelegte 20-cm-Backform geben.
2. 30 Minuten bei 175°C backen.
3. Ofentemperatur auf 150°C reduzieren und weitere 30 Minuten backen.
4. Ofentemperatur auf 125°C reduzieren und weitere 30 Minuten backen.
5. Nach dem Backen in der Form abkühlen lassen und mit 150 ml Weinbrand übergießen.

Tipps:

- Etwas Kuchenteig in der Schüssel übrig lassen - etwa 2 Esslöffel. Dann 2 Esslöffel warmes Wasser unterrühren. Diese Masse über den Kuchenteig in der Form gießen und verteilen. Der flüssige Teig bildet eine Haut auf dem Kuchen und verhindert so, dass der Kuchen während des Backens austrocknet.

Englischer Weihnachts-Pudding

Christmas Pudding (4 × 500 g große oder 40 einzelne Portionen)

250g Mehl
250g kleingehackten Rindertalg bei schwacher Hitze schmelzen (in England verwendet man Suet)
50g Lebkuchengewürz
50g gehackte getrocknete Aprikosen
50g gemahlene Mandeln
200g frische Brotkrümmel

1. Alles miteinander vereiben

600g Rosinen
300g Korinthen
300g Sultaninen
100g Zitronat
100g Orangest
100g geschälte grob geriebene Möhren
200g brauner Zucker

1. Alles miteinander vermischen

Orangenschale, gerieben Saft von einer Orange
Zitronenschale, gerieben Saft von einer Zitrone
3 Eier
300ml dunkles Bier
20ml Rum
20ml Weinbrand
20ml Sherry
50g Rübenkraut

1. Alles miteinander vermischen.
2. Die Trockenfruchtmischung gut mit der Mehlmischung vermischen.
3. Die Flüssigkeit unterrühren.

Dämpfen

1. 500g große Portionen im Wasserbad abgedeckt 4 Stunden dämpfen.
2. Einzelne Portionen 2 Stunden dämpfen.

Tipps:

- Vor dem Servieren erneut 30-45 Minuten dämpfen.
- Weinbrand erwärmen, anzünden und über den Pudding gießen.
- Mit Vanillesoße servieren.

Lebkuchen (für Lebkuchenhäuschen)

240g Mehl-Type 550
8g Natron
10g Lebkuchengewürz
60g Butter
140g Rübenkraut
160g Zucker
1 Ei

1. Mehl, Backpulver und Lebkuchengewürz sieben.
2. Die Butter in die Mehlmischung einreiben.
3. Rübenkraut und Zucker in einem Topf auf dem Herd bei mittlerer Hitze schmelzen.
4. Den geschmolzenen Zucker zur Mehlmischung geben und leicht verrühren.
5. Das Ei zugeben und alles gut verkneten.
6. Zwei Stunden zugedeckt in den Kühlschrank stellen.
7. Den Teig auf die gewünschte Dicke und Größe ausrollen.
8. 12-15 Minuten bei 160°C backen.
9. Abkühlen lassen und mit Eiweißglasur überziehen.
10. Nach Belieben mit Süßigkeiten verzieren.

Tipps:

- Damit der Lebkuchen nicht reißt, langsam bei 160°C backen.
- Die ausgerollten Lebkuchenstücke nicht zu dicht nebeneinander auf das Backblech legen, da der Lebkuchen durch die Zugabe von Natron seitlich stärker aufgeht.

Eiweißspritzglasur

300g Puderzucker
60g Eiweiß
Ein paar Tropfen Zitronensaft

1. Puderzucker sieben.
2. Eiweiß und Puderzucker mit einem Holzlöffel vermischen.
3. Zitronensaft dazugeben und alles 5 Minuten gut aufschlagen, bis die Glasur standfest ist. Gegebenenfalls noch etwas Puderzucker zugeben.

Focaccia-Brot

450g Mehl-Type 550
15g frische Hefe oder 8g Trockenhefe
150ml warmes Wasser
12g Salz
140g gekochten Kartoffelstampf (Kartoffeln ohne Salz kochen)
75ml Olivenöl
1 Esslöffel gehackten frischen Rosmarin
50ml Olivenöl
1 Teelöffel grobes Salz

1. Das Mehl sieben.
2. Die Hefe mit der Hälfte des warmen Wassers verrühren, dann mit 2 Esslöffeln des gesiebten Mehls mischen und zugedeckt an einem warmen Ort aufgehen lassen.
3. Das Kartoffelpüree leicht erwärmen und mit Salz, 75 g Olivenöl und Rosmarin vermischen.
4. Die aufgegangene Hefemischung mit dem restlichen Mehl, den Kartoffeln und dem restlichen Wasser gut verkneten. Der Teig sollte leicht klebrig sein - eventuell noch etwas Wasser zugeben.
5. 15 Minuten ruhen lassen, dann in ein tiefes Backblech geben und die Oberfläche mit den Fingern eindrücken, so dass Vertiefungen entstehen.
6. Mit 50 g Olivenöl bestreichen und mit grobem Salz bestreuen.
7. An einem warmen Ort gehen lassen, bis der Teig sein Volumen verdoppelt hat.
8. 30-40 Minuten bei 210°C backen.

Tipp:

- Genial für Pizzaböden (aber nicht den Italienern sagen)

Weißbrot (auf Brandteigbasis)

70ml Milch
25g Butter
40g Mehl-Type 550
1 Ei

1. Milch und Butter in einem Topf erhitzen.
2. Aufkochen lassen und das gesiebte Mehl mit einem Holzlöffel in die kochende Milch einrühren. So lange rühren, bis ein fester Kloß entstanden ist.
3. Den Mehlkloß in eine Schüssel geben und etwas kalt rühren, dann das Ei unterrühren und den Brandteig beiseite stellen.

Brotteig

375g Mehl-Type 550
15g Hefe oder 8g Trockenhefe
10g Salz
125ml warmes Wasser

1. Das Mehl sieben.
2. Die Hefe mit der Hälfte des lauwarmen Wassers verrühren, dann mit 2 Esslöffeln des gesiebten Mehls vermengen und zugedeckt an einem warmen Ort aufgehen lassen.
3. Das Salz mit dem restlichen Mehl vermischen, dann die aufgegangene Hefe, das restliche Wasser und den fertigen Brandteig miteinander verkneten.
4. Noch eine Stunde gehen lassen.
5. Den Teig leicht zusammendrücken und in eine Kastenform legen oder ein rundes Brot formen.
6. 15 Minuten bei 210°C backen, dann die Ofentemperatur auf 180°C reduzieren und weitere 20-30 Minuten backen. Wenn man mit der Hand auf die Unterseite des gebackenen Brotes klopft, muss ein dumpfer Ton ertönen.

Tipps:

- Backt sich am besten in einer Form.
- Perfekt zum Toasten.
- Mit Kräutern, Gewürzen, Oliven oder getrockneten Tomaten verfeinern - der Fantasie sind keine Grenzen gesetzt.

Crème Catalan (6-8 Portionen, vorzugsweise in flachen Förmchen)

500ml Milch Orangenschale, gerieben. Zitronenschale, gerieben
½ Zimtstange
8 Eigelb
100g Zucker
10g Speisestärke
100g brauner Rohrzucker

1. Die Zimtstange im Ofen bei 150°C 10 Minuten lang rösten.
2. Zimtstange in der Milch zerbröckeln, Orangen- und Zitronenschale dazugeben und im Topf erhitzen. Nicht aufkochen lassen.
3. Vom Herd nehmen und eine Stunde ziehen lassen, dann durch ein Sieb in einen sauberen Topf gießen.
4. Eigelb, Stärke und Zucker mit einem Schneebesen verrühren.
5. Die Zimtmilch erneut erhitzen und über die Eigelbmasse gießen.
6. Alles gut verrühren, zurück in den Topf geben und unter ständigem Rühren mit dem Schneebesen zum Kochen bringen. Unter ständigem Rühren 3-4 Minuten kochen lassen.
7. Die gekochte Zimtmilch in einzelne feuerfeste Förmchen füllen und eine Stunde im Kühlschrank abkühlen lassen.
8. Mit braunem Rohrzucker bestreuen und entweder unter dem Grill oder mit dem Flambierbrenner karamellisieren.

Zitronentarte (20 cm flachen Kuchenring)

125g Mehl
75g kalte Butter
30g Zucker
1 Eigelb
Prise Salz
1 Eiweiß

1. Eigelb und Zucker verrühren.
2. Mehl sieben und mit Salz mischen.
3. Die Butter in das Mehl einreiben.
4. Eigelb und Zucker unterrühren. Achtung: Nicht zu lange verarbeiten.
5. Eine Stunde zugedeckt im Kühlschrank ruhen lassen.
6. Den Kuchenring mit dem Mürbeteig auslegen, Boden und Seiten auslegen und bei 175°C blind backen.
7. Nach dem Blindbacken mit dem Eiweiß versiegeln.

Zitronenfüllung

3 Eier
140g Zucker
Zitronenschale von zwei Zitronen, abgerieben.
70ml Zitronensaft
85g Sahne

1. Die Eier mit dem Zucker gut verrühren und durch ein Sieb streichen.
2. Mit den restlichen Zutaten mit einem Schneebesen verrühren. Nicht zu kräftig schlagen, sonst schäumt die Füllung.
3. In den vorgebackenen Mürbeteig füllen und bei 120°C 30-45 Minuten backen, oder bis die Zitronenfüllung fest ist.
4. Vor dem Servieren gut abkühlen lassen.

Tipps:

- Wenn der Kuchenring mit dem Mürbeteig ausgekleidet ist, den Boden mit einer Gabel mehrmals einstechen. So bleibt der Teig beim Backen flach.
- Den Mürbeteig mit Backpapier belegen und die Backerbsen einfüllen.
- Vor dem Blindbacken nochmals abkühlen lassen, damit der Teig seine Form behält.
- Nach 20 Minuten die Backerbsen herausnehmen und den vorgebackenen Teig mit Eiweiß bestreichen.
- Den Teig nochmals in den Ofen schieben und goldbraun backen, danach sofort wieder mit Eiweiß bestreichen. Der Mürbeteig muss gut verschlossen sein, sonst weicht er durch die Füllung auf.
- Ich schiebe den vorgebackenen Mürbeteig zuerst ohne Füllung in den Ofen und gieße dann die Füllung ein, damit sie nicht herausquillt.

Schokoladen-Trüffeltorte
Glutenfreier Schokoladenboden (26 cm Backform)

50g glutenfreies Mehl
½ Teelöffel glutenfreies Backpulver
20g Kakao
30g dunkle Kuvertüre
100g Butter
130g Zucker
10ml Vanilleextrakt
3 Eier
30g Kakao

1. Mehl, 20 g Kakao und Backpulver sieben.
2. Die Kuvertüre im Wasserbad vorsichtig schmelzen.
3. Butter, Vanille und Zucker schaumig rühren und nach und nach die Eier unterrühren.
4. Die geschmolzene Kuvertüre mit einem Schneebesen unterrühren.
5. Das gesiebte Mehl unterheben.
6. Bei 175°C ca. 20 Minuten backen.
7. Aus der Form nehmen und nach dem Abkühlen in einen Tortenring legen.
8. Mit der Trüffelfüllung bedecken, 2 Stunden auskühlen lassen und vor dem Servieren mit 30 g Kakao bestäuben.

Trüffelfülllung

50ml Wasser
50g Zucker
50g Glukose
12g Blattgelatine
300g dunkle Kuvertüre
200g Schlagsahne

1. Die Gelatine in kaltem Wasser einweichen.
2. Wasser, Zucker und Glukose zum Kochen bringen.
3. Vom Herd nehmen, die eingeweichte Gelatine ausdrücken und zugeben.
4. Das Zuckerwasser mit einem Schneebesen vorsichtig unter die zerkleinerte Kuvertüre rühren, bis eine glatte Masse entsteht.
5. Etwas abkühlen lassen und die Sahne unterheben.

Tipp:

- Die Füllung kann mit anderen Arten von Kuvertüre zubereitet werden.

Tiramisu-Torte (20 cm Backform)

75g Mehl
75g Zucker
3 Eier
½ Teelöffel Vanilleextrakt
20g geschmolzene Butter

1. Backform mit Butter ausstreichen und den Boden mit Backpapier auslegen.
2. Das Mehl sieben.
3. Eier, Zucker und Vanille über einem heißen Wasserbad aufschlagen, bis die Masse das Doppelte des Volumens hat.
4. Anschließend mit dem Handrührgerät kalt schlagen, bis der Biskuit dickflüssig ist.
5. Das Mehl und die Butter vorsichtig unterheben.
6. 20-30 Minuten bei 175°C backen.
7. Aus der Form nehmen und auf einem Kuchengitter abkühlen lassen.
8. Den kalten Biskuitboden waggerecht einmal durchschneiden.

Tiramisu-Füllung

3 Eigelb
150g Zucker
18g Blattgelatine
600g Mascarpone
200g Schlagsahne

1. Die Blattgelatine in kaltem Wasser einweichen.
2. Die Mascapone glatt rühren.
3. Die Sahne steif schlagen.
4. Eigelb mit Zucker im Wasserbad warm aufschlagen, dann mit dem Handrührgerät kalt schlagen, bis die Eigelbmasse dickflüssig ist.
5. Die eingeweichte Gelatine gut ausdrücken und in einem Topf mit zwei Esslöffeln der Eigelbmasse bei mittlerer Hitze auf dem Herd auflösen.
6. Die restliche Eigelbmasse zügig mit dem Schneebesen unterrühren und die Mascarpone in die glattgerührte Masse einrühren.
7. Die Schlagsahne unterheben.

Amaretto-Kaffeetränke

100ml Wasser
60g Zucker
1 Teelöffel löslichen Kaffee
20ml Amaretto

1. Wasser, Zucker und Kaffee aufkochen, vom Herd nehmen und Amaretto dazugeben.

50g Kakao

Zusammensetzung

1. Die Hälfte des gebackenen Biskuitbodens in einen Tortenring legen und mit der Hälfte der Kaffeetränke gleichmäßig bestreichen.
2. Die Hälfte der Füllung auf dem Biskuitboden verteilen.
3. Den Biskuitboden auflegen, mit der restlichen Kaffeetränke bestreichen und mit der restlichen Füllung bedecken.
4. Zwei Stunden auskühlen lassen und vor dem Servieren mit 50 g Kakao bestäuben.

Zimt-Soufflé (4 Portionen Backförmchen, 6 cm Durchmesser, 5 cm hoch)
20g Butter
100g Zucker

1. Butter schmelzen und die vier Förmchen damit ausstreichen. Dabei den Backpinsel am Rand der Förmchen nach oben ziehen. Mit Zucker bestreuen und beiseite stellen.
2. Ein Wasserbad im Backofen auf 200°C erhitzen.

Soufflé
125ml Milch
Großzügige Messerspitze Zimt
25g weiche Butter
25g Mehl
2 Eigelb
2 Eiweiß
35g Zucker
Prise Salz

1. Das Mehl sieben und mit der Butter mit einer Gabel vermischen.
2. Milch und Zimt aufkochen.
3. Mehl und Buttermischung mit einem Holzlöffel unter ständigem Rühren einrühren, bis eine dickflüssige Masse entsteht. Unter ständigem Rühren 1-2 Minuten kochen lassen.
4. In eine kalte Schüssel geben und 3-4 Minuten kalt rühren.
5. Die Eigelb unterrühren und beiseite stellen.
6. In einer sauberen Schüssel das Eiweiß mit einer Prise Salz mit einem elektrischen Mixer schlagen, bis das Eiweiß das doppelte Volumen hat. Dann den Zucker langsam einrieseln lassen, bis der Baiser fest ist.
7. Die Zimtmilchmasse kurz verrühren und ein Drittel der Eiweißmasse mit einem Teigschaber unterheben. Dies kann auch etwas kräftiger geschehen, damit die Soufflémasse etwas lockerer wird. Das restliche Eiweiß vorsichtig unterheben, bis eine homogene Masse entstanden ist.
8. Die Soufféemasse auf die vier vorbereiteten Förmchen verteilen und glatt streichen.
9. Zum Schluss mit dem Daumen über den oberen Rand der Förmchen streichen.
10. Die Soufflés vorsichtig in das heiße Wasserbad geben. Das Wasser sollte die Hälfte der Förmchen bedecken.
11. 25-30 Minuten backen, aus dem Wasserbad nehmen, mit Puderzucker bestäuben und sofort servieren.
12. **Kann auch direkt auf einem Backblech bei 180°C gebacken werden. Zirka 15 Minuten.**

Andere Geschmackrichtungen

- Vanille und Himbeere - Zimt durch Vanilleschote ersetzen und 3 frische Himbeeren in die Förmchen geben, bevor die Soufflé-Masse eingefüllt wird.
- Schokolade - 20 g Kuvertüre in die Milch geben.
- Schmeckt gut mit Vanillesoße

Lekach (Jüdischer Honigkuchen 20cm Backform)

175g Frühstückssirup (oder Rübenkraut)
50g flüssiger Honig
50g Rohrzucker
100ml Öl
150ml stark gebrühter schwarzer Tee
3 Eier
225g Mehl
1 Teelöffel Backpulver
1 Teelöffel gemahlener Ingwer
1 Teelöffel gemahlener Zimt
½ Teelöffel Lebkuchengewürz
50g warmer Honig

1. Backform einfetten und mit Backpapier auslegen.
2. Sirup, 50 g Honig, Rohrzucker und Öl in einem Topf erhitzen, bis alles geschmolzen ist, dann etwas abkühlen lassen.
3. Den Tee und die Eier gut unterrühren, die restlichen Zutaten sieben und unterrühren.
4. 30-40 Minuten bei 160°C backen, sofort mit dem warmen Honig bestreichen und in der Form auskühlen lassen.
5. Am besten am Vortag backen und vor dem Servieren und in kleine Stücke schneiden.

Gelatine-Zucker (zum Formen und Biegen)

5g Blattgelatine
35g Wasser
280g Puderzucker
50g Speisestärke

1. Gelatine in kaltem Wasser einweichen.
2. Puderzucker und Speisestärke sieben.
3. Gelatine mit dem Wasser bei schwacher Hitze auflösen und dann unter den Puderzucker kneten.

Tipps:

- Je nach Bedarf etwas mehr Puderzucker oder Wasser zugeben. Die Masse sollte zusammenhalten, aber nicht zu klebrig sein.
- Ein kleiner Tropfen blaue Lebensmittelfarbe macht die Masse schneeweiß, sonst nach Belieben einfärben.
- Wenn die Zuckermasse krümelig wird, etwas Schweineschmalz unterkneten, wenn sie zu klebrig ist, etwas Speisestärke unterkneten.
- Zum Ausrollen in Speisestärke wälzen.
- Auf flachen Blechen bis zu einer Woche trocknen lassen.

Kapitel 5

Berufsschule und Klassenfahrten

Rezepte

1   Champagner-Gelee & Panna Cotta

2   Karamel

3   Süßer Hefeteig „Chesea Buin und Devonshire Splits"

4   Bananenkuchen

5   Herzhafter Mürbeteig Kartoffel Pasteten

6   Quiche

7   Victoria-Sandwich

8   Trüffel

9   Brandteig

10 Croissants

11 Baguette

Champagner-Gelee mit Rosenwasser-Panna Cotta (8 Sektglässer)

Panna Cotta

375ml Sahne
125ml Milch
¼ Teelöffel Rosenwasser
1 Vanilleschote
6g Blatt Gelatine
60g Zucker

1. Die Gelatine in kaltem Wasser einweichen.
2. Sahne, Milch und das Mark einer Vanilleschote aufkochen.
3. Die aufgekochte Flüssigkeit durch ein Sieb zum Zucker gießen.
4. Die Gelatine ausdrücken und mit dem Rosenwasser in die heiße Sahne einrühren.
5. Über Eiswasser etwas abkühlen lassen und zu 2/3 in die Sektgläser füllen.
6. Im Kühlschrank fest werden lassen.

Champagner-Gelee

150g roten Traubensaft
30g Zucker
250g Schaumwein (Champagner oder Sekt)
6g Blatt Gelatine
125g frische Himberren

1. Traubensaft und Zucker 5 Minuten einkochen lassen.
2. Gelatine im Sekt einweichen.
3. Die eingeweichte Gelatine in den heißen Saft einrühren und abkühlen lassen.
4. Den Sekt vorsichtig einrühren.
5. Die Himbeeren auf der erstarrten Panna Cotta verteilen und mit dem Gelee übergießen.
6. Mindestens 2 Stunden kühl stellen.

Karamel - Trocken-Methode

400g Zucker
Saft einer Zitrone
200ml Wasser

1. Wasser zum Kochen bringen.
2. Einen großen Topf auf dem Herd erhitzen.
3. Wenn der Topf sehr heiß ist, etwas Zucker auf den Topfboden streuen und, sobald der Zucker braun wird, mit einem Holzlöffel vorsichtig immer mehr Zucker einrühren.
4. Sobald der Zucker geschmolzen ist und die Farbe von Karamell angenommen hat, vom Herd nehmen und den Zitronensaft hinzugeben. Vorsicht: Es könnte spritzen.
5. Langsam das heiße Wasser zugeben und ca. 5 Minuten einkochen lassen, bis eine Karamellmasse entsteht.
6. Nach Gebrauch verwenden.

Karamel - Nass-Methode

100g Zucker
1 Teelöffel Glukose
40ml Wasser

1. Alle Zutaten in einem kleinen, sehr sauberen Topf mischen.
2. Den Rand des Topfes mit kaltem Wasser abwischen, so dass keine Zuckerkristalle mehr sichtbar sind.
3. Ohne Rühren zum Kochen bringen.
4. Wenn die gewünschte Farbe erreicht ist, die Außenseite des Topfes kurz in kaltes Wasser tauchen, um den Kochvorgang zu unterbrechen.
5. Nach Gebrauch verwenden.

Süßer Hefeteig (4 Chelsea Buns / 4 Devonshire Spilt)

300g Mehl-Type 550
10g Milchpulver
Prise Zimt
Prise Salz
40g Zucker
30g weiche Butter
1 Ei
20g frische Hefe oder 10g Trockenhefe
130ml warmes Wasser

1. Das Mehl sieben und mit dem Zimt mischen.
2. Die Hefe mit dem lauwarmen Wasser, einer guten Prise Zucker und zwei Esslöffeln des gesiebten Mehls verrühren und 20 Minuten gehen lassen.
3. Die Hefe mit dem restlichen Mehl, Salz, Butter, Zucker und Ei 5-10 Minuten zu einem glatten Teig kneten.
4. An einem warmen Ort fast auf das Doppelte aufgehen lassen, leicht zusammendrücken und nach Belieben weiterverarbeiten.

Tipp:

- Falls man kein Milchpulver hat, das warme Wasser mit warmer Milch ersetzen.

Chelsea Buns (Rosinenschnecken)
(Wenn man beide Teilchen macht, dann 120g vom Hefeteig zur Seite legen)

50g geschmolzene Butter
50g brauner Zucker
½ Teelöffel gemahlener Zimt
25g Orangeat
50g Rosinen

1. Den Hefeteig zu einem Rechteck ausrollen. (20 cm x 30 cm)
2. Mit Butter bestreichen.
3. Zucker und Zimt darüber streuen und gleichmäßig verteilen.
4. Orangeat und Rosinen gleichmäßig verteilen und leicht in den Hefeteig drücken.
5. Das Ganze wie eine Biskuitrolle aufrollen, aber an der kurzen Seite beginnen.
6. In 4-6 gleichmäßige Stücke schneiden und die so entstandenen Hefeschnecken auf ein Backblech legen.
7. Noch einmal gehen lassen, bis sich die Größe verdoppelt hat, und bei 180°C goldbraun backen.
8. Sofort nach dem Backen mit Zuckerguss bestreichen.

Zuckerguss

100g Zucker
125ml Wasser oder Milch

1. Zucker und Wasser oder Milch 5 Minuten einkochen lassen.
2. Die Hefeteilchen mit dem Zuckerguss vor dem Abkühlen einpinseln.

Devonshire Split (Hefeteilchen Finger)

(Ein Hefeteilchen, das in Fingerform gebacken wird, mit Zuckerguss überzogen und dann der Länge eingeschnitten wird, mit Schlagsahne gefüllt und mit Marmelade dekoriert ist.)

1. Den Hefeteig in 30 g Stücke abwiegen und zu 7 cm langen Fingern ausrollen.
2. Zugedeckt nochmals gehen lassen, bis die Finger fast auf das Doppelte aufgegangen sind.
3. Bei 180°C goldbraun backen.
4. Die etwas abgekühlten, aber noch warmen Hefefinger mit Zuckerguss bestreichen.

Zuckerguss

200g Puderzucker
30ml Wasser

1. Den Puderzucker sieben.
2. Das Wasser mit einem Holzlöffel einrühren und gut schlagen.
3. Wenn die mit Zuckerguss überzogenen Hefefinger ausgekühlt sind, längs bis zur Hälfte einschneiden, mit einem Spritzbeutel mit großer Lochtülle Schlagsahne in die Öffnung spritzen und zum Schluss mit Marmelade aus einem Spritzbeutel mit sehr kleiner Lochtülle verzieren.

Bananenkuchen (15 cm runde Backform)

100g reife Bananen
100g Zucker
35g geschmolzene Butter
35g Olivenöl
1 Ei
110g Mehl
6g Backpulver
30g klein gehackte dunkle Schokolade
1 Teelöffel Zimt

1. Die geschälten Bananen mit dem Zucker und dem Zimt mischen.
2. Ei zugeben und mit Butter und Öl gut verrühren.
3. Mehl und Backpulver sieben und mit der Schokolade unterrühren.
4. 15-20 Minuten bei 175°C backen, abkühlen lassen und mit Schokoladenglasur überziehen.

Schokoladenglasur

80g Puderzucker
10g Kakao
20g Eiweiß
Ein paar Tropfen Zitronensaft

1. Puderzucker und Kakao sieben, Eiweiß und Zitronensaft mit einem Holzlöffel unterrühren und 5 Minuten schlagen, bis der Zuckerguss glänzend und dickflüssig ist.

Herzhafter Mürbeteig

250g Mehl
50g kalte Butter (oder 100g Butter anstelle von Schweineschmalz)
50g Schweineschmalz
10g Speisestärke
100ml Wasser
Prise Salz

1. Mehl, Speisestärke und Salz sieben.
2. Butter und Schmalz in das Mehl einreiben, bis eine Brotkrümel-ähnliche Masse entstanden ist.
3. Wasser vorsichtig unterkneten, bis ein glatter Mürbeteig entstanden ist.
4. Eine Stunde im Kühlschrank ruhen lassen.

Kartoffelpastetenfüllung

250g vorgekochte Kartoffel in große Würfel schneiden.
½ kleine Stange Lauch kleinschneiden und etwas in der Pfanne anschwitzen
1 Teelöffel frisch gehackter Rosemarin
Salz, Pfeffer
100 g Käse, gerieben

1. Alle Zutaten miteinander vermischen.
2. Den gekühlten herzhaften Mürbeteig in vier 15 cm große Kreise ausrollen und mit etwas Ei oder Wasser bestreichen.
3. Die Kartoffelmasse in vier Portionen teilen und auf eine Hälfte der Teigkreise legen. Dann die andere Teigseite einschlagen und den entstandenen Halbkreis mit dem Daumen am Rand zusammendrücken. Dies kann auch mit einer Gabel geschehen.
4. Mit Ei bestreichen und bei 180°C 20-30 Minuten goldbraun backen.

Quiche Lorraine (Zwiebel- und Schinkentorte 20cm)

125g klein gewürfelten Schinken oder Speck
60g geriebener Gruyere-Käse
75g Zwiebeln
1 Ei
50ml Milch
100ml Sahne
Salz, Pfeffer

1. Eine flache 20 cm Backform mit dem herzhaften Mürbeteig auslegen und blind backen (siehe Tipp).
2. Zwiebeln, Speck oder Schinken in einer heißen Pfanne 5 Minuten anschwitzen, abkühlen lassen und auf dem vorgebackenen Mürbeteig verteilen.
3. Milch, Sahne, Ei, Salz und Pfeffer gut verquirlen und über die Zwiebelfüllung gießen, mit Käse bestreuen und bei 175°C ca. 20 Minuten backen.

Tipps:
- Wenn der Kuchenring mit dem herzhaften Mürbeteig ausgelegt ist, den Boden mehrmals mit einer Gabel einstechen. So bleibt der Teig beim Backen flach.
- Den Mürbeteig auf Backpapier legen und die Backerbsen einfüllen.
- Vor dem Blindbacken noch einmal abkühlen lassen, damit der Teig seine Form behält.
- Nach 20 Minuten die Backerbsen herausnehmen und den vorgebackenen Teig mit Eiweiß bestreichen.
- Erneut in den Ofen schieben und goldbraun backen, danach sofort wieder mit Eiweiß bestreichen. Der Mürbeteig muss vollständig geschlossen sein, da er sonst durch die Füllung aufgeweicht wird.

Victoria-Sandwich
(Zwei Kuchen, die mit Schlagsahne und Marmelade gefüllt sind)
100g Butter
100g Zucker
100g Mehl
2 Eier
5g Backpulver
Zitronenschale, abgerieben
1 Teelöffel Vanilleextrakt
150g Himbeermarmelade
Etwas Puderzucker

1. Backformen von 15 cm Durchmesser vorbereiten. Der Kuchenteig kann auch auf einem Blech gebacken und anschließend halbiert werden.
2. Butter und Zucker schaumig rühren.
3. Eier, Vanille und Zitronenschale gut verquirlen und langsam unter die schaumige Butter rühren.
4. Mehl und Backpulver sieben und vorsichtig unterheben.
5. Den Teig auf die beiden Förmchen verteilen und bei 175°C 12-15 Minuten backen.
6. Nach dem Backen aus den Formen nehmen und auf einem Kuchengitter abkühlen lassen.
7. Eine Tortenhälfte mit Marmelade bestreichen und mit Schlagsahne bedecken.
8. Die andere Tortenhälfte in 6 oder 8 Stücke schneiden und auf die Sahne legen.
9. Vor dem Servieren mit Puderzucker bestreuen.

Schlagsahne

100ml Sahne
20g Zucker
½ Teelöffel Vanilleextrakt

1. Alles zusammen zu einer Schlagsahne aufschlagen.

Dunkle Schokoladentrüffel

115g dunkle Kuvertüre
150ml Sahne

Vollmilch Schokoladentrüffel

115g Vollmilchkuvertüre
100ml Sahne

Weiße Schokoladentrüffel

115g weiße Kuvertüre
100ml Sahne

1. Kuvertüre klein hacken.
2. Sahne aufkochen lassen, über die Kuverütre gießen und vorsichtig mit einem Schneebesen zu einer glatten Masse rühren.

Trüffel-Methode 1:

1. Kurz vor dem vollständigen Erstarren die Trüffelmasse gut aufschlagen und mit dem Spritzbeutel in eine lange Wurstform spritzen. Im Kühlschrank fest werden lassen, dann in Stücke schneiden und mit Kakaopulver bestreuen.

Trüffel-Methode 2:

1. Die Trüffelmasse über Nacht im Kühlschrank fest werden lassen, mit einem Teelöffel abstechen und zu Kugeln rollen. Nochmals auskühlen lassen und mit Kakaopulver bestäuben.

Brandteig

125g Wasser
40g Butter
80g Mehl-Type 550
2 Eier
Prise Zucker
Prise Salz

1. Das Mehl sieben.
2. Wasser, Butter, Zucker und Salz in Topf zum Kochen bringen.
3. Das Mehl in die kochende Flüssigkeit geben, mit einem Holzlöffel einrühren und so lange weiterrühren, bis ein dicker Kloß entstanden ist. Dabei den Brandteig mehrmals gegen den Rand des Topfes drücken.
4. Den Brandteig auf die Arbeitsfläche kippen und mit dem Holzlöffel hin und her bewegen, bis der Brandteig etwas abgekühlt ist.
5. In eine Schüssel geben.
6. Die Eier mit einer Gabel kurz aufschlagen und nach und nach unter den Brandteig rühren.
7. Nach Belieben verwenden und bei 200°C backen.

Brandteig-Verwendung

- Liebesknochen
- Windbeutel
- Pariser Ringe
- Schwäne
- Hufeisen

Tipps:

- Der Brandteig wird bei 190°C bis 200°C gebacken.
- Das im Brandteig enthaltene Wasser ist das Treibmittel, das durch die Hitze im Ofen in Wasserdampf umgewandelt wird und so dem Brandteig seine typische luftige Struktur verleiht.
- Aus diesem Grund ist es sehr wichtig, die Ofentür während der ersten 12-15 Minuten nicht zu öffnen, da sonst der entstehende Dampf aus dem Ofen entweicht und der Brandteig zu einem Pfannkuchen wird.
- Wenn der Brandteig eine schöne braune Kruste hat, das Gebäck aus dem Ofen nehmen und den Ofen sofort wieder schließen. Das herausgenommene Gebäck aufbrechen, um zu sehen, ob der Brandteig innen durchgebacken ist oder nicht. Gegebenenfalls noch einige Minuten backen lassen.
- Auf einem Kuchengitter auskühlen lassen, damit der gebackene Brandteig nicht weich wird.

Fertigstellung von Brandteigprodukten
Sahnefüllung

- Sahne mit Zucker und Vanille steif schlagen und die Brandteiggebäckstücke damit füllen.

Schokoladenglasur

- Kuvertüre und Sahne im Verhältnis 1:1
- Die Kuvertüre fein hacken und in eine Schüssel geben.
- Sahne aufkochen, über die Kuvertüre gießen und mit einem Schneebesen vorsichtig verrühren.
- Die Brandteigprodukte in die Schokoladenglasur tauchen.

Geschmolzene Kuvertüre

- Kleingehackte Kuvertüre im warmen Wasserbad schmelzen und dann über die gefüllten Brandteigprodukte drapieren.

Haselnussfüllung

225ml Milch
60g Zucker
2 Eigelb
30g gesiebtes Mehl
1 Teelöffel Vanilleextrakt
6g Blatt Gelatine
60g Haselnussaufstrich

1. Die Gelatine in kaltem Wasser einweichen.
2. Zucker und Eigelb mit dem Schneebesen verrühren. Dann das Mehl unterrühren.
3. Milch und Vanille aufkochen, vom Herd nehmen und die Mehlmischung mit einem Schneebesen einrühren.
4. Unter ständigem Rühren zum Kochen bringen.
5. Vom Herd nehmen, die Gelatine ausdrücken und mit dem Haselnussaufstrich unter den Pudding rühren.
6. Auf ein Blech geben und mit Klarsichtfolie abdecken.
7. Auf Raumtemperatur abkühlen lassen.
8. Den abgekühlten Haselnusspudding gut aufschlagen und zur Seite stellen.

Fertigstellung

300ml Sahne
25g Zucker
1 Teelöffel Vanilleextrakt

1. Alles mit einem Schneebesen aufschlagen und unter den Haselnusspudding heben.
2. In einen Spritzbeutel mit großer Lochtülle füllen und nach Belieben verwenden.

Craquelin (Knusperkruste für den Brandteig)

50g Mehl
50g Zucker
40g kalte Butter
Lebensmittelfarbe: am besten eine Paste oder ein Pulver

1. Das Mehl sieben und mit den übrigen Zutaten zu einem glatten Teig verreiben.
2. Den Teig zwischen zwei Blättern Backpapier dünn ausrollen und 30 Minuten in den Kühlschrank stellen.
3. Die dünne Teigplatte in der gewünschten Größe ausstechen oder ausschneiden und entweder auf die Windbeutel oder auf die Liebesknochen legen. Leicht andrücken und wie Brandteig backen.

Tipp:

- Wenn der Brandteig mit der Knuspermasse gebacken wird, bei 180°C backen, bis die gewünschte Farbe erreicht ist.

Croissant-Hefeteig

340g Mehl-Type 550
5g Salz
70g Zucker
20g frische Hefe oder 10g Trockenhefe
200ml warmes Wasser

1. Hefe in Wasser auflösen.
2. Mehl sieben, Salz, Zucker und aufgelöste Hefe beigeben und alles zu einem glatten Hefeteig verkneten.
3. Eine Stunde im Kühlschrank gehen lassen.

200g Butter (nicht zu fest)
35g Mehl-Type 550

1. Butter und gesiebtes Mehl mit einer Gabel verkneten, auf ein Backpapier (10 cm x 15 cm) streichen und 5 Minuten im Kühlschrank ruhen lassen.
2. Den Hefeteig zu einem Rechteck von 15 cm × 20 cm ausrollen und die vorbereitete Butter in die Mitte geben. Die Teigecken zur Mitte hin einschlagen, so dass die Butter nicht mehr sichtbar ist.
3. Den mit Butter bestrichenen Teig vorsichtig auf 30 cm x 15 cm ausrollen, ein Drittel von der kurzen Seite und ein weiteres Drittel von der anderen Seite einschlagen, so dass drei Schichten entstehen.
4. 30 Minuten abkühlen lassen und den Faltvorgang zweimal wiederholen, wobei jedes Mal 30 Minuten gekühlt werden muss.
5. Wenn der Teig fertig ist, auf eine Größe von 30 cm x 60 cm ausrollen.
6. In lange Dreiecke der Breite nach schneiden und jedes Dreieck von der breiten Seite zur Dreiecksspitze hin aufrollen.
7. Mit Eigelb bestreichen und 2 Stunden an einem warmen Ort oder über Nacht im Kühlschrank gehen lassen.
8. 15-20 Minuten bei 190°C backen.

Baguette

450g Mehl-Type 550
15g frische Hefe oder 8g Trockenhefe
300ml warmes Wasser
1 ½ Teelöffel Salz
1 Teelöffel Zucker

1. Das Mehl sieben und mit dem Salz mischen.
2. Hefe im warmen Wasser auflösen, Zucker und 100 g des gesiebten Mehls unterrühren.
3. 20 Minuten zugedeckt gehen lassen.
4. Mit dem restlichen Mehl verkneten und nochmals 40 Minuten gehen lassen.
5. Den Teig in drei gleich große Stücke teilen und zu langen Brotstangen rollen.
6. Mit Wasser bestreichen und an einem warmen Ort gehen lassen, bis die Baguettes das Doppelte ihres Volumens erreicht haben. Dann mit einem sehr scharfen Messer einschneiden, erneut mit Wasser bestreichen und bei 220°C 10 Minuten lang knusprig backen.

Kapitel 6

Umzug und Hochzeitskuchen

Rezepte

1 Maracuja-Kuchen

2 Weiße Schokolade & Kokos & Limetten-Kuchen

3 Mandel-Baiser

4 Pfefferminz-Törtchen

5 Heiße Schokolade

6 Schokolade temperieren

7 Rosmarin-Schokoladen-Pralinen

8 Rum-Schokoladen-Pralinen

9 Estragon-Senf-Pralinen

Maracuja & weißer Schokoladenkuchen (26 cm Backform)

320ml Milch
100g dunkle Kuvertüre
170g Butter
360g Zucker
4 Eier
25ml Vanilleextrakt
285g Mehl
3g Natron
14g Backpulver

1. Eine runde Backform (26 cm) ausbuttern und mit Backpapier auslegen.
2. Die Milch erhitzen und die Kuvertüre darin schmelzen, dann die Schokoladenmilch abkühlen lassen.
3. Butter und Zucker schaumig rühren.
4. Eier und Vanille gut verrühren und langsam unter die Buttermasse rühren.
5. Mehl, Natron und Backpulver sieben.
6. Die Hälfte der Schokomilch mit einem Schneebesen unter die Buttermasse rühren, dann die Hälfte der Mehlmischung unterheben. Diesen Vorgang wiederholen, bis alle Zutaten gut vermischt sind.
7. Die Masse in die Form gießen und bei 175°C ca. 45 Minuten backen.
8. Ein langes Holzstäbchen in den gebackenen Kuchen stecken, herausziehen und wenn es trocken ist, ist der Kuchen durchgebacken. Wenn noch etwas Teig am Holzstäbchen kleben bleibt, weitere 10 Minuten backen.
9. Kurz abkühlen lassen, dann aus der Form nehmen und auf einem Kuchengitter gut auskühlen lassen.

Weiße Schokolade & Maracuja-Füllung

40g Maracujasaft
40g Zucker
40g Glukose
6g Blatt Gelatine
225g geschmolzene weiße Kuvertüre
300g geschlagene Schlagsahne
150g weiße Kuvertüre, gerieben

1. Die Gelatine in kaltem Wasser einweichen.
2. Maracujasaft, Zucker und Glukose aufkochen und die eingeweichte Gelatine einrühren.
3. Die Fruchtzuckermischung mit einem Schneebesen unter die Kuvertüre rühren und etwas abkühlen lassen.
4. Die Schlagsahne unterheben.

Maracuja-Sirup

100g Maracujasaft
25g Zucker

1. Beide Zutaten aufkochen lassen.

Zusammenstellung

1. Den abgekühlten Schokoladenkuchen zweimal waagerecht durchschneiden.
2. Die obere Kuchenschicht ohne zu wenden in die mit Backpapier ausgelegte Form legen.
3. Die Kuchenscheibe mit einem Drittel des Maracujasirups beträufeln.
4. Die Hälfte der weißen Schokoladen-Maracuja-Füllung gleichmäßig darauf verteilen und mit der mittleren Tortenscheibe bedecken.
5. Wieder mit einem Drittel des Maracuja-Sirups beträufeln.
6. Die andere Hälfte der Schokoladenfüllung einfüllen und mit der Unterseite der Tortenscheibe bedecken. Darauf achten, dass die Unterseite des gebackenen Kuchens jetzt die Oberseite ist.
7. Die Oberseite mit dem restlichen Maracuja-Sirup beträufeln und 2 Stunden kalt stellen.
8. Nach dem Abkühlen den Kuchen auf eine Tortenplatte stürzen, so dass die Oberseite jetzt die Unterseite ist.
9. Mit Schokoladenglasur überziehen und mit weißen Kuvertürespänen verzieren.

Schokoladenglasur

200g Sahne
200g kleingehackte dunkle Kuvertüre

1. Sahne aufkochen und langsam in die Kuvertüre mit einem Schneebesen einrühren.

Weiße Schokolade & Kokos & Limetten-Kuchen (26 cm-Backform)

320ml Kokusmilch
100g weiße Kuvertüre
2 Limettenschallen, abgerieben
170g Butter
360g Zucker
4 Eier
25ml Vanilleextrakt
285g Mehl
3g Natron
14g Backpulver
50g Kokosraspel

1. Eine runde Backform (26 cm) ausbuttern und mit Backpapier auslegen.
2. Die Kokosmilch erhitzen und die Kuvertüre darin schmelzen, dann die Schokoladenmilch abkühlen lassen.
3. Butter, Zucker und Limettenenschale gut schaumig rühren.
4. Eier und Vanille gut verrühren und langsam unter die Buttermasse rühren.
5. Mehl, Natron und Backpulver sieben und mit den Kokosraspeln vermischen.
6. Die Hälfte der Schokomilch mit einem Schneebesen unter die Buttermasse rühren, dann die Hälfte der Mehlmischung unterheben. Diesen Vorgang wiederholen, bis alle Zutaten gut vermischt sind.
7. Die Masse in die Form gießen und bei 175°C ca. 45 Minuten backen.
8. Ein langes Holzstäbchen in den gebackenen Kuchen stecken, herausziehen und wenn es trocken ist, ist der Kuchen durchgebacken. Wenn noch etwas Kuchenteig am Holzstäbchen klebt, weitere 10 Minuten backen.
9. Kurz abkühlen lassen, dann aus der Form nehmen und auf einem Kuchengitter gut auskühlen lassen.

Weiße Schokolade & Limettensaft-Füllung

40g Limettensaft
40g Zucker
40g Glucose
6g Blatt Gelatine
225g geschmolzene weiße Kuvertüre
300g geschlagene Schlagsahne
150g weiße Kuvertüre, gerieben

1. Die Gelatine in kaltem Wasser einweichen.
2. Limettensaft, Zucker und Glukose aufkochen und die eingeweichte Gelatine einrühren.
3. Die Fruchtzuckermischung mit einem Schneebesen unter die Kuvertüre rühren und etwas abkühlen lassen.
4. Die geschlagene Sahne unterheben.

Limettensaftsirup

100g Limettensaft
25g Zucker

1. Beide Zutaten aufkochen lassen.

Zusammenstellung

1. Den abgekühlten Schokoladenkuchen zweimal waagerecht durchschneiden.
2. Die obere Kuchenschicht ohne zu wenden in die mit Backpapier ausgelegte Form legen.
3. Die Kuchenscheibe mit einem Drittel des Limettensirups beträufeln.
4. Die Hälfte der weißen Schokoladen-Limettensaftfüllung glattstreichen und mit der mittleren Tortenscheibe bedecken.
5. Wieder mit einem Drittel des Limettensirups beträufeln.
6. Die andere Hälfte der Schokoladenfüllung einfüllen und mit der Unterseite der Tortenscheibe bedecken. Darauf achten, dass die Unterseite des gebackenen Kuchens nun die Oberseite ist.
7. Die Oberseite mit dem restlichen Limettensirup beträufeln und 2 Stunden kühl stellen.
8. Nach dem Abkühlen den Kuchen auf eine Tortenplatte stürzen, so dass die Oberseite jetzt die Unterseite ist.
9. Mit weißer Schokoladenglasur überziehen und mit weißen Kuvertürespänen verzieren.

Weiße Schokoladenglasur

180g Sahne
300g weiße Kuvertüre

1. Kuvertüre etwas schmelzen lassen.
2. Sahne aufkochen und langsam in die Kuvertüre mit einem Schneebesen einrühren.
3. Vor dem Überziehen der Torte etwas abkühlen lassen.

Mandel-Baiser (Rothchild)

125g Zucker (feine Körnung)
125g gemahlene Mandeln
25g Mehl
125g Eiweiß
25g Zucker (feine Körnung)
Prise Weinsteinpulver (oder Speisestärke)
100g gehackte Mandeln

1. 125 g Zucker, gemahlene Mandeln und Mehl sieben.
2. Das Eiweiß mit einer Prise Weinsteinpulver oder Speisestärke schlagen und die 25 g Zucker einrieseln lassen, bis ein fester Baiser entsteht.
3. Die gesiebten Zutaten vorsichtig unterheben.
4. Mit einer großen Sterntülle in Tupfen auf ein Backblech spritzen und mit gehackten Mandeln bestreuen.
5. Bei 175°C ca. 20 Minuten backen.
6. Auskühlen lassen und mit 100 g temperierter Kuvertüre verzieren.

Pfefferminz-Kacheln

150g dunkle Kuvertüre
15g Kakaobutter
¼ Teelöffel Pfefferminzaroma
20g grobkörniger brauner Zucker

1. Kuvertüre und Kakaobutter bei 45°C schmelzen und mit der Eismethode auf 30°C - 31°C temperieren.
2. Pfefferminzaroma und Zucker unterrühren und auf Backpapier dünn ausstreichen.
3. Bei Raumtemperatur etwas anziehen lassen, dann in gleichmäßige Rechtecke schneiden und im Kühlschrank vollständig fest werden lassen.

Temperieren mit der Eismethode:

- Die Kuvertüre im warmen Wasserbad auf 45°C - 47°C schmelzen, dann 2/3 davon über Eiswasser auf 25°C abkühlen, zum warmen 1/3 der Kuvertüre geben und auf 30°C - 31°C erwärmen.

Heiße Azteken-Schokolade

500ml Wasser
20g Kakao
25g brauner Zucker (weiß geht auch)
1 Teelöffel gemahlener Zimt
100g dunkle Kuvetüre (80%)

1. Wasser, Kakao und Zucker 3 Minuten aufkochen lassen.
2. Vom Herd nehmen, Zimt und Kuvertüre einrühren.
3. Mit einem Mixstab aufschäumen und in kleinen Tassen servieren.

Kuvertüre Temperieren

Das Temperieren von Kuvertüre ist ein Prozess, bei dem die Fettkristalle in der Kuvertüre die richtige Form erhalten, damit die Kuvertüre fest wird:

- Hat einen schönen Glanz
- hat eine feste Substanz
- ist länger haltbar
- hat keine grauen Streifen
- hat eine knusprige Textur

Verschiede Methoden des Temperierens

Tischmethode
Die Kuvertüre im warmen Wasserbad bei 45°C - 47°C schmelzen, dann 2/3 auf eine kalte Marmorplatte geben und hin und her schieben, bis die Kuvertüre leicht angezogen ist. Die restliche warme Kuvertüre zugeben und auf die richtige Temperatur bringen.

Eismethode
Die Kuvertüre im warmen Wasserbad bei 45°C - 47°C schmelzen, 2/3 davon in eine Schüssel geben und auf Eis rühren, bis die Kuvertüre leicht fest wird. Restliche warme Kuvertüre zugeben und auf die richtige Temperatur bringen.

Impfmethode:

2/3 der Kuvertüre im warmen Wasserbad bei 45°C - 47°C schmelzen, dann 1/3 gehackte kalte Kuvertüre zugeben und auf die richtige Temperatur bringen.

Direkmethode:
Die Kuvertüre im Wasserbad oder in der Mikrowelle vorsichtig schmelzen, ohne die Endtemperatur zu überschreiten. Diese Methode ist nur mit noch nicht geschmolzener Kuvertüre möglich.

Die richten Temperaturen dunkle Kuvertüre:
Die Kuvertüre im warmen Wasserbad bei 45°C - 47°C schmelzen, auf 24°C abkühlen und auf 30°C - 31°C erwärmen.

Vollmilch-Kuvertüre
Die Kuvertüre im warmen Wasserbad bei 45°C - 47°C schmelzen, auf 24°C abkühlen und auf 29°C - 30°C erwärmen.

Weiße Kuvertüre
Die Kuvertüre im warmen Wasserbad bei 45°C - 47°C schmelzen, auf 24°C abkühlen und auf 28°C - 29°C erwärmen.

Gold-Kuvertüre
Die Kuvertüre im warmen Wasserbad bei 45 °C - 47 °C schmelzen, auf 24 °C abkühlen und auf 28 °C - 29 °C erwärmen.

Ruby-Kuvertüre
Die Kuvertüre im warmen Wasserbad bei 45 °C - 47 °C schmelzen, auf 24 °C abkühlen und auf 29 °C - 30 °C erwärmen.

Rosmarin-Pralinen

Silikon-Pralinenform (15 Stück)
200g dunkle Kuvertüre
20g Kakaobutter

1. Kuvertüre und Kakaobutter nach der Eismethode temperieren.
2. Die temperierte Kuvertüre bis oben in die Silikonform füllen und 2-3 Minuten stehen lassen. Dann die Kuvertüre aus der Form gießen, so dass eine Schokoladenhülle entsteht.
3. Die ausgegossene Kuvertüre in eine Schüssel geben und warm halten.
4. Die Kuvertüre in der Form kurz anziehen lassen und mit der Ganache füllen.
5. Die Ganache in der Silikonform 5 Minuten im Kühlschrank fest werden lassen.
6. Die Form mit der restlichen Kuvertüre verschließen und glatt streichen.
7. Eine Stunde im Kühlschrank fest werden lassen, bevor die Pralinen aus der Form genommen werden.

Ganache

60g Sahne
½ Teelöffel kleingehackten frischen Rosmarin
120 g Vollmilchkuvertüre

1. Sahne aufkochen und mit Rosmarin verrühren, 5 Minuten vom Herd nehmen, ziehen lassen.
2. Die Vollmilchkuvertüre leicht schmelzen, die Rosmarinsahne leicht erwärmen und durch ein Sieb über die Milchkuvertüre gießen. Mit einem Schneebesen gut verrühren.
3. Vor dem Einfüllen in die Schokoladenhülsen abkühlen lassen, dann mit einem Spritzbeutel die Masse einspritzen, dabei aber unter dem oberen Rand der Schokoladenhülsen bleiben.
4. Nach dem Abkühlen die Ganache mit temperierter Kuvertüre überziehen.

Tipps:

- Die restliche Ganache in heiße Milch einrühren, das macht ein tolles Getränk.
- Zuerst die Ganache zubereiten und während sie abkühlt die Schokoladenhüllen machen.

Rum-Pralinen

Eingefärbte Kakaobutter schmelzen und mit einer sauberen Zahnbürste in eine Schokoladenform spritzen.

200g weiße Kuvertüre
20g Kakaobutter

1. Weiße Kuvertüre und Kakaobutter nach der Tischmethode temperieren.
2. Die temperierte Kuvertüre bis oben in die Silikonform füllen und 2-3 Minuten stehen lassen. Dann die Kuvertüre aus der Form gießen, so dass eine Schokoladenhülle entsteht.
3. Die ausgegossene Kuvertüre in eine Schüssel geben und warm halten.
4. Die Kuvertüre in der Form kurz anziehen lassen und mit der Ganache füllen.
5. Die Ganache in der Silikonform 5 Minuten im Kühlschrank fest werden lassen.
6. Die Form mit der restlichen Kuvertüre verschließen und glatt streichen.
7. Eine Stunde im Kühlschrank fest werden lassen, bevor die Pralinen aus der Form genommen werden.

Rum-Ganache

55g Sahne
120g Kuvertüre (Dunkel, Vollmilch oder Weiß)
10g Rum

1. Die Kuvertüre leicht schmelzen.
2. Die Sahne aufkochen und unter die Kuvertüre rühren.
3. Den Rum unterrühren, bis eine glatte Masse entsteht.
4. Vor dem Einfüllen in die Schokoladenhüllen abkühlen lassen, dann mit einem Spritzbeutel die Masse einspritzen, dabei aber unter dem oberen Rand der Schokoladenhüllen bleiben.
5. Nach dem Abkühlen die Ganache in der Form mit temperierter Kuvertüre verschließen.

Tipps:

- Die restliche Ganache in heiße Milch einrühren, das macht ein tolles Getränk.
- Zuerst die Ganache zubereiten und während sie abkühlt die Schokoladenhüllen machen.

Estragon-Senf-Pralinen

(eine 10 cm große rechteckige Form oder eine kleine Plastikschale, die mit Frischhaltefolie ausgelegt ist).

Kakaobutter-Mischung

10g Kakaobutter
20g dunkle Kuvertüre

1. Beide Zutaten bei 45°C zum Schmelzen bringen.
2. Etwas abkühlen lassen und die Frischhaltefolie damit bestreichen.
3. Die Ganache einfüllen, fest werden lassen und nochmals mit der Kakaobuttermischung bestreichen.
4. Zwei Stunden im Kühlschrank fest werden lassen, dann in 16 Stücke schneiden.
5. In temperierte Kuvertüre tauchen und auf Transferfolie legen.
6. Eine Stunde kühl stellen und die Transferfolie abziehen.

Estragon-Senf-Ganache

50ml Sahne
125g dunkle, leicht geschmolzene Kuvertüre
½ Teelöffel Senfpulver
½ Teelöffel feingehackter Estragon
15g Butter

1. Sahne, Senfpulver und Estragon aufkochen, vom Herd nehmen und 5 Minuten ziehen lassen.
2. Erneut erhitzen und durch ein Sieb über die Kuvertüre gießen.
3. Die Butter unterrühren, bis eine glatte Masse entsteht.

Vollmilch-Kuvertüre, Tempering

200g Vollmilch-Kuvertüre
20g Kakaobutter

1. Nach Belieben temperieren und die einzelnen Pralinen eintauchen.

Kapitel 7

Wettbewerbe, Abenteuer und Technologie

Rezepte

1. Khanom Kleep Lamduan
2. Quarkbällchen mit Marmeladenfüllung
3. Vanille Kokos Panna Cotta & Kokosplätzchen
4. Botschaftskuchen
5. Zitronencreme & Shortbread
6. Biskuitrolle
7. Schokoladen-Fondant
8. Macarons
9. Welsh Cakes
10. Parkin (Lebkuchen)
11. Battenberg (Dominokuchen)

Khanom Kleep Lamduan (Räucherplätzchen)

70g Mehl
60g Puderzucker
3-4 Esslöffel Öl
1 thailändische Räucherkerze

1. Das Mehl und den Puderzucker dreimal sieben.
2. Das Öl mit einer Gabel langsam unterrühren, bis der Teig klebt.
3. 20 Minuten zugedeckt ruhen lassen.
4. Den Teig in 15 Teile teilen und von Hand zu einer Kugel formen.
5. Jede Kugel in vier Stücke teilen und jedes Stück zu vier kleinen Kugeln formen.
6. Dann drei der kleinen Kugeln leicht zusammendrücken, so dass eine dreiblumige Blume entsteht.
7. Das vierte Bällchen als Knospe oben aufsetzen.
8. Wenn alle Blumen geformt sind, bei 150°C ca. 12 Minuten backen, bis die Plätzchen fest sind, aber keine Farbe haben.
9. Die gebackenen Plätzchen in eine Schüssel mit Deckel geben, die thailändische Räucherkerze anzünden, ausblasen und mit den Plätzchen in die verschlossene Dose geben. Nach ca. 30 Minuten haben die Plätzchen den Räuchergeschmack angenommen.

Tipp:

- Wer keinen thailändischen Weihrauch hat, kann den Plätzchenteig auch mit Vanillearoma oder Rosenwasser parfümieren.

Quarkbällchen mit Marmeladenfüllung

85g Frischkäse
Prise Salz
1 Ei
35g Zucker
Limette, gerieben
1 Teelöffel Tamarindenpaste
85g Mehl
1 Teelöffel Backpulver
50 g säuerlicher Apfel (geschält und gewürfelt)
100 g Holzapfelmarmelade (oder Quittenmarmelade)
50g Zucker mit einer guten Prise Salz und Zimt

1. Frischkäse, Salz, Eier. Limettenschale, Zucker und Tararindenpaste gut verrühren.
2. Mehl und Backpulver sieben und mit den Apfelstücken unter die Käsemasse heben.
3. Die Masse in eine kleine Berlinerform mit Loch in der Mitte füllen und bei 160°C für 4 Minuten backen.
4. Aus der Form nehmen und in heißem Fett bei 180°C frittieren.
5. Nach dem Frittieren etwas abtropfen lassen und in der gesalzenen Zimt-Zucker-Mischung wälzen.
6. Mit Marmelade füllen.

Tipp:

- Man kann die Masse auch direkt in das heiße Fett abstechen, wie beim Fudje-Rezept.

Vanille-Kokos-Panna-Cotta (12 kleine Weingläser)

375ml Sahne
125ml Kokosmilch
1 Vanilleschote
6g Blatt Gelatine
60g Zucker
1 frisch geriebene Kokosnuss

1. Die Gelatine in kaltem Wasser einweichen.
2. Sahne, Kokosmilch und das Mark einer Vanilleschote aufkochen.
3. Die Sahnemischung durch ein Sieb auf den Zucker gießen und verrühren.
4. Gelatine ausdrücken und zugeben.
5. Über Eiswasser abkühlen lassen und kurz vor dem Erstarren in die Gläser füllen.
6. Mit frisch geriebener Kokosnuss bestreuen.

Tipps:

- Es ist wichtig, die Panna Cotta auf Eis zu kühlen, da sich sonst die Vanille am Boden des Glases absetzt.
- Ich serviere das Dessert gerne mit frischer Ananas.

Kokos-Plätzchen

50g Kokosraspel
50g Puderzucker
10g Mehl
35g geschmolzene Butter
35g Eiweiß

1. Mehl und Puderzucker sieben und mit den Kokosraspeln vermischen.
2. Mit der Butter und dem Eiweiß gut verrühren.
3. 30 Minuten im Kühlschrank ruhen lassen.
4. Mit einer Winkelpalette auf eine Silikon-Backmatte streichen. Dabei die Palette immer wieder in warmes Wasser tauchen.
5. Bei 175°C kurz anbacken, etwas abkühlen lassen und ein zweites Mal backen, bis die Plätzchen goldbraun sind. Durch das zweimalige Backen erhalten die dünnen Plätzchen eine gleichmäßige Bräunung.

Botschaftskuchen

125g dunkle Kuvertüre
100g Butter
75g Puderzucker
2 Eigelb
2 Eiweiß
25g Zucker
60ml Sahne
100g Butterkekse
40ml Kirschwasser oder Rum
40g Kirschen, glasiert

1. Die Butterkekse zerkrümeln und mit den klein geschnittenen Kirschen und dem Alkohol mischen.
2. Die Kuvertüre mit der Butter im warmen Wasserbad schmelzen.
3. Die Masse etwas abkühlen lassen und das Eigelb und den Puderzucker mit einem Schneebesen unterrühren.
4. Die Sahne steif schlagen.
5. Das Eiweiß schlagen und die 25 g Zucker unterrühren, bis ein Baiser entsteht.
6. Die Schlagsahne unter die Schokoladenmasse heben, dann das Baiser und die Butterkekse vorsichtig unterheben.
7. In eine mit Frischhaltefolie ausgelegte Form oder in einzelne Tassen oder Gläser füllen.
8. Drei Stunden kalt stellen, aus der Form lösen und mit etwas Schlagsahne dekorieren.

Tipp:

- Schlagsahne-Rezept-Seite 124

Zitronencreme

100 ml frischer Zitronensaft (2 Zitronen) Zitronenschale, gerieben
125g Zucker
425ml Sahne
Prise Muskat
Prise Ingwerpulver
20g geröstete Mandelblättchen
20g Zitronat

1. Zucker, Zitronensaft und geriebene Zitronenschale bei schwacher Hitze auflösen und beiseite stellen.
2. Die Sahne mit den Gewürzen gut erhitzen, aber nicht kochen, dann über den Zitronensirup gießen.
3. Alles verrühren, durch ein Sieb gießen und in einzelne Gläser füllen.
4. Mindestens 4 Stunden im Kühlschrank fest werden lassen, dann mit Mandelblättchen und Zitronat bestreuen.
5. Mit Shortbread servieren.

Shortbread

115g Butter
55g Puderzucker
130g Mehl
40g Reismehl
Mark einer Vanilleschote
Zucker zum Dekorieren

1. Butter, Puderzucker und Vanillemark mit einem Holzlöffel gut verrühren.
2. Mehl und Reismehl sieben und unterrühren.
3. Den Teig in eine kleine Backform geben und bei 160°C ca. 20 Minuten backen.
4. Sobald das Shortbread aus dem Ofen kommt, mit etwas Zucker bestreuen.
5. Abkühlen lassen und in kleine Finger schneiden.

Biskuitrolle (45 cm x 20 cm)

4 Eier
125g Zucker
75g Mehl
25g Speisestärke

1. Mehl und Speisestärke sieben.
2. Eier und Zucker über einem heißen Wasserbad schlagen, bis sich die Eimasse verdreifacht hat.
3. Vom Wasserbad nehmen und mit dem Handrührgerät kalt schlagen, bis die Masse leicht steif ist.
4. Die Mehlmischung vorsichtig unterheben.
5. Auf Backpapier streichen und bei 210°C 4-5 Minuten goldbraun backen.
6. Vom Backblech nehmen und auf dem Backpapier auskühlen lassen.

Biskuitrollenfüllung (Schokoladenbuttercreme)

500ml Milch
40g Puddingpulver
10g Kakao
200g Zucker

1. Puddingpulver mit etwas von der kalten Milch auflösen.
2. Restliche Milch mit Kakao aufkochen und dann über das Puddingpulver gießen.
3. Alles gut mit einem Schneebesen verrühren, zurück in den Kochtopf und unter ständigem Rühren 1 – 2 Minuten aufkochen lassen.
4. Vom Herd nehmen und den Zucker einrühren, dann auf ein Blech gießen, mit Frischhaltefolie abdecken und bei Raumtemperatur auskühlen lassen.

250g weiche Butter
100g Himbeermarmelade

1. Die Butter gut schaumig schlagen und den abgekühlten, aber nicht zu kalten Pudding unterrühren, bis eine glatte Masse entstanden ist.

Fertigstellung

1. Ein Stück Backpapier auf die gebackene Biskuitrolle legen und die Biskuitrolle umschlagen. Das Backpapier vorsichtig von der Biskuitrolle abziehen.
2. Die Himbeerkonfitüre gleichmäßig auf der Biskuitroulade verteilen.
3. Anschließend ¾ der Buttercrememasse darauf verteilen.
4. Mit dem Backpapier von der kurzen Seite her einrollen und 30 Minuten kühl stellen.
5. Mit der restlichen Buttercreme die Außenseite bestreichen.

Tipp:

- Einen viertel Teelöffel Cayennepfeffer in die Puddingmilch geben und die Himbeermarmelade durch Limettenmarmelade ersetzen.

Schokoladen-Fondant (4 Portionen)

15g Kakao
40g Zucker
Etwas geschmolzene Butter

1. Kleine, hohe Förmchen mit Butter ausstreichen.
2. Den Kakao mit dem Zucker mischen und die gebutterten Förmchen damit ausstreuen.

130g Butter
130g dunkle Kuvertüre
1 Ei
2 Eigelb
75g Zucker
55g Mehl
½ Teelöffel Backpulver
35g Kakao

1. Butter und Kuvertüre im Wasserbad schmelzen, etwas abkühlen lassen.
2. Ei, Eigelb und Zucker über einem heißen Wasserbad aufschlagen, bis der Eischaum auf die doppelte Menge gestiegen ist, dann mit dem Handrührgerät kalt schlagen, bis die Eimasse dickflüssig ist.
3. Kuvertüre und Butter unterrühren.
4. Mehl, Backpulver und Kakao sieben und vorsichtig unterheben.
5. Die Schokoladenmasse in die Förmchen füllen und mindestens 30 Minuten im Kühlschrank fest werden lassen.
6. Bei 190°C ca. 11 Minuten backen, 5 Minuten abkühlen lassen und auf einen Teller stürzen.

Macarons

Meine Macarons-Bibel

Um Macarons erfolgreich zu backen, braucht man Geduld und Übung. Aber wenn es gelingt, kann man stolz darauf sein. Man sagt, dass Macarons zu den schwierigsten Gebäcken der Konditorei gehören, und selbst der beste Konditormeister hat seine Schwierigkeiten, sie zu meistern.

Französischer Baiser

Französisches Baiser wird durch Kaltschlagen von Eiweiß und Zucker hergestellt. Viele Macarons-Rezepte verwenden diese Methode, da sie in ihrer Struktur den ursprünglichen französischen Macarons am nächsten kommt.

Französische Macarons

60g Eiweiß
Prise Salz
35g Zucker
75g fein gemahlene Mandeln
150g Puderzucker
Lebensmittelfarbe: Am besten ein Puder

1. Mandeln und Puderzucker zweimal sieben und beiseite stellen.
2. Das Eiweiß mit einer Prise Salz schlagen, bis der Baiser das Dreifache des Volumens hat.
3. Den Zucker langsam einrieseln lassen, bis der Baiser fest ist.
4. Dann die Lebensmittelfarbe unterrühren.
5. Die Mandelmischung unterrühren und alles mehrmals zusammendrücken, bis die Masse dickflüssig ist und leicht zerläuft.
6. Auf Backpapier spritzen und 30 Minuten antrocknen lassen.
7. 12-15 Minuten bei 150°C backen.

Italienische Macarons

Die italienische Methode macht die Macarons etwas stabiler, da der Baiser mit heißem Zuckersirup hergestellt wird. Ein Nachteil ist vielleicht, dass die Macarons dadurch süßer werden und etwas schwieriger zu backen sind. Für diese Methode wird auch ein Thermometer benötigt.

Italienischer Baiser

Viele bevorzugen das italienische Baisergebäck, da es zuverlässiger zu sein scheint als das französische. Im Vergleich zu den original französischen Macarons ist die Struktur jedoch knuspriger. Bei dem italienischen Baiser wird der Zucker auf eine Temperatur von 121°C gekocht und dann langsam in das geschlagene Eiweiß gehoben. Die Schwierigkeit besteht darin, die heiße Zuckerlösung nicht zu schnell in das Eiweiß zu geben, damit das Eiweiß nicht gerinnt.

Italienische Macarons

65g fein gemahlene Mandeln
65g Puderzucker
25g Eiweiß
Lebensmittelfarbe

1. Mandeln und Puderzucker zweimal sieben, dann mit dem rohen Eiweiß gut verrühren. Nach Belieben Farbe dazugeben.

Italienischer Baiser

65g Zucker
20ml Wasser
25g Eiweiß
Prise Weinsteinsäure (falls vorhanden)

1. Zucker, Wasser und Weinsteinsäure auf 121°C erhitzen.
2. Das Eiweiß aufschlagen und den heißen Zuckersirup langsam mit einem Mixer unterrühren.
3. So lange schlagen, bis eine feste Masse entstanden ist.
4. Anschließend den Baiser in die Mandelmasse einrühren, bis die Masse dickflüssig ist und leicht schmilzt.
5. Auf Backpapier spritzen und 30 Minuten trocknen lassen.
6. 12 bis 15 Minuten bei 150°C backen.

Schweizer Macarons

Die Schweizer Methode wird nicht so oft verwendet, kann aber für diejenigen von Vorteil sein, die Schwierigkeiten mit der französischen oder italienischen Methode haben. Bei dieser Methode werden Eiweiß und Zucker zusammen in einem heißen Wasserbad erhitzt und dann mit einem Mixer aufgeschlagen, bis der Baiser kalt und fest ist. Es ist jedoch darauf zu achten, dass die Temperatur der Eiweißmischung 50°C nicht überschreitet.

Schweizer Macarons

100g Eiweiß
70g Zucker
100g Puderzucker
50g fein gemahlene Mandeln
Lebensmittelfarbe nach Belieben

1. Puderzucker und Mandeln zweimal sieben und beiseite stellen.
2. Das Eiweiß mit dem Zucker im Wasserbad unter ständigem Rühren auf 50°C erhitzen.
3. Mit dem Mixer kalt schlagen, bis der Baiser fest ist.
4. Lebensmittelfarbe einrühren.
5. Den Baiser in die Mandelmasse drücken, bis die Masse dickflüssig ist und leicht schmilzt.
6. Auf Backpapier spritzen und 30 Minuten trocknen lassen.
7. 10-12 Minuten bei 150°C backen.

Macarons-Back-Tipps:

Es ist wichtig, dass man seinen Backofen kennt, aber hier ein paar Tipps:

- Die Backtemperatur beträgt 150°C für 15 Minuten. Nach 8 Minuten die Ofentür kurz öffnen, um etwas Feuchtigkeit aus dem Ofen zu lassen. Dann zu Ende backen.
- Nur ein Backblech in den Ofen schieben, da sich bei mehreren Blechen zu viel Feuchtigkeit im Ofen bildet.
- Die Macarons 30 Minuten vor dem Backen tanrocknen lassen, damit sie beim Backen ihre Form behalten.

Macarons-Tipps:

- Benutze Eiweiß, das Raumtemperatur hat und nicht direkt aus dem Kühlschrank kommt und nicht zu frisch ist.
- Das Eiweiß muss sehr sauber sein und darf kein Eigelb enthalten.
- Alle Küchengeräte müssen sehr sauber und fettfrei sein.
- Mandeln und Puderzucker mindestens zweimal sieben.
- Die Mandelmasse soll nicht untergehoben, sondern mit dem Baiser zusammengedrückt werden.

Macarons einfärben

- Farbpulver oder -pasten verwenden, keine flüssigen Farben.
- Die Farbe immer dem fertigen Baiser oder der Mandelmischung hinzufügen.
- Für Schokoladenmakronen in allen meinen Rezepten 25 g Kakao zum Puderzucker geben.
- Die Farbe muss immer glatt eingerührt werden.

Macarons-Fehler: Baiser wird nicht steif

- Utensilien verschmutzt.
- Farbstoff zu früh zugegeben.
- Eiweiß zu frisch oder zu kalt.

Macaronsmasse ist zu feucht und breitläufig

- Zu viel Farbstoff, insbesondere flüssige oder pastöse Farbstoffe.
- Zu lange Verarbeitungszeit.
- Der Baiser war nicht fest genug.
- Nicht richtig abgemessen.
- Der Baiser wurde zu lange gerührt, bevor die Mandelmasse untergehoben wurde.

Macarons haben Spitzen und sind lumpig

- Mandeln nicht richtig gesiebt oder zu grob gemahlen.
- Nicht ausreichend gemischt (nach dem Mischen mehrmals auf das Blech schlagen).

Macarons haben Fettflecken an der Oberfläche

- Zu lange zusammengedrückt (Macaronnage)

Macarons verlaufen ineinander

- Masse zu flüßig.
- Zu dicht gespritzt.

Macarons sind an der Oberfläche gerissen

- Masse zu flüssig.
- Nicht genügend zusammengedrückt.
- Vor dem Backen nicht lange genug trocknen lassen.
- Zu viele Bleche im Ofen.
- Zu viel Feuchtigkeit im Backofen (während des Backens den Backofen einmal öffnen).
- Backofentemperatur zu hoch.

Macorons ohne Fuß oder Absatz

- Masse zu flüssig.
- Vor dem Backen nicht lange genug trocknen lassen.
- Backofentemperatur zu niedrig.

Macarons kleben am Backpapier oder an der Silikonbackmatte

- Unterbacken.
- Nicht lange genug ausgekühlt.

Macarons backen unterschiedlich

- Backofen zu voll und deshalb keine Zirkulation.
- Farbstoff nicht gleichmäßig verarbeitet.

Macarons sind hohl

- Nicht lange genug gebacken.
- Zu viel Luftbläschen in der Masse.

Macarons zu weich und zerkrümeln am nächsten Tag

- Unterbacken.
- Zu viel Füllung.
- Füllung war zu feucht.
- Nicht richtig gelagert (luftdicht verschlossen und gekühlt aufbewahren).

Ganache-Macaron-Füllungen dunkle-Schokolade

115g dunkle Kuvertüre
150ml Sahne

Vollmilch-Schokolade

115g Milchkuvertüre
100ml Sahne

Weiße Schokolade

115g weiße Kuvertüre
100ml Sahne

1. Die Kuvertüre fein hacken.
2. Sahne aufkochen und über die Kuvertüre gießen.
3. Kurz vor dem Erstarren aufkochen: Gut aufschlagen und in die Macarons spritzen.

Ganache mit Alkohol

60ml Sahne
120g Kuvertüre (leicht geschmolzen)
25ml Alkohol

1. Die Sahne aufkochen, über die Kuvertüre gießen und gut verrühren.
2. Alkohol zugeben und glatt rühren.
3. Kurz vor dem Erstarren aufkochen: Gut aufschlagen und in die Macarons spritzen.

Tipp:

- Die Sahne mit Kaffeepulver verfeinern, würzen oder mit Orangenschale abschmecken.

Frucht-Ganache

60 g Fruchtmark (Maracuja, Himbeere, Erdbeere, Mango)
120g Kuvertüre (leicht geschmolzen)
25ml Alkohol

1. Das Fruchtfleisch erhitzen, über die Kuvertüre gießen und gut verrühren.
2. Alkohol zugeben und glatt rühren.
3. Kurz vor dem Festwerden: Gut aufschlagen und in die Makronen spritzen.

Puddingfüllungen

Rosenwasserpudding

100g Butter
45ml Milch
45ml Sahne
1 Teelöffel Rosenwasser
1 Ei
20g Zucker
10g Puddingpulver

1. Milch, Sahne und Rosenwasser erhitzen, aber nicht kochen.
2. Ei, Zucker und Puddingpulver gut verrühren.
3. Die warme Milch über die Eimasse gießen, gut verrühren.
4. Zurück in den Topf geben und unter ständigem Rühren 1-2 Minuten aufkochen lassen.
5. Etwas abkühlen lassen, dann die Butter unterrühren.

Zitronenpudding

100g Butter
90ml Zitronensaft
Zitronenschale, gerieben
1 Ei
20g Zucker
10g Puddingpulver

1. Zitronensaft und Zitronenschale leicht erhitzen, aber nicht kochen.
2. Ei, Zucker und Puddingpulver gut verrühren.
3. Den heißen Zitronensaft durch ein Sieb zugeben.
4. Zurück in den Topf geben und unter ständigem Rühren 1-2 Minuten aufkochen lassen.
5. Etwas abkühlen lassen, dann die Butter unterrühren.

Dattelpudding-Füllung

200g kleingehackte Datteln
20ml Wasser
30g Butter
1 Esslöffel Rum
Prise Zimt oder Lebkuchengewürz
1 Esslöffel brauner Rohrzucker
½ Teelöffel Vanillearoma
60ml Sahne

1. Alle Zutaten außer der Sahne 10 Minuten einkochen lassen.
2. Wenn die Datteln weich sind: vom Herd nehmen, Sahne hinzufügen und alles pürieren.
3. Kalt stellen und steif schlagen.

Welsh Cakes (Grillpfannekuchen aus Wales)

225g Mehl
2 Teelöffel Backpulver
½ Teelöffel Zimt oder Lebkuchengewürz
50g Butter
50g Schweineschmalz
50 Rosinen
1 Ei
1 Esslöffel Milch

1. Mehl, Backpulver und Gewürz sieben und mit dem Zucker vermischen.
2. Butter und Schweineschmalz dazugeben und zu einem feinen Streuseln verreiben.
3. Rosinen untermischen.
4. Ei und Milch gut verquirlen und mit den übrigen Zutaten zu einem glatten Teig verkneten.
5. Auf einer bemehlten Arbeitsfläche 2 cm dick ausrollen und mit einem runden Ausstecher ausstechen.
6. Den Vorgang wiederholen, bis der Teig fertig ist.
7. Eine Grillpfanne erhitzen, aber nicht zu heiß, und auf beiden Seiten goldbraun backen.
8. In Zucker wälzen, schmecken warm am besten.

Parkin (Lebkuchen) (24 cm rechteckig, Kastenform)

1 Ei
4 Esslöffel Milch
200g Butter
200g goldenen Zuckersirup oder Honig
85g Rübenkraut
85g brauner Rohrzucker
100g gemahlene Haferflocken
250g Mehl
2/1/2 Teelöffel Backpulver
1 Teelöffel gemahlen Ingwer
1 Teelöffel gemahlen Zimt

1. Eine Kastenform mit Butter ausstreichen und mit Backpapier auslegen.
2. Milch und Ei gut verquirlen.
3. Honig, Rübenkraut, Butter und Rohrzucker in einem Topf schmelzen.
4. Mehl und Backpulver sieben und mit Haferflocken und Gewürzen mischen.
5. Alle Zutaten vermischen und in die Form füllen.
6. Bei 160°C ca. 50 Minuten backen.
7. In der Form auskühlen lassen und in Backpapier eingewickelt 3-5 Tage aufbewahren. In dieser Zeit wird der Lebkuchen weicher und klebriger und entfaltet sein volles Aroma. Bis zu 2 Wochen haltbar.

Battenberg (Dominokuchen)

Mandelkuchen

225g Butter
225g Zucker
225g Mehl
2 ½ Teelöffel Backpulver
85g gemahlene Mandeln
3 Eier
1 Teelöffel Vanilleextrakt
½ Teelöffel Mandelaroma
1 Esslöffel Milch

1. Butter, Zucker, Vanille und Mandelaroma schaumig rühren.
2. Die Eier langsam unterrühren.
3. Mehl und Backpulver sieben und mit den gemahlenen Mandeln mischen.
4. Mehlmischung und Milch unter die Buttermasse rühren.
5. In einer Backform von 20 cm Durchmesser bei 175°C ca. 25 Minuten backen.

Rosenwasser-Kuchen

225g Butter
225g Zucker
225g Mehl
2 ½ Teelöffel Backpulver
85g gemahlene Mandeln
3 Eier
1 Teelöffel Vanilleextrakt
½ Teelöffel Rosenwasser
1 Esslöffel Milch
Rosa Lebensmittelfarbe (ein wenig intensiver)

1. Butter, Zucker, Vanille, Rosenwasser und Farbstoff gut schaumig rühren.
2. Die Eier langsam unterrühren.
3. Mehl und Backpulver sieben und mit den gemahlenen Mandeln mischen.
4. Mehlmischung und Milch unter die Buttermasse rühren.
5. In einer Backform von 20 cm Durchmesser bei 175°C ca. 25 Minuten backen.

Fertigstellung

1. Von beiden Kuchen die Haut von der Oberfläche und die Kruste von der Unterseite abschneiden.
2. Jeden Kuchen halbieren.
3. Schneide aus jeder Kuchenscheibe einen 10 cm großen Kreis aus und vertausche die Farben.
4. Jetzt hast du 4 Kuchenscheiben: zwei mit weißem Kuchen und rosa in der Mitte und zwei mit rosa und weiß in der Mitte.

200g Aprikosenmarmelade
1 Esslöffel Rosenwasser
500g Marzipan

1. Die Marmelade in einem Topf leicht erwärmen, durch ein Sieb streichen und mit dem Rosenwasser glatt rühren.
2. Die Kuchenscheiben mit der Rosenmarmelade bestreichen und aufeinander legen.
3. Auch die Außenseite mit der Marmelade bestreichen.
4. Mit Marzipan eindecken.

Kapitel 8

Gartencafe & Jamaican Story Garden

Rezepte

1 Jamaica Story Garden Hummingbird-Kuchen

2 Jamaika-Brot & Käse

3 Zitronenkuchen

4 Operntorte

5 Vegane süße Hefebrötchen

6 Kakaotee

7 Ingwer-Bier

8 Hibiscus-Sirup

Jamaica Story Garden Hummingbird-Kuchen

Weiße Schokolade & Kokos & Limettenkuchen (26 cm Backform)

320ml Kokosmilch
100g weiße Kuvertüre
2 Limetten, gerieben
170g Butter
360g Zucker
4 Eier
25ml Vanilleextrakt
285g Mehl
3g Natron
14g Backpulver
50g Kokosraspel

1. Eine runde Backform von 26 cm ausbuttern und mit Backpapier auslegen.
2. Die Kokosmilch erhitzen und die Kuvertüre darin schmelzen. Anschließend die Schokoladenmilch abkühlen lassen.
3. Butter, Zucker und abgeriebene Limettenschale schaumig rühren.
4. Eier und Vanille gut verrühren und langsam unter die Buttermasse rühren.
5. Mehl, Natron und Backpulver sieben und mit den Kokosraspeln vermischen.
6. Die Hälfte der Schokomilch mit einem Schneebesen unter die Buttermasse rühren, dann die Hälfte der Mehlmischung unterheben. Diesen Vorgang wiederholen, bis alle Zutaten gut vermischt sind.
7. Die Masse in die Form gießen und bei 175°C ca. 45 Minuten backen.
8. Ein langes Holzstäbchen in den gebackenen Kuchen stecken, herausziehen und wenn es trocken ist, ist der Kuchen durchgebacken. Wenn noch etwas Kuchenteig am Holzstäbchen klebt, weitere 10 Minuten backen.
9. Kurz abkühlen lassen, dann aus der Form nehmen und auf einem Kuchengitter gut auskühlen lassen.

Weiße Schokolade & Mangofüllung

40g Mango-Fruchtfleisch
40g Zucker
40g Glukose
6g Blatt Gelatine
225g geschmolzene weiße Kuvertüre
300g geschlagene Schlagsahne
200g Mango-Fruchtfleisch

1. Die Gelatine in kaltem Wasser einweichen.
2. 40 g Mango-Fruchtfleisch, Zucker und Glukose aufkochen und die eingeweichte Gelatine einrühren.
3. Die Furcht-Zucker-Mischung mit einem Schneebesen unter die Kuvertüre rühren und etwas abkühlen lassen.
4. Die Schlagsahne unterheben.

Maracujasirup

100g Maracujasaft
25g Zucker
1. Beide Zutaten aufkochen lassen.

Zusammenstellung

1. Den abgekühlten Schokoladenkuchen zweimal waagerecht durchschneiden.
2. Die obere Kuchenschicht ohne zu wenden in die mit Backpapier ausgelegte Form legen.
3. Die Kuchenscheibe mit einem Drittel des Maracujasirups beträufeln.
4. Die Hälfte der weißen Schokoladen-Mangofruchtfüllung gleichmäßig darauf verteilen und mit der mittleren Tortenscheibe bedecken.
5. Wieder mit einem Drittel des Maracujasirups beträufeln.
6. Die andere Hälfte der Schokoladenfüllung einfüllen und mit der Unterseite der Tortenscheibe bedecken. Achtung: Die Unterseite des gebackenen Kuchens ist jetzt die Oberseite.
7. Die Oberseite mit dem restlichen Maracujasirup beträufeln und 2 Stunden kühl stellen.
8. Nach dem Abkühlen den Kuchen auf eine Tortenplatte stürzen, so dass die Oberseite jetzt die Unterseite ist.
9. Mit Fruchtkompote servieren.

Früchtekompote

1 klein gewürfelte Ananas
Saft einer Limette
1 klein gewürfelte Mango
2 Teelöffel kleingehackte frische Pfefferminze

1. Alles miteinander vermischen

Jamaika-Brot (große Kastenform oder 20 cm runde Backform)

450g Mehl
4 Teelöffel Backpulver
2 Teelöffel Zimt
½ Teelöffel Piment oder gemahlenes Nelkenpulver
2 Teelöffel Muskat
1 Teelöffel Ingwerpulver
½ Teelöffel Salz
80g Butter
Limette, gerieben
90g brauner Rohrzucker
1 Teelöffel Vanilleextrakt
60g Rübenkraut
1 Ei
250ml Malzbier
150g Rosinen

1. Mehl, Backpulver, Salz und Trockengewürze sieben.
2. Butter, Rohrzucker, Vanille, Limette in einem Topf schmelzen, mit dem Ei und dem Bier verrühren.
3. Die Mehlmischung und die Rosinen unterrühren und die die Backform füllen.
4. Bei 180°C ca. 45-50 Minuten backen.
5. Mit einem kräftigen Käse servieren (ich gebe auch Butter dazu).

Zitronenkuchen (20 cm runde Backform)

225g Butter
225g Zucker
2 Zitronen, abgerieben
4 Eier
200g Mehl
2 Teelöffel Backpulver
50g gemahlene Mandeln
½ Teelöffel Ingwerpulver
Saft von 2 Zitronen
50g Zucker

1. Butter, Zucker und Zitronenschale schaumig rühren.
2. Die Eier langsam unterrühren.
3. Mehl, Backpulver und Ingwer sieben und mit den Mandeln mischen.
4. Unterheben, in die Form füllen und bei 160°C 30-40 Minuten backen.
5. Zitronensaft und Zucker verrühren und über den noch warmen Kuchen gießen.

Tipp:
- Ich serviere meinen Zitronenkuchen mit festem Joghurt.

Operntorte

Mandelbiskuit

40g gesiebtes Mehl
100g gemahlene Mandeln
30g geschmolzene Butter
4 Eier
150g Zucker

1. Mehl und Mandeln mischen.
2. Eier und Zucker über einem heißen Wasserbad schaumig schlagen, bis sich die Masse verdoppelt hat.
3. Vom Wasserbad nehmen und mit dem Handrührgerät kalt schlagen, bis ein dicker Schaum entsteht.

6 Eiweiß
Prise Salz
20g Zucker

1. Eiweiß und Salz gut schlagen. Zucker einrieseln lassen und zu einem festen Baiser schlagen.
2. Den Baiser unter die Eimasse heben.
3. Die Mehlmischung und die zerlassene Butter vorsichtig unterheben, dabei darauf achten, dass das Volumen nicht zu stark reduziert wird.
4. Die Masse auf Backpapier (20 cm x 30 cm) streichen und bei 210°C 4-5 Minuten backen.
5. Nach dem Backen in drei gleich große Stücke schneiden.

Italienische Buttercreme

90g Eiweiß
150g Zucker
50ml Wasser
1 Teelöffel Glukose
340g weiche Butter
2 Teelöffel Kaffee (50g heißes Wasser mit 2 Teelöffel löslichen Kaffee)

1. Das Eiweiß steif schlagen.
2. Wasser, Zucker und Glukose in einem sauberen Topf auf 121°C erhitzen.
3. Den heißen Zucker langsam in das geschlagene Eiweiß einrühren.
4. 5-8 Minuten kalt schlagen, bis der Baiser fest ist.
5. Die Butter langsam unterrühren, bis eine homogene Masse entsteht.
6. Mit Kaffee abschmecken.

Rum-Kaffeesirup

100ml Wasser
60g Zucker
1 Teelöffel löslicher Kaffee
20ml Rum

1. Wasser, Zucker und Kaffeepulver aufkochen, Rum dazugeben.

Operntorte zusammenstellen

Schokoladen-Glasur
Rum-Sirup
Mandelbiskuit
Kaffeebuttercreme
Rum-Sirup
Mandelbiskuit
Kaffeebuttercreme
Rum-Sirup
Mandelbiskuit

Schokoladen-Glasur

100ml Sahne
1 Teelöffel Glukose
100g dunkle Kuvertüre kleingehackt

1. Sahne und Glukose aufkochen und über die kleingehackte Kuvertüre geben.
2. Alles langsam mit einem Schneebesen glattrühren.
3. Auf die Oberfläche der Torte gießen und alles 2 Stunden kühl stellen.
4. Nach Belieben in kleine Stücke schneiden.

Vegane süße Hefebrötchen (17 Stück)

900g Mehl-Type 550
Prise Salz
60g vegane Butter oder Margarine
60g brauner Rohrzucker (weiß geht auch)
30g frische Hefe oder 15g Trockenhefe
570ml Sojamilch
120g Rosinen
120g Orangeat
2 Teelöffel Zimt
2 Teelöffel Vanilleextrakt

1. Milch und Vanille leicht erwärmen und beiseite stellen.
2. Das Mehl sieben und mit Salz und Zimt mischen.
3. Die Hefe in der warmen Milch auflösen und 4 Esslöffel des gesiebten Mehls unterrühren. Zugedeckt 20 Minuten gehen lassen.
4. Mit allen anderen Zutaten verkneten und ruhen lassen, bis der Hefeteig sein Volumen fast verdoppelt hat.
5. Je zu 125 g abwiegen, zu Brötchen formen, etwas flach drücken und mit etwas Sojamilch bestreichen.
6. Nochmals gehen lassen, bis sich das Volumen fast verdoppelt hat, und bei 180°C goldbraun backen.
7. In England werden die Hefebrötchen halbiert und nochmals im Toaster gebacken. Mit Butter (vegan) und Marmelade servieren.

Kakaotee

300ml Wasser
1000ml Kokosmilch
30g 100% Kuvertüre (wenn nicht vorhanden, dann 90%)
1 Zimtstange
½ Teelöffel Muskat
4 Lorbeerblätter, gezupft
50g brauner Rohrzucker

1. Wasser, Zimtstange, Muskat und Lorbeerblätter aufkochen und 15 Minuten leicht einkochen lassen.
2. Vom Herd nehmen und mindestens 30 Minuten ziehen lassen, am besten über Nacht.
3. Das Wasser sieben und mit der Kuvertüre erhitzen, bis die Kuvertüre geschmolzen ist.
4. Vom Herd nehmen und Kokosmilch und Zucker unterrühren.
5. Erneut erhitzen, aber nicht mehr kochen lassen.
6. Nach Belieben süßen.

Jamaica Story Garden Ingwer-Begrüßungsgetränk

250g frisch geriebenen Ingwer
200ml Wasser
100g brauner Rohrzucker
100ml frischer Limettensaft
Sprudelwasser

1. Das Wasser zum Kochen bringen, vom Herd nehmen und den Ingwer hinzufügen.
2. 24 Stunden ziehen lassen.
3. Den Ingwer absieben.
4. Die Hälfte des Rohrzuckers in einem trockenen, heißen Topf karamellisieren.
5. Ingwerwasser und restlichen Zucker zugeben.
6. Einige Minuten einkochen lassen.
7. Abkühlen lassen und mit Limettensaft und Sodawasser im Verhältnis 1:1 servieren.

Jamaica Story Garden Hibiskus-Sirup-Begrüßungsgetränk

500ml Wasser
50g getrocknete Hibiskusblüten
8 Nelken
1 Zimtstange
½ Teelöffel Muskat
1 Esslöffel frisch geriebener Ingwer
200g brauner Rohrzucker

1. Eine Glasflasche in heißem Wasser sterilisieren und beiseite stellen.
2. Wasser, Hibiskusblüten und Gewürze zum Kochen bringen.
3. Einige Minuten kochen lassen und mindestens 1 Stunde ziehen lassen, am besten über Nacht.
4. Abseihen, Zucker hinzufügen und wenn der Zucker aufgelöst ist, in die sterilisierte Glasflasche umfüllen.
5. Mit Sprudelwasser im Verhältnis 1:1, einer frischen Limettenscheibe und Eiswürfeln servieren.

Tipp:

- Dazu einen Schuss Rum.

Recipe Index

A
Applekuchen..................................81
Azteken Heiße Schokolade............129

B
Baguette.......................................123
Bananenkuchen............................117
Battenberg....................................147
Bienenstich....................................91
Bircher Müsli..................................90
Biskuitrolle...................................138
Botschaftskuchen.........................137
Brandteig......................................121
Brioche..73

C
Champagne Gelee........................114
Chelsea Buns...............................116
Craquelin......................................122
Crème Catalan.............................108
Croissants....................................123

D
Devonshire Split...........................116

E
Eis...78
Engadine Nusstorte.......................89
Estragon Senf Praline...................133

F
Focaccia Brot...............................106
Früchtekuchen.............................103
Futjes..92

G
Gelatinezucker.............................112
Grießpudding................................79

H
Hazelnuss Pudding......................122
Hausetorte....................................83
Hibiskussyrup..............................154
Himbeersoße.................................79
Hummingbird Kuchen..................149

I
Ingwerbier....................................154

J
Jamaikan Brot..............................150
Jüdischer Lebkuchen...................112

K
Kakao Tee....................................153
Karamell......................................115
Karottenkuchen.............................88
Kartoffel Pasteten........................118
Khanom Kleep Lamduan..............135
Kokus Limettenkuchen.................127
Kokus Panna Cotta......................136
Kokusplätzchen............................136
Kümmelbrot...................................73

L
Lebkuchen...................................105

M
Mandelsplitter...............................83
Macaron Bibel..............................140
Maracujafrucht Kuchen................125

N
Nussecken....................................74

O
Opernkuchen...............................151

P
Panna Cotta................................114
Parkin Lebkuchen........................146
Pfefferminz Granite.......................80
Pfefferminz Kacheln....................129
Plunderteig...................................93
Prinzregententorte.........................85
Pumpernickel Creme.....................80

Q
Quarkbällchen.............................135
Quiche..119

R
Reispudding..................................86
Rosemarin Pralinen.....................131
Rote Grütze...................................82
Rothschild...................................128
Rum Pralinen...............................132

S
Sachertorte.................................102
Sauerteig......................................71
Schlagsahne...............................119
Schokoladen Fondant.................139
Schokoladensoße.........................96
Schokolade Temperiren...............130
Schokoladen Trüffletorte.............109
Scones..100
Shortbread..................................138
Schwarzwälder Kirsch Torte.........97

T
Teufelskuchen.............................101
Tiramisu Torte.............................110
Trüffel..120

V
Vanillasoße...................................82
Vegane Hefebrötchen..................153
Victoria Sandwich.......................119

W
Waffel..90
Walnuss Eisparfait........................96
Welsh Cakes...............................146
Weißbrot.....................................107
Weihnachts Pudding...................104

Z
Ziegenkäse Soufflé.......................95
Zimt Soufflé................................111
Zimt Sterne...................................70
Zitronencreme............................137
Zitronenkuchen...........................151
Zitronentarte...............................108
Zuckerkuchen...............................75

www.ingramcontent.com/pod-product-compliance
Lightning Source LLC
Chambersburg PA
CBHW051315110526
44590CB00031B/4366